U0554058

权威·前沿·原创

皮书系列为
"十二五""十三五"国家重点图书出版规划项目

北京国际城市发展研究院社会建设研究重点项目
北京市社会发展研究中心西城区街道发展研究重点项目
北京国际城市文化交流基金会智库工程出版基金资助项目

街道蓝皮书

BLUE BOOK OF
SUB-DISTRICT OFFICE

北京街道发展报告 *No.1*
什刹海篇

THE DEVELOPMENT OF BEIJING'S SUB-DISTRICT OFFICES No.1:
SHICHAHAI CHAPTER

主　　编／连玉明
执行主编／朱颖慧

社会科学文献出版社
SOCIAL SCIENCES ACADEMIC PRESS (CHINA)

图书在版编目（CIP）数据

北京街道发展报告. No. 1. 什刹海篇 / 连玉明主编
. －－北京：社会科学文献出版社，2016. 8
（街道蓝皮书）
ISBN 978 - 7 - 5097 - 9212 - 4

Ⅰ. ①北… Ⅱ. ①连… Ⅲ. ①城市道路 - 城市建设 -
研究报告 - 西城区 Ⅳ. ①D669. 3

中国版本图书馆 CIP 数据核字（2016）第 119033 号

街道蓝皮书
北京街道发展报告 No. 1 什刹海篇

主　　编 / 连玉明
执行主编 / 朱颖慧

出 版 人 / 谢寿光
项目统筹 / 邓泳红　郑庆寰
责任编辑 / 陈晴钰

出　　版 / 社会科学文献出版社 · 皮书出版分社（010）59367127
　　　　　　地址：北京市北三环中路甲 29 号院华龙大厦　邮编：100029
　　　　　　网址：www. ssap. com. cn
发　　行 / 市场营销中心（010）59367081　59367018
印　　装 / 三河市东方印刷有限公司

规　　格 / 开 本：787mm × 1092mm　1/16
　　　　　　印 张：17. 5　字 数：261 千字
版　　次 / 2016 年 8 月第 1 版　2016 年 8 月第 1 次印刷
书　　号 / ISBN 978 - 7 - 5097 - 9212 - 4
定　　价 / 98. 00 元

皮书序列号 / B - 2016 - 509

本书如有印装质量问题，请与读者服务中心（010 - 59367028）联系

▲ 版权所有 翻印必究

街道蓝皮书编委会

编委会主任 卢映川　王少峰

编委会副主任 王力军　王　旭　孙　硕　陈　宁　杜黎彬

编　　　委（按姓氏笔画排名）

马业珠　马红萍　马光明　王　丹　王立华
王申恒　王　旭　王志忠　王　奇　王其志
王效农　艾　丽　田巨德　田　静　皮　强
史　锋　刘振华　许德彬　张　丁　李　华
李会增　李丽京　李　勇　李剑波　沙秀华
岑运东　苏　昊　陈振海　陈　新　岳　立
孟红伟　周　沫　庞成立　侯　林　赵　巍
袁　利　袁世良　高兴春　徐　利　徐　斌
高　翔　桑硼飞　黄立新　焦　扬　彭秀颖
魏建明

《北京街道发展报告 No. 1 什刹海篇》
编 写 组

总　策　划　　艾　丽　　连玉明　　朱颖慧

主　　　　编　　连玉明

执 行 主 编　　朱颖慧

副　主　编　　焦　扬　　孟芳芳　　高继龙　　邢旭东

核心研究人员　连玉明　　朱颖慧　　焦　扬　　高继龙　　邢旭东

　　　　　　　朱永明　　张　涛　　孟芳芳　　吴　佳　　赵　昆

　　　　　　　姜思宇　　陈　慧　　朱盼盼　　龙荣远　　卢应春

　　　　　　　张　南　　张　璇　　于欣然

主编简介

连玉明　著名城市专家，教授、博士，北京国际城市发展研究院院长，北京市人民政府专家咨询委员会委员，北京市社会科学界联合会副主席，北京市哲学社会科学京津冀协同发展研究基地理事长、首席专家，基于大数据的城市科学研究北京市重点实验室主任，大数据战略重点实验室主任，北京市社会发展研究中心理事长。

研究领域为城市学、决策学和社会学。近年来致力于大数据战略和生态文明理论及实践研究。主编《社会管理蓝皮书：中国社会管理创新报告》（2012/2013/2014）、《贵阳蓝皮书：贵阳城市创新发展报告》等专著60余部。主持编制了北京市西城区、朝阳区、门头沟区和贵州省贵阳市"十三五"社会治理专项规划。

摘　要

基层治则国家治。街道在城市和国家治理体系中处于基础性的地位。在北京市落实首都新定位、建设国际一流和谐宜居之都的历史进程中，西城区任务艰巨，使命光荣。近年来，西城区围绕做好"四个服务"，坚持"抓街道、街道抓"，深入推进区域发展转型和管理转型，不断深化街道社区管理体制改革，落实街道加强区域党建、统筹辖区治理、组织综合执法、指导社区建设等职能；15 个街道立足自身优势，融入发展大局，积极探索首都基层治理体系和治理能力现代化之路，其丰富实践为首都城市治理创新提供了鲜活的经验，具有重要的借鉴意义和理论价值。

《北京街道发展报告 No.1 什刹海篇》在全面客观分析什刹海地区近年来发展和治理成就的基础上，对"有品位、有文化、有魅力、有特色的首都功能示范区创建"进行了深入探讨。特别是对社会单位资源开放共享、智慧景区建设、安全防灾减灾救助体系建设、社会面动态管理机制创新、生活性服务业发展等问题进行了综合分析；总结了"一居一特"打造品牌社区、打造特色精品文化胡同、城市环境整治联勤联动工作机制、"净街工程"再现"胡同风貌"等典型经验。

在此基础上，本书认为，作为集历史文化保护区、城市居住区、旅游风景区三种功能为一体的街区，什刹海地区治理要按照功能叠加型街区的建设标准，坚持以规划为先导，打造升级版的历史文化保护区、建设有特色的风景旅游区、建设有内涵的高端商务区、建设有品质的老北京居住区，实施共治主体再造工程、善治能力提升工程、自治体系建设工程、法治信仰重塑工程、德治环境营造工程"五大工程"，将什刹海打造成为首都功能示范区。

Abstract

Well-governed localities give rise to a well-governed country Sub-district holds a foundational position in a city and country's governance system. In the historical process of implementing Beijing's new positioning as the nation's capital and building a world-class harmonious and livable city, Xicheng District takes on monumental tasks and glorious mission. In recent years, Xicheng District centering on the principles of "Four Services" and "Governing street, self-governance," has pressed ahead with regional development and management transformation, deepened reform on sub-district community management system, implemented Party construction and coordinated governance at the sub-district level, organized comprehensive law enforcement, and provided guidance to community construction. 15 sub-districts based on their own advantages have integrated into the grand development framework, proactively exploring the path of achieving the modernization of grassroots governance system and governance capacity, as its rich practice has provided freshexperience in urban governance innovation for Beijing. These experiences carry great value of reference and theoretic significance.

The Development of Beijing's Sub-district Offices No. 1: Shichahai Chapter, on the basis of comprehensively and objectively studying the achievement of development and governanace of Shichahai area in recent years, conducts in-depth discussion on "forging Capital Function Demonstration Zone that boasts taste, culture, appeal and distinction." It particularly provides an extended review on resources opening and sharing by social organizations, construction of smart scenic spots, construction of safety and disaster prevention relief, innovation of dynamic social governance system, and development of consumer service; and summing up the typical experience in forging "One Residence, One Distinction" brand neighborhood community, forging characteristic and distinguishing quality cultural Hutong, and joint-patrol joint-action mechanism in remedying urban environment, as well as representing "Hutong original look" by "cleaning up the street."

On this basis, the report concludes the following recommendations: As a street neighborhood encompassingfunctions of conservation district of historic site, urban residential area and tourist site, Shichahai's social governance should follow the construction standard of function overlapping community neighborhood and stress the leading role of planning in forging upgraded conservation district of historic site, distinctive tourist site, high-end business district with connotation and stylish Old Beijing residential neighborhood. It should implement "five projects": co-governance entity rebuilding project, proper governance capacity enhancing project, self-governance system construction project, rule-of-law faith remodeling project and virtue-based governance climate cultivation project, turning Shichahai into Capital Function Demonstration Zone.

目　录

代前言　服务是激发地区治理元素活力的源泉 ……………………………… 001

Ⅰ　总报告

B.1 什刹海："五治并举"推动功能叠加型街区的治理升级 ………… 001

  一　什刹海是首都历史文化名城的金名片 ……………………… 002

  二　以规划为先导奠定什刹海地区治理坚实基础 ……………… 003

  三　什刹海地区内部能力和外部环境分析 …………………… 017

  四　SWOT框架下的什刹海地区发展战略选择 …………… 023

  五　打造什刹海地区治理升级版五大工程 …………………… 029

Ⅱ　数据报告

B.2 什刹海街道基于工作人口的地区公共服务问卷调查报告 ………… 043

B.3 什刹海街道基于社区居民的地区公共服务问卷调查报告 ………… 060

Ⅲ　理论报告

B.4 社区绩效管理：理念、标准与评估

  ——北京市西城区什刹海街道的实践与启示 ……………… 073

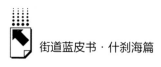

B.5 推进社会单位资源开放提升公共服务供给效能

　　——以什刹海街道社会单位资源开放共享为例 ·········· 099

B.6 超大城市基层党建格局研究

　　——以北京什刹海街道为例 ·········· 116

Ⅳ　调研报告

B.7 什刹海地区综合减灾示范街道创建

　　——西什库社区安全防灾减灾救助体系建设的

　　实践与思考 ·········· 134

B.8 什刹海街道智慧景区建设的实践与思考 ·········· 143

B.9 什刹海街道社会面动态管理机制创新的实践与启示 ·········· 164

B.10 关于什刹海地区发展生活性服务业的调研报告 ·········· 177

Ⅴ　案例报告

B.11 什刹海"一居一特"打造品牌社区的实践 ·········· 187

B.12 什刹海"瘦身"与"健体"相结合推进"四环"

　　撤市的实践 ·········· 200

B.13 以功能区建设带动文保区全面发展的什刹海实践 ·········· 210

B.14 "四建三管"打造什刹海特色精品文化胡同 ·········· 218

B.15 什刹海以政府特许经营做活"胡同游"的实践 ·········· 228

B.16 什刹海：创新联勤联动工作机制　推动城市环境

　　整治常态化 ·········· 239

B.17 什刹海：实施"净街工程"　再现"胡同风貌" ·········· 247

皮书数据库阅读**使用指南**

CONTENTS

Foreword   Service is the Source Stimulating the Activity of Regional
           Governance Elements   / 001

I   General Report

B.1   Shichahai: "Five Governance Actions" Promote Governance
         Upgrade of Multifunctional Block   / 001
           1. Shichahai: A Showroom of the Capital as a City Famous for
              Bistory and Culture   / 002
           2. Planning Lays a Solid Foundation for Regional
              Governance of Shichahai   / 003
           3. Analysis of Shichahai Region: Internal Capacity and
              External Environment   / 017
           4. Selection of Shichahai's Regional Development Strategy
              Under the SWOT Framework   / 023
           5. Implementing Five Projects Upgrading Shichahai's Regional Governance / 029

II   Data Reports

B.2   Questionnaire Report on Regional Public Services of Shichahai
         Sub-district Based on Working Population   / 043

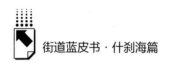
B.3 Questionnaire Report on Regional Public Services of Shichahai

Sub-district Based on Community Residents / 060

Ⅲ   Theory Reports

B.4 Community Performance Management: Concept,

Standard and Assessment

—Practices and Enlightenments of Shichahai Sub-district, Xicheng District, Beijing

/ 073

B.5 Promoting Resource Opening of Social Organizations and

Enhancing Efficiency of Public Service Supply

—An Empirical Study Based on Resource Sharing of Social

Organizations in Shichahai Sub-district / 099

B.6 Research on Party Construction in Oversized City

—An Empirical Study Based onShichahai Sub-district, Beijing / 116

Ⅳ   Survey Reports

B.7 Shichahai Sub-district's Construction of Comprehensive Pilot

Disaster Relief Sub-district

—Xishiku Community's Construction of Safety, Disaster Prevention,

Relief and Assistance System: Practices and Enlightenments / 134

B.8 Shichahai Sub-district's Construction of Intelligent Tourist

Destination: Practices and Enlightenments / 143

B.9 Shichahai Sub-district's Innovation of Comprehensive Dynamic

Administration Mechanism: Practices and Enlightenments / 164

B.10 Survey Report on Shichahai Sub-district's Development of

Life Service Industry / 177

V Case Reports

B.11 Shichahai's Practice in Construction of "One Residence, One Distinction" Brand Community / 187

B.12 Shichahai's Practices in Withdrawing the "Sihuan Fair" by Combining "Weight Loss" and "Fitness" / 200

B.13 Shichahai's Practices in Promoting Comprehensive Development of Cultural Conservation Areas with Functional Area Development / 210

B.14 Shichahai Builds Characteristic and Distinguishing Quality Cultural Hutong through "Four Construction and Three Administration" / 218

B.15 Shichahai's Practice in Stimulating "Hutong Travel" through Government Franchise / 228

B.16 Shichahai: Innovating Collaborative Working Mechanism for Joint Service and Realizing Normal Urban Environment Treatment / 239

B.17 Shichahai: Implementing "Clean Street Project" and Reproducing "Hutong Style" / 247

代前言　服务是激发地区治理元素活力的源泉

徐　利[*]

一　街区治理是一个系统工程

"治理"是街道工作的一个核心命题，也是个系统工程。什么叫"治理"？"治理"和"管理"的区别是什么？按笔者的理解，"管理"是政府依照法律法规或政策解决矛盾纠纷，维护社会安全稳定运行；"治理"是在政策法律无法涉猎的领域，党和政府组织社会力量运用社会规则来解决矛盾纠纷，维护社会安全稳定运行。十八大提出了创新社会治理的四种方式，就是"源头治理、系统治理、综合治理、依法治理"，西方发达国家的政府能"依法治理"，为什么笔者们要有这么多方式呢？因为在笔者们的街道基层，有体制转轨时出现的复杂问题，还有上百年的历史遗留问题，情况十分复杂，有许多领域的法制建设滞后，无法可依；也有许多领域法制的建设跟不上社会经济的发展，有法难依。笔者们的治理实践中有许多事情仅靠"依法"无法解决，需要"依策"，依靠政策来解决；有些事情政策也没有规定，那就"依例"，按照惯例处理；有些连"惯例"依据也没有的事情，处理起来就会很麻烦，就得靠当事人协商解决。街道、办事处以及其他政府组织是唯一合法的执行法律法规、落实政策的主体，"依法""依策"的事必须由政府做，这叫"管理"；政府"法无授权不可为"，没有法律法规和政策依据的事，就不能由政府来做，而应该由政府以外的其他主体介入，由社

＊　徐利，时任中共北京市西城区委什刹海街道工作委员会书记。

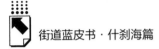

会组织、社区居委会、居民等主体在不违背法律法规和政策的前提下依照"惯例"或平等协商来解决，这就是"治理"。

那么，在政府"管理"的领域是不是就不需要社会、居民群众的参与？回答肯定是否定的。"门前三包"的规范非常好，但为什么就不能很好地执行下去？有执法方面的原因，但最主要的原因还是社会的组织化程度不高、群众自笔者管理的机制没有建立起来，群众没有参与到这个规范的执行过程中，执法只是执法者的行为，导致执法成本过高。再好的法规也是由人来遵守和执行的。没有执法对象的自觉守法、主动配合和积极支持，依法管理要么是一句空话，要么就会出现野蛮执法、暴力抗法。只有把政府的依法管理进一步发展成为依法治理，政府执法才会是针对极少数违法对象的行为，才会更有效、更公平，政府才能实现由"善政"向"善治"的转变。

另外，在社会"治理"的领域是不是就可以不需要党和政府的介入？回答也是否定的。中国特色社会主义的本质特征是中国共产党的领导，无论是社会动员能力还是资源配置能力，党和政府都具有无可比拟的优势，在中国办事要完全脱离体制、离开党和政府指导和支持（除非搞非法活动），既不现实，也很愚蠢。街道工委作为街道地区治理的领导核心，除了体现在地区治理决策中谋大局、把方向、去杂音之外，还要体现在执行中做好群众工作，宣传群众、教育群众，动员群众支持办事处及政府各部门的工作；还要体现在围绕居民需求协调好条块关系，利用政治优势统筹政府组织（办事处及区政府各部门下沉到街道的组织）、社会单位、社会组织、社区及居民群众来共同做好地区公共事务，做好"四个服务"。

二　街道"统筹"需要顶层设计

街道工委、办事处作为上级派出的机构，既是治理主体，但更重要的应该是一个统筹主体，协调有关部门、有关单位去做工作，组织社会组织及居民群众去干。

　　"统筹"是街道工作的基本方法。对什刹海街道来说，抓好统筹有更为特殊的意义。什刹海街道是一个复合功能社区，文保区、风景区、居住区三种功能叠加在一起，政府要保护文化，居民要改善生活，游客要休闲旅游，三种各自不同甚至相互冲突的需求如何同时在同一个街区统筹好，是一个难题。同时，办事处与科站队所，居民与驻区单位，街道治理与功能区建设，都存在一个力量整合、资源统筹问题。为了充分发挥工委办事处的统筹职能，为地区发展聚合能量，笔者们想了不少办法，主要是三个方面。

　　一是规划统筹。要把不同主体的力量和资源整合起来，首先需要一个共同的目标和愿景。规划最重要的就是解决发展目标和建设管理标准问题。在北京的规划体系中，街道是执行层，但什刹海是北京的一张名片，建设管理不能没有标准，不能盲从，要结合地区的实际，上接天、下接地，中间通过笔者们来串接起来，最后形成地区建设发展的行动指南。2014 年，笔者们结合"十三五"规划，与国家发改委区域开放与战略合作研究所合作，编了《什刹海街道发展建设三年行动计划（2014～2017）》，就是强调，建设有目标，管理有标准，只有把这个问题解决了，才容易形成行动上的自觉，思想上的共识。笔者们不是为了做规划而做规划，做完了就束之高阁了。笔者想通过编制规划，在编制规划的过程当中，把大家的思想统一起来，把大家的认识聚焦到一起，最后形成行动自觉。

　　二是建设统筹。北京五次城管会给街道的定位，其中一条是"统筹地区发展"，从一般街道的具体实践看，对于辖区的经济发展，街道没有主导权；教育、文化、卫生等社会事业的规划布局、项目建设，街道也很少有发言权；即使是城市基础设施、公用事业的规划建设，街道也只是在需要配合拆迁以及做群众工作时有所涉及。因此，尽管五次城管会赋予了街道统筹辖区发展的职能，但由于体制、机制等原因，这一职能始终无法落实。在这一点上，什刹海有一些特殊性。因为什刹海文保区、风景区、居住区功能叠加，在管理体制的安排上也相应的有北京什刹海－阜景街建设指挥部、什刹海风景区管理委员会和什刹海街道工委办事处三种体制，笔者在三个机构都担任主要领导职务，这就为统筹地区的建设管理发展提供了条件。笔者们可以综合运用文保区、功能区的规划工具，风景旅游区建设的经济手段，棚户区改造的政策框架等，把硬件与软件结合起来，把规划、建设和管理结合起来，统筹推进地区治理工作。

三是治理统筹。在条条块块，政府组织与社会单位、社会组织、居民群众这些不同的治理主体之间，"最大公约数"就是党组织。治理本质上就是党工委领导和协调办事处及其他政府组织，整合辖区单位的资源，团结和带领群众来共同解决城市公共环境及社会生活中存在的一些矛盾。党组织充分发挥统筹协调主体作用，以区域化党建为抓手，以需求为导向，以服务群众、服务部队、服务区域社会单位为切入口，强化区域综合资源的整合、盘活及利用，搭建起资源统筹、学习交流和社会服务三大平台，完善"共建协作"、"惠民领办"和"互联互评"三个机制，构建起"1＋N"组织模式、"社区＋单位"统筹模式和"站点＋激励"服务模式，使区域资源使用更加高效，驻区单位、居民群众满意度不断提升，地区治理水平明显提高。

三 激发地区治理元素的活力是关键

对于地区治理而言，统筹协调与其说是一种工作方法，不如说是一种系统的思维模式，是在系统思考基础上的顶层设计和统筹推进。但系统的活力和能力取决于要素的活力，除了党委、政府系统的组织以外，社区、社会单位、社会组织、居民群众都是很重要的治理要素。如何激发地区治理要素的活力是一个很重要的问题。

在街道治理这个系统中，第一个最基本的要素是社区。街道工作必须紧紧依靠社区来开展。长期以来，社区工作者作为社会治理的最基层群体，工作压力大、经济待遇差、社会地位低、工作条件差，要激发社区的活力，得调动社工的积极性，得为他们实实在在解决问题。2011年，笔者到什刹海街道以后，和笔者们的老书记一起做的第一件事就是搞了个针对社区的"四个十万"工程：一是拿十万块钱给每个社区配置了冰箱、微波炉，做到"社工夏天不吃变质饭，冬天不吃冰凉饭"。二是针对社区干部队伍身体状况普遍偏差、年龄普遍偏大、女性偏多的特征，笔者们专门联系地区的三甲医院，在全面体检的基础上为每个社工做了一个健康档案，对社工的身体状况进行跟踪。三是组织社工进行全员化菜单式集中培训，统一拉出去培训三天，效果非常好。四是组织社区的书记、主任、站长外出学习，2011年笔者们组织去了青岛、威海、山西等地有针对性地学习社会治理有关的新理念、新做法、新经验。之后这些活动逐步形成常态性的安排，有效地提高了社区的治理能力。

第二个需要激活的是社会。笔者们不可以代替一切、包办一切，许多事情可以通过激发社会治理多元主体的活力，来提高社会治理的水平，在这方面笔者们做了一些探索和实践。2013年，笔者们搞了一个社会资源统筹管理系统，目前这个系统已经上线了，大概收集了1500多条资源信息，想通过激发地区内社会组织、社会成员的活力来提高地区的响应能力，来为老百姓以及社会单位解决问题。利用这个系统把各个单位的优质资源和需求都统筹起来，张三有火柴没香烟，李四有香烟没火柴，把双方的资源与需求一对接就能都抽上烟，这就是共享。笔者们搞的这个社会资源统筹管理系统实际上就是为资源共享搭建一个平台。通过以服务换服务的方式，街道跟各个单位形成一种良性的互动，不断激发社会管理主体、多元主体的活力，来解决政府不太好做，或者不方便做的问题，来提高笔者们社会治理的主动性、互动性、参与性，包括体现它的公益性，这样才能使笔者们的社会治理，尤其是笔者们基层的社会治理实现可持续。比如，北京四中有优质的教学资源、优质的体育活动场地，恭王府有历史文化教育的资源，双方对对方都有需求，街道做中间人，双方以服务换服务，都开放资源，同时对街道社区开放资源，三方都满意。从2012年下半年开始，笔者们依托四中搞了一个名师进社区活动，效果非常好。

第三个需要激活的因素是社会组织。前些时候看书接触到一个概念，叫"原子化社会"，就是说在过去的单位制社会逐步破产过程中，个人之间联系逐步弱化，个人与公共世界逐步疏离，个人与国家以及公共世界之间缺乏一些基本的社会联结，社会治理变成了官与民、政府与个人之间直接的管理与被管理行为，这是很可怕的一件事。试想，让书记、区长直接面对 160 万原子化的个人是个什么概念？即使是笔者们工委办事处直接面对 12 万个人也是不得了的事。这就需要笔者们采取措施重建社会联结，培育社会组织，发挥社会组织的作用，提高社会的组织化程度。在这方面笔者们重视抓三个关键字。一个是"建"，把各种组织建起来。但是建组织有一个前提，你得选对人。所以第二个关键字就是"选"。组织的带头人非常重要，一个组织里面，这个带头人能决定这个组织的方向以及开展的活动。比如，笔者们在社区带头人的培养选拔使用上就想了一些办法。2013 年，笔者们对社区进行分类管理，把 25 个社区分成三类，免检类是班子很强基本上不要操心的，有 7 个社区；第二类是班子一般但能把工作平推下去的，有 15 个社区；第三类就是问题比较大的 3 个社区。笔者们抓两头带中间，搞了一个社工导师工程，选取 7 个社区好的书记主任当导师，传帮带，重点解决第三类社区的班子问题。同时笔者们还搞了一个社工人才资源库，储备人才资源。第三个关键字是"联"。加强平台和载体建设，多搞活动，在活动中增强社会组织的服务能力，拓展社会组织的生存空间，提升社会组织的社会影响力。

四　基层治理要坚持"以民为本"

地区治理最终还是要服务居民，长治久安最终还是要靠老百姓。只有老百姓真正动起来，居民群众真正参与进来，地区的安全、有序才是可持续的。

老百姓是最重要的治理主体。过去笔者们一直讲"以人为本"，笔者想在街道这个层次，还是要把抽象的"人"变成具体的"民"比较有操作性。"以民为本"就是要以老百姓的利益为旨归。把老百姓服务好了，老百姓的治理热情调动起来了，笔者们的社会治理、城市管理以及公共服务的许多难题会迎刃而解，"四个服务"的任务也就顺利完成了。所以，"以民为本"是笔者们的基本理念，为老百姓服务是笔者们所有治理措施的出发点和最终落脚点。要服务百姓，首先需要了解老百姓的真正需求。在这方面，除了区里面统一的类似"访民情、听民意、解民难"的一些制度和机制安排之外，笔者们有个特殊的机制，叫社区建设研讨会。这个会最早叫无厘头会，后来改成"一居一特"会，现在改成社区建设研讨会。每年年初召开，实际上就是社区工作务虚会，社区两委一站主要负责人参加，要求社区在充分调研的基础上畅所欲言，把所有老百姓关心的问题都摆出来，每个社区每年至少搞一个群众特别关心、特别需要、特别迫切的特色项目，每年做一件老百姓都能看到的、做完以后老百姓就能感受到实惠的事情。办事处专门拿出一大块资金，给予政策、资金等全方位的支持，每年实实在在为老百姓办一件好事、急事、难事，经过几年的积累就能从根本上改变地区的生活条件和环境面貌。这就是"一居一特"。如新华社区，搞了个"点亮四合院"工程，解决了平房院落内部照明难题，方便了群众生活，居民群众非常欢迎，现在笔者们已经在全街道推开，逐步实现全覆盖。

什刹海街道5.8平方千米，12万多的常住人口，是首都的一张文化名片，承担着首都核心功能区的核心功能，"四个服务"任务很重。治理这样一个特殊重要的地区，工委办事处深感责任重大，使命光荣。在历届工委办事处创造性工作的坚实基础上，笔者们这一届班子逐步理顺工作思路，坚持以民为本的基本理念，以服务为宗旨，以问题为导向，团结和带领辖区群众，以规划为引导，瞄准目标，明确标准，把握节奏，以蚂蚁啃骨头的精神，一件实事一件实事地干，扎扎实实地推进工作。

春秋时期，晏子曾以煮羹来比喻治国，提出治国的最高境界是"和"，和如羹，用水、火、醯、醢、盐、梅、鱼、肉等各色用材，"齐之以味，济其不及，以泄其过"，煮出的羹才美味可口。这里描绘的实际上就是一种社会治理的状态。在当前利益主体多元、思想文化多元、社会价值观多元的情况下，要建设国际一流的和谐宜居之都，街道基层必须由单向的政府管理向网络式的多元治理转变，创设条件让不同的利益主体变成公共治理主体，各归其位、各得其所，并最终实现"各美其美、美人之美、美美与共、天下大同"的"善治"。

总 报 告

General Report

B.1

什刹海："五治并举"推动功能叠加型
街区的治理升级

摘　要：　作为首都"四个中心"职能的主要承载地之一，什刹海地区是
一个集历史文化保护区、城市居住区、旅游风景区三种功能为
一体的街区。近年来，什刹海街道自觉把地区发展放在首都发
展的大局中，以建设和谐社区为目标，以规划为先导，大力发
扬"人本、人文、人和"的什刹海精神，日常工作求规范，重
点工作求创新，亮点工作求特色，有力地推动了街道各项工作
水平的不断提升，保持了地区发展的良好势头。面对在京津冀
一体化背景下落实首都新定位的新形势，什刹海地区治理优势
明显，劣势突出，机遇与挑战并存，必须瞄准建设和谐、宜
居、有品位、有文化、有魅力、有特色的首都功能示范区的目
标，坚持共治、善治、自治、法治、德治"五治并举"，保护
好历史文化，保障好居民生活，维护好城市环境，实现好地区

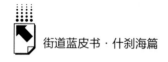
平安，管理好 4A 级景区，切实体现首都功能，切实完成好"四个服务"的历史使命。

关键词：　混合街区　公共治理　什刹海街道

一　什刹海是首都历史文化名城的金名片

（一）什刹海街道是一个年轻的街道

什刹海街道位于西城区东北部，2004 年，西城区调整行政区划，将原福绥境、新街口、厂桥三个街道办事处进行撤并，以新街口北大街为界，将以西的原新街口街道办事处辖区与原福绥境街道办事处合并组建了新的新街口街道办事处；将新街口北大街以东的原新街口街道办事处辖区与原厂桥街道办事处合并组建什刹海街道办事处。地域面积 5.80 平方千米，辖什刹海风景区管理处及 25 个社区居委会，共有居民 46235 户，户籍人口 120638 人，常住人口 81085 人。

（二）什刹海地区是一个古老的地区

什刹海古称"海子"，与北海、中海、南海一起，都是永定河故道的洼地，后因潴水而形成。元朝时，水利学家郭守敬开挖了通州大运河到海子直达元大都城的河道，在今天积水潭西北角处建海子总码头。作为运河终点，海子码头停满了装有南来货物的船只，桅杆林立、遮天蔽水，装货、卸货、贸易，火热的经济活动带动周边地区繁荣，沿海子周边建起了无数货栈、酒楼、集贸市场，成为元大都繁华的商业区。明朝统治者向东、西、北三面扩展皇城，通惠河上游的一段被包入皇城之内，漕船无法驶入海子，海子的码头功能逐步萎缩，水面逐步缩小，周边不断盖起寺庙、王府、酒楼和商铺。清朝将内红墙御苑范围退缩至内红墙之内，海子不断被填海造地，不少王公贵族、达官贵人在此修建王府别院，这些王府官邸演绎了半部清代史和几乎全部中国近代史，具有极其珍贵的历史文物价值。民国时期六海变成一潭死水，残破污秽。新中国成立后开始治理河道，清淤修岸。改革开放以后，西城区政府多次对什刹海地区进行整理，现已成为风景秀丽的 4A 级风景区。

（三）什刹海是首都重要的文化名片

什刹海街道办事处辖区东起旧鼓楼大街、地安门内大街、地安门外大街，西到新街口南、北大街、西四北大街，南至景山前街、文津街、西安门大街，北起德胜门东大街、德胜门西大街，恰好把老北京"六海"中的"后三海"（前海、后海、西海）和北海环抱其中，与中南海紧密相连，"是京城富有人民性之市井宝地"（著名历史地理学家侯仁之先生语）。沿"后三海"周边的什刹海历史文化保护区占什刹海街道辖区的 55.7%，与阜景街、大栅栏、琉璃厂、天桥以及国家大剧院、北京音乐厅等现代文化设施一起，构成融历史与现代为一体的北京中轴线西翼文化带。

二　以规划为先导奠定什刹海地区治理坚实基础

近年来，什刹海街道自觉把地区发展放在首都发展的大局中，以建设和谐社区为目标，以街道发展建设规划为先导，大力发扬"人本、人文、人和"的什刹海精神，日常工作求规范，重点工作求创新，亮点工作求特色，主动作为，大胆创新，不断探索超大城市基层治理体系与治理能力现代化之路，努力调动各方面的力量，保护好历史文化，治理好辖区环境，保障好居民生活，维护好社会秩序，管理好 4A 级景区，有力推动了街道各项工作水平的不断提升，保持了地区发展的良好势头。

（一）编制保护规划，优化制度环境，文保区建设逐步纳入规范化渠道

近年来，什刹海街道围绕与历史文化保护区保护和发展紧密关联的文物

古迹的保护修缮、历史空间的综合整治、居住环境的综合改善以及文化旅游事业的发展，开展了大量富有成效的工作。

1. 积极推动保护规划的编制、管理制度的完善以及政策机制的落实，文物保护的制度环境日趋优化

自 2005 年以来，什刹海街道重视历史文化保护区规划编制的先导作用，以《什刹海历史文化保护区保护规划》《"十一五"时期什刹海历史文化旅游风景区发展规划》作为基础，先后完成《什刹海地区市政总体规划》《什刹海地区近期交通整治方案》《什刹海地区夜景照明规划》《什刹海地区业态调整方案》等专项规划，编制了《什刹海历史文化保护区"人文奥运"三年综合整治规划（2005～2008）》，针对什刹海烟袋斜街大小石碑地区的保护修缮试点组织编制了《什刹海烟袋斜街地区保护修缮试点规划》，从解决什刹海历史文化保护区的主要矛盾入手，把公共空间的营造作为带动历史文化保护区保护复兴的基础工作，提出了"整体保护、市政先行，重点带动、循序渐进"的规划策略，以文保区公共空间整治为重点，推动历史文化特色区域的保护修缮和人口的疏解与安置，实现什刹海及其周边地区的整体风貌保护与文化传承的整体推进。

2. 文物修缮、整治和有机更新取得重大进展，文物保护的物质基础更趋扎实

注意处理好历史文化资源的保护、利用和发展的关系，以"改变落后现状、适应现代生活，保护传统风貌、延续历史文化、挖掘文化资源、繁荣旅游产业"为目标，实施文物解危工程、解放工程和解读工程。一是以北京市"人文奥运文物保护计划"和西城区房管系统居民文物院落抢险修缮项目的实施为契机，对什刹海历史文化保护区恭王府府邸、火德真君庙、广福观、德胜桥、汇通祠等17处文物保护单位和未核定为文物保护单位的不可移动文物近24000平方米的建筑进行了修缮，一批文物保护单位实现了文物腾退，解决了长期存在的文物安全隐患，使文物从危机中彻底解放出来，最终达到合理使用的目的。二是对胡同四合院进行小规模渐进式有机更新试点。针对历史文化保护区传统风貌保护和房屋修缮工作，形成"院落微循

环改造""政府组织拔危楼""街巷胡同环境整治""历史文化保护区保护修缮试点"为代表的"点、线、面"相结合的旧城保护、整治的多种工作模式，在加强对历史空间的保护与再现、营造公共空间环境的同时，推进与传统居住相结合的多种形式的保护，使文保区的危旧房屋得到了修缮，提高了居民的生活质量，推进了旧城传统风貌保护和可持续发展。

3. 基础设施先行的历史文化空间环境综合整治深入实施，文物保护的外部环境得到进一步改善

随着北京市政府关于旧城房屋修缮与人口疏解政策的出台，长期存在的历史文化保护区基础设施建设投入不足的状况得到进一步改善，在历史文化保护区的保护与发展过程中，基础设施先行的思想逐渐成为各级领导的共识。2014年，什刹海街道配合什刹海 - 阜景街建设指挥部，积极推进胡同环境品质提升相关工程；本着"修旧如旧"原则，完成大、小石碑及千秋西侧路的房屋立面修缮工程，实施北官房胡同整治工程；保护胡同肌理，完成千秋西侧路道路改造工程；开展惠民工程，完成后海西岸、羊房胡同燃气主管线的施工工作；整理城市空间，完成西海北二环架空线入地工程的地下管线施工，更加完整展现什刹海文保区古都文化的传统风貌。

4. 重视历史与现代的融合、人文特色与现代文明的互补，地区文化建设取得新的进展

一是充分挖掘和利用历史文化保护区的独有资源，着力建设富有特殊内涵的传统文化与现代文化相融合的文化服务体系。推出一系列以胡同、寺庙、双拥、四合院为主题的"什刹海文化礼品"；积极推动现代文化要素的融入，鼓励支持酒吧文化、茶文化发展，促进现代艺术在地区的展示推广。地区公共文化服务体系不断健全，各类文化活动深入开展，文化氛围日渐浓郁。二是把保护历史人文资源与满足百姓文化需求有机结合，打造特色文化品牌。开展冰上赛龙舟、恭王府里赶大集、护国寺里过两节、清明节柳荫街"社区公祭"等"漫品什刹海"传统文化系列活动；挖掘保护非物质文化资源，脸谱、金氏风筝、什刹海传说和故事等6项传统技艺被推荐为市级非遗保护项目；开展"名城保护和传统文化传承"系列讲座；联合北京电视台，拍摄系列大型纪录片《拾说什刹海》。三是丰富群体性文化服务。开设英语、摄影、古筝等多个社区培训班，开展社区大课堂讲座，开展"最美北京人"百姓宣讲、寻找"最美家庭"和"我推荐我评议身边好人"等活动，发挥地区非遗及民间艺人特有资源，举办专场讲座，依托地区优质教育资源，与北京四中、北海幼儿园等合作，举办"名师进社区"系列讲座，在文物保护的同时让丰富多彩的文化建设为社区居民带来更多实惠。

（二）立足区域特点，加强精细管理，辖区环境建设和管理迈上新台阶

城市管理是城市发展永恒的主题，也是城市赖以生存的重要保障。多年来，什刹海街道立足区域特点，积极探索核心城区混合功能街区城市管理的有效模式，努力打造更加宜居宜业的城市环境，城市精细化管理水平日益提高。

1. "五位一体"全响应网格化社会服务管理体系进一步完善

一是完善指挥体系。把城市管理同行政服务、社会服务、社会管理、应急处置有机结合，建立街道"全响应"网格化指挥分中心，通过划分社会管理网格单元，将"人、地、事、物、组织"等要素信息化、数字化，并运用电子信息技术将各系统功能进行叠加，建立案事件上报机制、案事件派发流转机制、工作奖励机制、档案管理机制、工作会议调度机制等，初步形成"信息采集、源头发现、任务分派、问题处置、核查反馈"的闭环工作机制。二是实现网格管理全覆盖。按照"完整性（不打破现有社区和物业管理范围）、便利性（利于管理）、均衡性（各网格任务量均衡）、差异性（充分考虑区域差异和服务管理对象差异）"的原则，在现行行政区划框架下，以25个社区为基础，在社区工作者"分片包户"工作机制的基础上，按照权属和服务管理人口数量等要素，将辖区合理地划分为205个网格，按照"一格五员"的模式，为每个社区网格，都明确一名社区工作者为网格管理员，作为网格牵头负责人；明确一位街道领导干部作为网格协调员，负责督促、指导、协调网格内各项社会服务管理工作；明确公安、城管等职能

部门派驻到街道或社区的工作人员作为网格执法员，负责在网格内开展职能部门业务和履行执法职责；明确各相关职能部门要求在街道和社区配置的各类协管人员，以及街道统筹管理的综合协管员等作为网格服务员；由社区党员、社区居民代表、社区居民小组长、楼门院长、社区志愿者等作为网格共建员，负责采集网格内各类信息，反映群众诉求，引导社会参与。到目前为止，街道共配备网格管理员 205 名，网格协调员 205 名，网格执法员 93 名，网格服务员 45 名，网格共建员 2059 名，基本形成了"基础力量一格一员、专业力量多格一员、响应力量多员一格"的网格力量配置格局。

2. 注重源头治理，通过加快推进棚户区改造和人口调控工作，从根本上解决城市建设欠账和人口密度大造成的环境问题

一是以改善生活居住和旅游环境为突破口，组织对地安门内、外大街至景山西街的景观进行整体设计。以"精细管理、服务居民"为主线，创建西海环湖路精品大街、大红罗厂 3 号精品小区，打造大金丝等 13 条精品胡同，改造西什库大街 74 号等 3 个老旧小区。按照"多种方法、文明整治、折价有偿、从根儿治理"的原则，清理废旧自行车、汽车、破沙发、旧衣柜，拆除违章建筑，地区环境品质得到明显改善和提升。二是落实中央、北京市和西城区重点工程建设。开展宋庆龄故居周边景观提升和应急景观照明项目建设，整治后海东片胡同 28 条；积极统筹协调，推进景山、北海周边、什刹海东片、故宫周边等综合环境整治工作；西安门大街架空线入地工程的征地、道路拓宽等相关群众工作顺利推进；实施德内大街"慢行系统"综合整治行动，着力提升重要路线、场所周边环境面貌及景观品质。三是完成四环市场撤市工作。发挥政府职能，提前研判部署，积极与产权方、承包方、经营者沟通，就撤市相关问题及后期影响进行风险评估；依托联席会议机制，及时调度，攻坚克难，组织相关部门开展综合执法，强化环境秩序管控，大力做好拆违、灭脏、治乱等工作；充分发挥企业主体责任，及时处理解决衍生矛盾纠纷，及时跟进相应对策措施。截至 2014 年 9 月 30 日，平稳有序、依法依规完成四环市场"撤市"工作。

3. 完善街道统筹辖区发展机制，联动推进"城市病"治理

一是落实街道统筹辖区发展的相关政策。按照《西城区关于城市秩序管理中进一步加强职能部门属地管理的意见》和《关于进一步加强街道统筹辖区发展规范日常管理的指导意见》，将劳动保障服务站、司法所、统计所交由街道实行属地管理，城市管理监察分队实行双重管理，接受街道办事处的指挥调度和工作考核；明确园林绿化、环卫、房管、市政等专业管理部门的管理事项，赋予街道充分监督权，并按照"权随责走、费随事转"的原则，为街道履行职责提供有效的财力保障。二是健全整合区、街管理资源的平台。主动发挥地区管理主体作用，在街道层面建立地区工作委员会制度，制定《什刹海地区管理工作委员会实施细则》，成立什刹海景区建设管理联席会和整治办公室，建立景区长效管理机制，专门设置科站队所席位，实行联合值班、联合指挥、联合处置突发情况，有效整合各科、站、队、所力量，保证街道和科站队所在地区管委会"基本框架"下联合行动，实施"捆绑式"执法，成立联合执法检查组，开展"拆违、灭脏、治污、清障、治乱、撤市"六大战役，通过规范道路公共服务设施、抓好小广告、非法再生资源回收网点、地下空间、出租房及"七小""三烂"等综合治理，有效整治占道经营、噪声扰民等不法行为，开展打击非法自行车租赁、游商、黑车等专项行动，大力解决背街小巷、居民身边的痼疾顽症，实施"净街行动"，有效遏制城市痼疾顽症。三是依托地区管委会成立专项督查工作小组，以督办单形式发至各主责单位，建立重大环境建设问题约谈制度，按照"属地管理"和"谁主管、谁负责"原则，采取区级和街道级分级约谈的方式，加大环境建设监督管理力度。四是落实《关于实行城市环境分类分级管理的意见》《加强城市环境精细化管理，进一步提升美化市容的工作方案》等一系列政策性文件，按照功能主导原则，对辖区进行分类管理，形成区域功能定位与环境特征要求相匹配的新型城市管理模式，有效提升城市管理效能。

（三）抓住主要矛盾，构建长效机制，社会治理取得新的成效

着眼于维护最广大人民的根本利益，最大限度增加和谐因素，增强社会

发展活力，以网格化管理、社会化服务为方向，健全基层综合服务管理平台，协调社会关系，规范社会行为，提高社会治理水平。

1. 狠抓流动人口和出租房屋管理

以信息调查为基础，组织各社区流管员开展流动人口和出租房屋基础信息调查，摸清地区违法群租房底数，建立台账，及时发现掌握影响社会治安和社会稳定的各类重点人员，及时将发现的问题隐患反馈公安机关，坚决防止出租房屋和住人的地下空间内发生影响社会治安和社会稳定的案件。开展集中执法，大力整治"群租房"及地下空间，重点清理调整吸附大量流动人口的低端业态，推进地区流动人口服务管理工作，严格做好非京籍儿童入学初审工作，圆满完成年度人口调控任务。

2. 狠抓社区矫正和重点人安置帮教工作

认真落实"无缝衔接"帮教工作，建立落实刑释解人员档案登记、帮教对象考察制度，按照"分类管理、分阶段教育"工作要求，对矫正人员进行逐人核实、逐一评估，根据情况分别制订帮教措施，划分重点帮教对象，确定帮教责任人，为刑满释放人员排忧解难，解决实际问题，开展社区服刑人员社区服务集中教育工作试点，预防和减少重新犯罪，使其安心接受矫正，顺利融入社区生活。

3. 狠抓信访工作制度化

坚持把信访工作与社区党建、社区服务、社区教育及居民自治结合起来，引导群众依法维权，化解突出矛盾，形成"纵向两级受理（街道、社区）、横向一线联动（各科室齐抓共管）"的街道信访工作格局，按照"抓早、抓小、抓落实"的工作思路，落实信息排查制度、领导包案制度和联合办案制度，健全及时就地解决群众合理诉求机制，做到及时排查矛盾、及时掌握动态、及时交流沟通和及时控制趋势。

4. 狠抓公共安全应急体系建设

在市、区两级民政部门的指导下，在北京市紧急救援基金会（NGO组织）的帮助下，不断提升街道应急救援硬件建设水平。投资近30万元，开发了街道安全隐患排查系统软件，进一步强化生产经营者主体责任，实现对地区"七小"企业管理的全覆盖；依托双拥共建资源优势，与卫戍区一团四连共建柳荫街军民防灾抢险应急队；投资15.3万元，在区域胡同内设置消防应急救援箱134处，安装配备灭火器箱190个；投入20余万元成立30人的什刹海景区反恐防暴应急队，充实应急处突力量。

5. 狠抓安全稳定关键点控制

创新有效预防和化解社会矛盾机制，不断提升维护辖区安全稳定的能力。严格实施流动人口和出租房屋"网格化管理"，配合公安机关开展"扫黄打非"、打击"黑车"等多项整治行动，有效打击各类黑车，关闭不合格小发廊。积极排查消除安全隐患，定期对地区1489家生产经营单位进行安全检查，及时发现安全问题，消除安全隐患。专门成立药品安全领导小组，聘用89名专业人员为地区药品安全员，协助职能部门做好地区的药品监管工作。成立街道公益法律服务中心，建立什刹海热线法律服务岗，坚持每天安排1名公益律师，接待居民法律咨询，分别为25个社区各配备了1名公益律师，有效地拓展了法律服务社区的渠道。以社区调委会规范化创建为抓手，提升社区化解和调处矛盾的能力。按照市区司法局推进社区调委会的规范化创建工作的相关标准和要求，兴华社区、四环社区、白米社区、米粮库社区、西海社区获得北京市司法局颁授的"北京市规范化调委会"铭牌，街道人民调解员霍艳平同志当选北京市"人民调解能手"。

（四）坚持以民为本，强化服务理念，公共服务和民生保障体系日趋完善

坚持以社区居民需求为导向，以提升社区服务能力为重点，以落实社区基本公共服务项目和构建"一刻钟服务圈"为抓手，逐步完善公共服务和民生保障体系，夯实和谐宜居建设的基础。

1. 公共服务体系建设稳步推进

以"惠民工程"为手段，提升公共服务水平，有效满足民生需求。建立完善以最低生活保障为基础、专项救助相配套、应急救助与社会互助相补充的社会救助体系。协商建立11家便民菜站，建立主食厨房，基本实现了

为老服务"零距离"。积极开展扶残、帮残、助残活动，建设温馨家园、职康站、辅具服务站、康复站和法律援助站"一园、四站"残疾人服务基地，为残疾人提供康复、辅具、法律服务，坚持定期对就业年龄段内的残疾人就业情况进行摸底调查，积极帮助他们实现就业。完善社区服务体系，建立社区公共服务、志愿服务、便民利民服务、特色服务有效衔接的"一刻钟社区服务圈"。

2. 社区服务能力进一步增强

制定《什刹海街道进一步加强和改进社区服务群众工作实施细则》，从社区窗口整合模式统一、前后台工作职责统一、错时工作安排统一、预约服务流程统一、业务培训内容统一、生活保障标准统一这"六个统一"入手，引导社区和社工转变工作方式，将关注点放到社区服务和为居民服务上面。以提高服务质量为目标，严格落实区标准化行政服务体系，强化为民服务工作效能，着力提升民生工作满意度。继续深入"访民情、听民意、解民难""走千户访千人"，落实社区网格化管理，深入居民、主动服务，提升服务质量及拓展服务内容，转变社区工作模式，确保"一站式"综合受理模式、错时工作制、预约办理、上门服务、"全科社工"等有效实施，志愿互助服务实现全覆盖。编制《什刹海街道社区工作指导性指标》，完善社区服务绩效考核指标体系；与北京师范大学继续教育学院合作，举办首届什刹海社工全员培训活动，培训社工340名；引入社工"导师工程"，做好社区队伍传帮带工作；完善"什刹海青年社工公社"运行模式，将专业社会工作理念与社工队伍建设有机结合；关注青年社工的培养及发展，筹建"社区人才库"，目前学员有64人。

3. 社会化服务机制逐步建立

对接民生保障需求，整合地区资源，开发推出街道资源共享平台；开展"法律服务社区行"，接待群众法律咨询800余人次；完成西城区经济适用房、限价房大摇号专项资格复核工作，服务家庭3300余户；向社区、企业发放京卡宣传册10000余份，建立企业、社区工资集体协商试点21家；开展金秋园敬老院"女儿式服务"，收住老人16名，入户巡视6390余户次；

做好困难群众托底性工作，为 127 名 60 岁以上低保老人办理助老慈善医疗，为 30 名无业残疾人办理补贴手续，为地区 75 名 0～3 岁儿童开展免费测评，扎实做好返乡知青的落实工作。

4. 惠民工程稳步实施

落实党的群众路线教育实践活动，开展"门难进、脸难看、事难办"整顿活动，推动"一窗式"服务；引入社会资源，新建便民菜站 15 家；梳理"一居一特"工程 36 项，打造"点亮四合院""流动办公平台"等为民服务品牌；关注农民工子女成长，"七彩小屋"开展活动 30 期、共 748 人次参加；投入 177 万元对 25 个社区办公及服务用房进行修缮；改善平房区居民院落居住生活环境，改造旱厕 10 处。2014 年街道完成 10 项"为民办实事"项目。

（五）落实主体责任，强化能力建设，基层党建水平不断提升

坚持把基层党建作为地区治理的核心和关键环节来抓，严格落实党风廉政建设责任制，落实基层党建"四议两公开"制度，积极深化社区党建"三级联创"活动，街道和社区党员的党员意识明显增强，基层党组织的战斗堡垒作用和广大党员的先锋模范作用在街道建设发展各项工作中得到了积极发挥。

1. 学习型党组织创建深入推进

深入开展"学习型班子、学习型机关、学习型社区、学习型干部""四型创建"活动，坚持集中学习与分散自学相结合，密切联系工作实际，突出抓工委中心组和科级以上干部理论学习，达到以学促思、以学促干、内强素质的目的。街道制订学习计划，提供学习内容，组织学习活动，各党组织采取党员专题学习会、阅读会、心得交流会、征文演讲会等各种形式组织学习，要求党员保证学习时间和参学率，讲求学习方法，注重学习效果。柳荫街社区党委依托"柳荫阅读会"学习平台全面推动学习活动的深入开展；西什库社区组织专题"聊天会"，通过党员的学习交流，提高自身的理论修养、文化素质，提高服务群众的能力。

---

2. 服务型党组织建设初见成效

按照基层服务型党组织"六有"目标，先后调整优化松树街、后海、柳荫街等 5 个社区党委班子，新建"黄河之子公益基金会""护国新天地"两个非公党支部，组织柳荫街社区基层服务型党组织试点，组织中央、市、区和街道共 69 个党支部共 2517 名党员到社区报到开展为民服务，组织了 28 名入党积极分子培训班；举办"'最美北京人'中国梦·我的梦"主题演讲比赛、"强身健体度国庆，凝心聚力促和谐"社会领域党员趣味运动会，有效巩固了基层党组织基础，密切了党群、干群关系。

3. 思想作风建设逐步实现常态化、制度化、规范化

按照中央、北京市委和西城区委总体部署，坚持固本强基，不断开拓创新，围绕街道中心工作，聚焦整治"四风"，扎实有效地开展党的群众路线教育实践活动，狠抓街道领导班子、党员干部队伍和基层党组织建设，筑牢思想和作风基础，严格落实党风廉政建设街道工委的主体责任和纪工委的监督责任，修订完善街道党风廉政建设工作实施意见、权利公开透明运行管理办法、干部廉政谈话和公务接待管理、活动组织管理、后勤服务管理、财务保障管理等十余项规章制度，为推动地区科学发展提供强有力保证。

4. 区域化党建工作模式初步形成

围绕"共同需求、共同目标、共同利益"，在社区、商务楼宇、市场地域积极构筑起开放式、覆盖面广、相对稳定的党组织网络，形成由机关党建、非公党建、社区党建、社会党建共同参与的多维度、全覆盖的区域化党建联合体。一是构建"1＋N"组织模式，形成以街道党工委为核心的"大党委"、N 个党建工作联席会为纽带的基层党建工作模式；二是构建"社区＋单位"统筹模式，通过对区域内基层党组织设置、党的活动和党员发展、教育管理工作进行通盘考虑，形成"统筹谋划、成片推进"工作思路；三是构建"站点＋激励"服务模式，完善社会领域党员服务站、公共服务大厅、便民服务中心等服务，丰富服务内容，拓展基层党组织社会化工作载体，建构多样化组织形式，使党在社会的组织联系成为有机整体，共同承担起关怀社会、服务社会和保障社会等功能，受到居民群众欢迎。

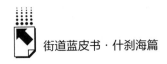

（六）实践治理理念，完善治理机制，社区发展与建设取得新进展

着眼于强基础、抓规范、谋突破、创品牌，积极推进地区社会服务管理创新，探索实践社会治理理念，下大力气做好社区班子建设、社工队伍管理、社区服务等工作，使地区和谐稳定进步的社区基础更加扎实。

1. 坚持党建统领，社区治理体系进一步健全

以深入开展教育实践活动为契机，发挥社区党建对社区各项工作的引领作用，统筹社区各项工作。一是推动做实管理网格，与推行社区网格化管理结合，落实社区党员、社工网格制度，做好网格服务管理工作的联络员、信息普查员、服务协调员、保障服务员、法规宣传员、特殊群体帮扶员，促进服务意识和服务能力的提升。二是推动优化社工队伍配备，规范对社工人员管理，筹建社区人才库，以社区为单位，为每名社工建档立册，并动态更新。三是推动实施协管员规范管理。在详细梳理各类协管员情况基础上，制定《什刹海街道办事处关于规范街道协管员统筹工作方案》《西城区什刹海街道社区协管员管理方法》，将308名不同渠道的协管员纳入统筹管理。四是推动社区建设科学规范。坚持把社区党建与社区各项重点工作、特色工作紧密结合，全面推进社区规范化建设和"六型社区"创建，推动社区各项工作提升水平，从而实现教育活动与各项工作共同促进、共同提升，全面发展。

2. 加强制度建设，社区治理能力进一步提升

以完善管理制度和考核标准为抓手，着力提高社区治理能力。一是完善社工管理制度。出台《什刹海街道社区工作规章制度汇编》《什刹海街道进一步加强和改进社区服务群众工作实施细则》《什刹海街道关于社区服务站站长任用及后备人员选拔等工作的管理规定》《什刹海街道社区工作者礼仪行为准则》等一系列制度规范，强化广大社区工作者服务群众意识，改进社区服务方式，提升服务能力。二是制定社区绩效考核指标。编制《西城区什刹海街道社区绩效考核指标》，围绕社区党建、社区自治、社区服务、

社区文化、社区安全、社区环境和健康计生等方面设置了 7 个一级指标、28 个二级指标、238 个三级指标,科学、全面评定社区工作成绩。三是加强对社工队伍的培训指导。实施"导师工程",培育社工导师,与专业机构联合组织专题培训,加强对"什刹海青年社工公社"的指导,打造一支思想境界高、工作干劲足、团队意识强、文化氛围浓的社工队伍。

3. 完善自治体系,社区自治功能进一步发挥

一是试点参与式协商。在西什库、景山两个社区先行试点"参与式协商",以社区"一心两会"为基础,通过"两个明确",即明确职责、明确参与人员,有序组织社区参与协商。"四个结合"即工作制度与规范管理相结合;工作计划与群众需求相结合;工作重点与居民难点相结合;工作措施与民主决策相结合,指导支持社区民主自治。参与试点工作的两社区,根据本社区实际,有针对性地开展工作,均取得了显著成效。二是建立楼门院长发挥作用的长效激励机制。选优配齐楼门院长,颁布《什刹海街道楼门院长表彰奖励办法》,建立起激励楼门院长作用发挥的长效机制。三是探索各种形式的自治组织,如景山社区建立了商户自我管理、自我监督的"六小门店自律协作组织",营造共建"游人有序、停车有序、商户文明、街面干净"旅游商业街的良好氛围。

4. 强化资源整合,社区服务功能进一步完善

一是转变社区工作模式。制定《什刹海街道进一步加强和改进社区服务群众工作实施细则》,实施"六个统一",即社区窗口整合模式统一,前后台工作职责统一,错时工作安排统一,预约服务流程统一,业务培训内容统一,生活保障标准统一,确保"一站式"综合受理模式、错时工作制、预约办理、上门服务、"全科社工"等有效实施,志愿互助服务实现全覆盖。二是依托社区资源统筹利用,继续实施"一居一特"工作,各社区结合区、街道、社区重点工作,围绕加强为居民群众服务、社区居民自治、社区团队建设、文化建设等方面,梳理"一居一特"特色工作,以特色品牌工作带动社区整体发展。三是发挥资源统筹优势,深化为社区居民服务。以文体活动和惠老服务充实社区服务内容;借助地区科教平台,组织面向各个年龄段人群的学习培训；积极实施科技惠民工程；联合卫生中心对地区娱乐场所、酒吧街等地的从业人员进行防艾干预；联合各方力量推动街道养老照料中心项目。

（七）兼顾保护管理，推进景区建设，风景旅游区建设管理水平全面提升

1. 推进"文明景区"建设

一是成功完成"大运河申遗"工作。认真组织并提供中国大运河遗产区相关申报材料，配合国家文物局组织专家现场勘察工作，2014年6月22日，中国大运河被列入《世界遗产目录》。二是成功创建首都文明风景旅游区。制定文明风景旅游区创建工作方案，建立创建机制，积极收集材料，营造文明旅游宣传氛围，完善前海、后海文明旅游公约、文明旅游提示用语，建立文明旅游引导及监督岗，以文明创建为契机全面提升景区建设管理水平。

2. 推进"法制景区"建设

从制度层面加以完善、规范景区保护与管理工作，研究制定《什刹海历史文化旅游风景区管理办法》，针对现有管理瓶颈与特点，完善《落实"三化"工作思路、实现景区精细管理》工作方案，实现景区综合管理立体化、常态管理网格化、重点区域固定化，建立景区管理"5+1"工作机制，成立30人的"景区反恐防暴应急处突"队伍。

3. 推进"智慧景区"建设

开展信息化项目建设：一是完成"商、旅、居"公共区域客流应急疏散系统规划及示范实施项目。二是完成"加密客流探头"项目前期调研和基础材料筹备，由西城区应急办酌情安排建设。三是完成"三轮车移动管理平台"项目前期调研和项目申报、专家评审，西城区应急办立项报西城区信息办审批。四是启动景区安全风险管控项目建设，开展地区客流调研，重点分析原住民影响系数，建立环湖滞留量实时统计模型，以提高客流监测数据精度。

4. 推进"平安景区"建设

利用科技手段，提高景区监督管理水平。一是实施管理处监控室改造提升工程，升级改造监控设备。二是充分利用监控设备，对景区及特色街重点时段、重大节日实施全方位 24 小时监控。三是注重管理数据收集、整理和分析，为公安、交通、城管、综治办等相关部门加强管理提供数据支持。四是开展旅游统计监测工作，上报统计数据月报、节假日、黄金周旅游统计数据，进入西城区旅游经济运行重点监测企业库，为景区旅游统计监测提供技术支持。五是建立完善什刹海经营商户基础台账，及时变更，加大安全监督检查力度，及时签订安全责任书，并从经营安全、水上安全两个方面展开安全监督检查工作，做好重大节假日的景区安全生产保障工作。

5. 推进"美丽景区"建设

一是加强景区基础设施建设。开展风貌保护与景观提升建设工程，完成西海北二环架空线入地、前后海环湖燃气工程、完成大小石碑及千秋西侧路景观提升、北官房胡同改造提升、前海船台改造等重点工程，提升景区硬件设施水平。二是从强化日常管理入手提升景区综合管理水平，抓好景区综合环境品质管理，维护好经营秩序、环境秩序、交通秩序、旅游秩序。三是抓好特许经营管理，对人力客运三轮车特许经营进行"减数、增量、提质"整顿，对胡同游特许经营运营秩序加强日常检查，对企业的管理数据进行动态监管，装配人力客运三轮车语音导览系统，完善运营服务投诉处理机制，完善从业车工行业准入制，抓好特许经营企业人员的管理、教育和培训，从而提高服务质量和水平。

三　什刹海地区内部能力和外部环境分析

（一）优势：四类优质资源

1. 历史文化资源多

什刹海历史文化保护区是北京历史文化名城最具代表性的区域之一，以其独特的物质形态和非物质形态直接记录了北京城的演变和京师风云中的若干重要历史事件，保留至今的王府、寺庙、四合院、名人故居等文物资源十分丰富。在什刹海历史文化保护区众多的文物古迹中，全国重点文物保护单位有6处，市级文物保护单位有13处，区级文物保护单位有21处，还有未核定为文物保护单位的不可移动文物有35处，对社会开放的博物馆有5家，既保留着丰富的王府文化、多样的宗教场所，也具有浓郁的民风民俗，是多种文化集中展示的鲜活载体（见表1）。

表1　什刹海地区历史文化资源

项目	资源
传统寺庙	关岳庙、火神庙、广化寺、瑞应寺、净业寺、广福观等
王府	恭王府、醇王府、庆王府、涛贝勒府等
名人故居	郭沫若故居、宋庆龄故居、梅兰芳故居、张伯驹故居、马海德故居、张之洞故居、萧军故居、田间故居、溥杰故居等
古桥	后门桥、德胜桥、银锭桥等
古典园林	镜园、鉴园、袁家花园等
老字号	烤肉季、会贤堂旧址
特色胡同街巷	烟袋斜街、白米斜街、龙头井、大小金丝胡同等
民俗活动	泛舟游湖、宴饮赏荷、冰床围酌等

2. 优质景观资源多

什刹海街道是西城区六大功能街区中的文化旅游功能街区。什刹海历史文化保护区保持北京旧城内难得的一片天然开敞水面，是北京旧城内最为传统的城市开放空间，是市民活动的重要场所，文化观光游览的特色区域，城市生态与防灾的有机空间。其独特的景观价值，也是什刹海历史文化保护区历史文化价值形成与延续的基础，是民俗休闲、感受历史、享受时尚的胜地，被《中国国家地理》评选为"中国最美的五大城区"之一。

3. 文化教育资源多

地区文化教育资源丰富。解放军歌剧院、中国妇女报社、北京文物研究所、北京师范大学继续教育学院、北京学生活动管理中心（北京市少年宫）、什刹海体校、北京四中、北京十三中、黄城根小学、北海幼儿园均坐落于此。

4. 军政机关资源多

什刹海街道是中央国家机关工作委员会、国务院机关事务管理局、国家信访局、中央文献研究室、全国人大常委会办公厅会议中心、国防部、解放军总参谋部、总政治部、总装备部、中直管理局等多个党政军机构的驻地。什刹海地区的发展历来受到市、区的高度重视。众多的中央、市级党政军机关既是什刹海街道的服务对象，也是发展地区事业、提升发展水平的依靠力量，整合社会资源、汇聚各方力量把什刹海建设得更好。

（二）劣势：四个薄弱环节

1. 民生改善任务重

什刹海街道辖区居民的经济状况普遍比较差，居民生活水平亟待改善。主要表现为"六多"：低保户多、残疾人多、需要安置帮教人员多、住房保障对象多、信访量多、"失独"家庭多。截至 2013 年年底，辖区低保、低收入家庭有 1400 多户，2000 多人，西城区排名第一；共有残疾人3535 人，占总人口的 10%，西城区排名第一；有需要安置帮教人员 260 多人，西城区排名第二；保障性住房的年申请人数、申请量、轮候及备案量全区第一。

2. 低端业态提升难

与大量低收入人群相适应的是低端业态的聚集。什刹海辖区业态以小餐饮、小发廊、小作坊、小卖部等"七小"业态为主，普遍存在经营不规范、安全生产隐患比较多、卫生条件比较差等问题，其中最主要的是这些经营单位租用的房屋多数属于老旧平房，水电气热等基础设施条件比较差，管线老化的情况比较严重，对安全生产监管提出了更大的挑战。目前，伴随着人口调控工作的推进，尤其是"以业控人"等措施的出台，什刹海辖区内的"七小"业态面临调整提升，有些商户可能会迁出。但是辖区居民对餐饮、发廊、小卖部等服务的需求并没有减少。业态调整提升与辖区居民需求之间

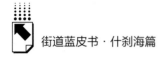

有效对接，将会是什刹海街道未来很长一段时间需要面临的问题。

3. 社会矛盾复杂

什刹海历史文化保护区是北京旧城的重要组成部分，现状聚居人口密集，居民老龄化严重、低收入人群比例较大；同时，市政基础设施落后，房屋产权结构复杂，建筑大多年久失修，住房质量普遍较差，区域内三类以上房屋（危旧房）超过房屋总建筑面积的70%，存在大量违建拆除等关系辖区居民切身利益的问题，什刹海历史文化保护区的保护与发展工作依然面临诸多的历史遗留矛盾和现实复杂问题。从长远来看，更好地解决辖区居民的生活问题、居住问题、收入问题、业余文化生活质量等问题才是破解复杂社会矛盾的根本出路。

4. 基础设施落后

什刹海街道辖区平房院落多、胡同多，规划建设的年代比较久，条件比较差。尽管市政基础设施近年来有所改善，但由于地形条件的制约和路网密度的局限，保护区内道路交通拥堵、机动车停车困难的现象普遍存在。有的胡同双边停车阻碍了正常的胡同交通，有的住户私自安装地锁、放置废旧物品占停车位，有的居民由于争抢车位发生矛盾纠纷。解决机动车停车问题已经成为困扰保护区保护与发展的重要难题之一。

（三）机遇：三大提升机会

1. 全面深化改革的机遇——创新体制机制

全面深化改革为什刹海街道破除阻碍地区发展的体制机制提供了机遇。十八届三中全会做出的《中共中央关于全面深化改革若干重大问题的决定》提出，全面深化改革的总目标是完善和发展中国特色社会主义制度，推进国家治理体系和治理能力现代化。在推动国家治理体系和治理能力现代化的过程中，要注重发挥市场在资源配置中起决定性作用，注重加快推进政社分开，推进社会组织明确权责、依法自治、发挥作用。全面深化改革的新要求和新精神，要体现在各级政府服务管理职能的落实中去。落实全面深化改革精神，加快推进地区治理体系和治理能力现代化方面走在前列、做出示范，是什刹海街道的历史责任。

2. 落实首都战略定位的机遇——优化治理基础

习近平总书记在视察北京重要讲话中，对北京的城市发展和管理做出了重要指示，进一步明确了北京是全国政治中心、文化中心、国际交往中心、科技创新中心的战略定位。落实首都新的城市战略定位，需要在城市功能调整、业态调整、人口调整方面下更大力气，做更多工作。作为承载首都城市功能的重要地区，什刹海街道不仅是落实新的城市战略定位的重要载体，同时也是体现新的城市战略定位优势的窗口区域，其发展建设的模式和成效对于首都城市整体发展目标的实现具有重要意义。什刹海街道必须通过自身的改革创新，在区域内不断探索新的城市功能定位落实的路径与机制，为首都实现可持续发展提供借鉴和支撑。

3. 功能化发展的机遇——实现统筹发展

西城区以"7+2"特色功能区建设统领地区发展的模式为什刹海实现统筹发展提供了机遇。什刹海街道既是居住区，又是旅游区，还是历史文化保护区；既要服务好辖区居民的日常生活，又要服务好驻区单位的日常办公，还要服务好临时来到辖区的游客；既要抓好城市基础设施建设等硬环境的改善，又要抓好居民素质和服务能力提升等软环境的建设，还要注重发挥好展示窗口的作用。这对街道层面如何统筹利用好辖区资源，不断提升区域建设发展水平，不断提升为民服务水平提出了更高的要求。什刹海街道必须把统筹发展摆在重要日程，既要注重资源的统筹，也要注重手段的统筹，更为主要的是要注重目标的统筹，要让街道的服务覆盖辖区的每一个角落、每一位居民，让人人享有公平、均等的公共服务。

（四）挑战：四组矛盾阻力

1. 城市功能协调的挑战——功能冲突多、协调难度大

作为集居住、文保、旅游为一体的开放景区，天然地存在两大矛盾，即历史文化与现实生活的矛盾，生活居住与旅游观光的矛盾。如何更好地协调这三种功能，对什刹海提出严峻的挑战。比如，作为居住区的居民对住房改

善的需求很大，但是作为历史文化保护区，国家又对区域内建筑形式和规模有严格要求，二者之间形成矛盾；再比如，作为居住区的居民对安静有序的生活环境有强烈需求，但是作为旅游区，人流、车流、酒吧带来的噪音及胡同游带来的干扰都比较大，这之间也形成了冲突。这些矛盾和冲突客观上给辖区工作带来了很大压力。

2. 产业结构优化的挑战——高端资源多、高端业态少

什刹海历史文化保护区聚居人口众多，商业发展迅速。如何进一步调整产业功能定位、引导商业合理发展以及完善商业业态，是保护历史文化传统、促进社区和谐和可持续发展的重要内容。历史文化资源亟待挖掘、保护和利用。对什刹海历史文化保护区历史文化内涵的认识有待深入，历史文化遗产的保护有待加强，历史文化资源的利用有待提高。

3. 法治建设加强的挑战——法制水平低、法治要求高

十八届四中全会明确了对法治政府的要求，即"各级政府必须坚持在党的领导下、在法治轨道上开展工作，加快建设职能科学、权责法定、执法严明、公开公正、廉洁高效、守法诚信的法治政府"。目前在管理上仍存在管理法规缺位，管理手段滞后，市场准入机制不健全，有限公共资源使用无序，统筹协调力度不够等问题。比如，近年来什刹海地区对违法建设一直采取零容忍的态度，对违法建设保持了高压态势，但是在执法过程中也的确面临无法解决群众需求的问题，严格执法与群众需求之间存在矛盾和纠结，管理面临较大压力。

4. 治理标准提升的挑战——发展速度快、治理能力弱

什刹海是一个多种功能、多类要素、多个主体、多元文化融合的区域，要实现协调有序发展，对党和政府的治理能力提出了很高的要求。但从基层实际看，一是基层面临党员老龄化的问题。社区党员有4800多人，其中很多是退休老党员，参与组织活动的积极性很高，但是由于年龄偏大，行动不便，社区党建活动的开展受到影响。二是非公党建任务重、压力大。特别是"七小"业态单位多，党员比较分散，党建工作很难开展。三是街道层面的干部年龄结构不合理。现任的科长大部分在四五十岁以上，"80后"科长目

前只有两个，干部年龄梯队结构还没有理顺和形成。四是街道激励考核制度亟待完善。街道干部晋升渠道比较窄，科级干部工作积极性调动缺乏手段，科级以下干部激励考核评价系统针对性差，考核标准难以量化，考核结果缺乏说服力，也难以应用到干部管理的实践中去。

四 SWOT 框架下的什刹海地区发展战略选择

综上分析，什刹海街道发展优势明显，劣势也很明显，机遇与挑战并存，但挑战先于机遇。如何把握机会，利用优势，消除劣势，破解挑战，是什刹海街道制定地区发展战略的核心命题。

（一）战略目标：八个维度

1. 总体目标

什刹海地区是首都"四个中心"职能的主要承载地之一。做好"四个服务"，保护好历史文化，保障好居民生活，维护好城市环境，实现好地区平安，管理好 4A 级景区，建设和谐、宜居、有品位、有文化、有魅力、有特色的首都功能示范区，是什刹海地区首要的和最重要的治理目标。

2. 具体目标

围绕总体目标，什刹海地区近期需要解决的主要问题，实际上就是什刹海街道的治理目标。如何协调历史文化、现实生活、旅游休闲之间的关系，努力构建现代旅游和生活居住环境体系；如何把公共文化与文化产业、历史文化与时尚文化结合起来，建设富有内涵和活力的文化体系；如何把落实首都功能定位与切实解决民生问题结合起来，真正让辖区居民和住区单位共享地区建设发展的成果，建设高水平的公共服务体系；如何把政府行政与居民自治、依法治区和以德治区结合起来，构建现代安全稳定体系和有效率的政府治理体系。结合对这些问题的思考，运用 SWOT 分析技术，什刹海地区治理的具体目标设计可以有如下八个维度（见表2）。

表 2　SWOT 分析下地区治理目标组合设计

内部能力环境　　外部环境	优势（S） 1. 历史文化 2. 优质景观 3. 文化教育 4. 军政机关	劣势（W） 1. 民生改善任务重 2. 低端业态提升难 3. 社会矛盾复杂 4. 基础设施落后
机遇（O） a. 全面深化改革 b. 落实首都战略定位 c. 功能化发展	SO 组合： 文化要优秀 服务要优质	WO 组合： 社会要和谐 环境要优美
挑战（T） a. 城市功能协调 b. 产业结构优化 c. 法治建设加强 d. 治理标准提升	ST 组合： 人口要疏解 业态要创新	WT 组合： 民生要改善 治理要科学

（1）文化要优秀。构建富有什刹海特色的大文化发展格局，大力开展基本公共文化服务和社区文化建设，梳理地区文化脉络，加大力度建设什刹海特色的传统民俗文化，适度植入文化产业，提高什刹海文化的品牌影响力。

（2）服务要优质。通过对社会组织的调动、社会资源的统筹以及社区自治组织建设等，加强社区建设和治理、全响应网格化社会服务管理、辖区内社会资源统筹、社区准物业管理模式的探索和试点、社区社会组织等方面的工作，实现辖区内社会和谐有序、公共服务供给质量大幅提升，满足群众多层次多样化的社会服务需求。

（3）社会要和谐。加强源头治理，优化防灾减灾、综合治理、安全生产管理、信访与司法等相关工作，加快构建具有区域特色的联防联控、群防群治的一体化街道安全体系，不断提升防灾减灾能力、综合治理水平、安全生产管理和信访与司法工作能力，推进公共安全治理路径和模式现代化。

（4）环境要优美。加强街区、胡同、院落基础设施建设、绿化美化、危旧房屋改造、公用设施维护，加大力度整治生活居住环境、景区环境以及什刹海地区卫生秩序整治等，强化长效机制建设，营造和谐宜居环境。

（5）人口要疏解。调整疏解非首都核心功能，综合运用低端产业转移外迁等多种手段，推进"以业控人"，加强对流动人口的管理与控制，同时通过居民自愿申请腾退拆迁补偿等手段有效控制常住人口规模，统筹人口资源环境，增强区域人口均衡分布，促进区域均衡发展，缓解日渐增大的人口压力。

（6）业态要创新。以满足社区居民生活需求为出发点和落脚点，遵循"群众受益、产业发展"的理念，统筹运用规划、政策、资金等多种手段，凝聚政府、社会、企业三方合力，优化结构，创新业态，推进社区生活性服务业便利化、规范化、品牌化、连锁化、集约化，积极构建管理规范、流通安全、服务便捷的现代宜居生活性服务体系。

（7）民生要改善。协调调动政府政策资源、资金资源、设施资源以及社会各方面福利资源，通过完善公共服务大厅中的服务项目、社区服务中心的服务项目、救助助残服务、为老服务等内容，面向辖区居民提供均等化服务，同时在此基础上又提供具有针对性和个体性的公共服务，着力解决群众日常生活中遇到的难题，提升居民生活水平和福利水平。

（8）治理要科学。通过强化理论内化、民主合力、素质能力、基础夯实、弘德扬善、党风带动、和谐民生、文化培育等工作，积极推进区域基层党的组织建设；通过优化街道组织机构设置和组织运行机制设计，以合理科学的考核评价体系、规范化的岗位管理制度、富有激励性的薪酬和奖励体系，改善和提高办事处、科站队所、社区及社区服务中心行政效率、效能和绩效，提高管理服务能力。

（二）战略定位：四区建设

运用 SWOT 分析技术，什刹海地区治理的战略定位有如下组合（见表3）。

表3　SWOT分析下地区治理战略定位组合

外部环境 ＼ 内部能力	优势（S） 1. 历史文化 2. 优质景观 3. 文化教育 4. 军政机关	劣势（W） 1. 民生改善任务重 2. 低端业态提升难 3. 社会矛盾复杂 4. 基础设施落后
机遇（O） a. 全面深化改革 b. 落实首都战略定位 c. 大数据技术应用 d. 功能化发展	SO战略： 发挥优势，利用机会 建设升级版的历史文化保护区	WO战略： 克服劣势，利用机会 建设有特色风景旅游区
挑战（T） a. 城市功能协调 b. 产业结构优化 c. 法治建设加强 d. 治理标准提升	ST战略： 利用优势，破解挑战 建设有内涵的高端商务区	WT战略： 减少劣势，破解挑战 建设有品质的老北京居住区

（1）杠杆与支点——SO战略：打造升级版的历史文化保护区。SO战略的核心是发挥优势，利用机会。2015年4月21日，国家住房和城乡建设部、国家文物局对外公布第一批30个中国历史文化街区，北京市有皇城历史文化街区、大栅栏和东四三条至八条3个街区入选，皇城历史文化街区的范围几乎包括了什刹海整个辖区。在全面深化改革和落实首都战略定位的背景下，如何充分利用这一机遇，放大历史文化优势资源的价值，着力打造升级版的历史文化保护区，是什刹海街道近中期发展需要重点研究的课题。

（2）好风凭借力——WO战略：建设有特色的风景旅游区。WO战略的特点是克服劣势，利用机会。围绕创建国家5A级景区和历史文化保护区的融合，推动景区的转型升级，将多种旅游和文化要素逐步引入到景区的业态中，实现多种旅游和文化要素对酒吧街的"腾笼换鸟"，推动旅游与文化的结合，着力打造有特色的风景旅游区的升级版。

（3）置之死地而后生——ST战略：建设有内涵的高端商务区。ST战略的特点是利用优势，破解挑战。紧密结合人口疏解和功能调整的机会，积极结合棚户区改造等机会对"整院腾退"的平房区的再开发利用，在开发的基础上，引入聚焦于高端文化、文物、旅游等与历史文化保护和风景旅游相融合的商务单位入驻，打造高端商务区，通过引入新元素激活并带动什刹海地区的传统历史文化的开发利用和适度产业化，着力探索打造有内涵的高端商务区。

（4）化腐朽为神奇——WT战略：建设有品质的老北京居住区。WT战略的特点是减少劣势，破解挑战。结合人口疏解、平房院落的再次开发和棚户区改造等政策机会，大力改善居住区软件、硬件环境，实现老北京居住区的升级改造，以胡同游为抓手，促进老北京居住风情展示融入文保区和旅游区中，实行政府对居住和生活风情展示家庭的补贴、认定和特许经营机制，推动居住区的品质提升，着力打造有品质的老北京居住区的升级版。

（三）战略路径：四项遵循

街道层面的工作纷繁复杂，涉及的对象情况也各有不同，掌握的资源也千差万别。什刹海必须坚持创新发展、协调发展、绿色发展、开放发展、共享发展的理念，立足作为历史文化保护区、风景旅游区、老北京居住区和高端商务区的功能定位，大力推进体制机制和管理创新，切实加强辖区资源统筹，充分调动各方面积极性、主动性和创造性，大力提升辖区环境建设水平，大力提升辖区公共服务水平，大力提升辖区居民生活水平，将什刹海建设成为和谐、宜居、有品位、有文化、有魅力、有特色的首都功能示范区。

在SWOT分析技术框架中，围绕发展目标和功能定位可以有多种不同的相互联系的战略路径组合（见表4）。

（1）SO路径：突出中心，重点突破。把影响什刹海街道建设发展的关键问题作为突破点，优先围绕历史文化保护区的内涵发展，大力开展大文化建设工程，融合民俗文化、传统文化和公共文化服务，协同推进文化建设和适度的产业植入。优先围绕风景旅游区的建设和大力开展环境、交通和秩序建设工程，加大综合执法的整合力度和执法力度。优先围绕居住区居民开展公共服务建设工程，尤其是围绕人口调控和居民生产生活的服务需求之间的协调，打造全方位的服务平台。

表4 SWOT 分析下地区发展目标和功能定位组合

外部环境 内部能力	优势(S) 1. 历史文化 2. 优质景观 3. 文化教育 4. 军政机关	劣势(W) 1. 民生改善任务重 2. 低端业态提升难 3. 社会矛盾复杂 4. 基础设施落后
机遇(O) a. 全面深化改革 b. 落实首都战略定位 c. 大数据技术应用 d. 功能化发展	SO 路径： 突出中心,重点突破	WO 路径： 创新机制,引入市场
挑战(T) a. 城市功能协调 b. 产业结构优化 c. 法治建设加强 d. 治理标准提升	ST 路径： 统筹协调,资源共享	WT 路径： 改革创新,增强活力

（2）WO 路径：创新机制，引入市场。什刹海既是居住区，又是文保区和旅游区，要根据特殊的功能定位创新工作机制，包括对符合文保、旅游和居住区要求的业态管理机制创新，对辖区内交通、商业和居住环境秩序的综合治理机制创新以及在旅游区和辖区居民的利益关系方面都要通过工作机制创新协调起来。特别重视发挥市场机制在治理中的基础作用，着力创新社会公共服务投融资体制，在一刻钟服务圈建设等民生服务的提供过程中注重发挥市场的作用。

（3）ST 路径：统筹协调，资源共享。什刹海街道辖区驻区单位比较多，资源比较丰富。必须创造条件统筹单位资源，推动单位资源向社会有效开放，将辖区的资源和居民及其他单位的需求对接起来。街道办事处要搭建线上和线下的信息交流平台，制定规范资源提供方和资源消费方之间权利义务关系的制度平台，积极发挥衔接作用。

（4）WT 路径：改革创新，增强活力。在基层社区治理体制方面，要重点尊重社区居民和社区社会工作者的创新精神和创新性的意见和做法，要勇于和善于抓住北京市政府或西城区政府政策试点的机会，积极推进基层管理体制机制和管理方式方法的创新，积极探索符合什刹海街道功能定位、街情和民情的治理体制，不断增强街道、社区、社会组织及辖区单位服务能力和活力。

五 打造什刹海地区治理升级版五大工程

在明确什刹海地区的发展方向、主要目标和实现路径的基础上，需要进一步在管理、治理上下功夫，创新治理方式，完善治理体系，提升治理能力，共治、善治、自治、德治和法治"五治并举"，整合地区资源，团结和带领辖区全体居民为实现既定目标而奋斗。

（一）共治主体再造工程

1. 目的意义

在党的十八大报告中提出，要重点围绕构建中国特色社会主义社会管理体系，形成党委领导、政府负责、社会协同、公众参与、法治保障的社会管理体制。在党的十八届三中全会上，进一步提出了"创新社会治理体制"。"治理"与"管理"一字之差，其意义相差甚远，意味着理念的转变。"治理"一词更注重主体参与的多元性，十八届三中全会提出的系统治理，加强党委领导、发挥政府主导作用、鼓励和支持社会各方面参与等内容就是主体多元参与的集中体现，本质上就是要构建党委领导下政府、社会、公众等多元主体的"共治"格局。在这个治理格局中，对于在过去体制下一元独大的政府组织而言，更多的应该是体现在"限权"上，从已经越位的地方往回"退"，更多的赋权于社会，还权于公众，建设法治政府；对于各级党组织而言，则需要进一步落实领导职责，注重统筹全局、协调各方、整合资源、调和利益，激发社会活力，团结和带领社会各方共同治理辖区；对于在地区治理中长期"缺位"的社会而言，对社会组织有重点地进行培育，加快实施政社分开，将公共服务等事项交由社会组织承担。大力发展志愿服务组织，给予政策和资金支持以激发社会组织的活力。当前，不管是政府限权

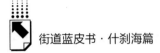

还是社会赋权，首先需要落实党委领导，以社区为基础，以街道统筹为重点，以服务为中心，完善党组织体系，创新服务载体，整合服务资源，使党的工作在区、街、居、网格、党员五个层次纵向贯穿到底，在政府机关、社会单位、社区居委会、非公组织、居民五个方面横向全覆盖，构建全方位、多层次、宽领域的党建工作格局。

2. 工程内涵

构建"一核多元"的治理架构。"一核"即强调街道、社区党组织在领导地区事务工作中的核心地位，突出党员的模范作用。"多元"即通过发挥党组织的领导和动员作用，将党员队伍、公务员队伍、社会工作者队伍、义工队伍等组织起来，把社会组织、业委会、物管公司、各类协会等，全部纳入管理和服务范围，形成"多元共治"局面，最大限度地联系和凝聚各领域的党员力量。在这个框架下，创新街道党工委工作体制、加快推进社区层面区域化党建、建设服务型党组织、加强非公有制企业党的建设、完善协商民主机制、推动企业履行社会责任、完善社会参与运行机制和志愿服务长效机制。

3. 近期重点工作

（1）建立完善党员资料库，搞好优秀党员激励和困难党员慰问帮扶。

（2）开展组织基层党组织书记业务培训，指导新非公企业党建工作，提高区域基层党建工作能力。

（3）创新党员教育管理载体与形式，探索建立科学合理的挂职制度（挂职3个月、半年、1年都行），鼓励干部通过挂职到别的地方学习先进经验。

（4）组织社区党员进行多种集体活动，横向、纵向地开展各种交流、展示、演讲等，以活动促进党建，通过活动提升凝聚力、战斗力和党员意识。

（5）抓好社区党建"三级联创"和"三评一考"，打造精品党建创新项目。

（6）实行"一个支部实现一个目标""一个党员完成一项任务"的党

建目标管理机制，由每个党员和支部分别制定年度任务与年度目标，每年进行考核。

（7）落实基层党建规范，抓好"三会一课"的落实，特别是组织召开好基层党组织的民主生活会和组织生活会，引导党员开展批评与自我批评。

（8）建立社区居委会书记、主任、副主任、社工分类交流、轮岗制度。

（二）善治能力提升工程

1. 目的意义

政府治理、社会治理与市场治理三者是一个不可分割的统一体。目前，政府治理要实现三个转型：一是从"善政"到"善治"的转变，即通过政府、市场和社会的良性互动，发挥市场调节和社会组织的作用，不断完善"党委领导、政府主导、社会协同、公众参与、法治保障"的地区治理体制；二是从"发展型政府"向"服务型政府"转变；三是从"大政府"向"大社会"的转变。这三个转变的过程，实际上就是一个善治的过程。因此，提升政府"善治"能力，重点要从五个方面着手。一是建设有限政府，改变政府大包大揽的形象，处理好政府与市场、政府与社会之间的关系，实现政府治理与社会自我调节，居民自治良性互动。二是建设法治政府，职责法定，权利边界明确，运行机制和流程公开透明，夯实政府的合法性基础。三是建设合作政府，通过机制变革，将政府自上而下的单项线性管理变为公众广泛参与的横向网状治理。四是建设服务政府，整合社会资源，建立健全社会服务体系，在提升服务能力的基础上提升地区治理能力。五是建设现代政府，要具有国际化视野，现代化理念，互联网思维，善于运用大数据、云计算等高科技手段提升治理能力与水平。

2. 工程内涵

（1）构建高水平的地区治理和公共服务体系。创新优化街道治理结构。完善地区管委会机制，统筹组织协调街道辖区社会服务与城市管理工作。将街道职能科室、群团组织、专业管理机构及驻街派出机构纳入到地区管委会、社会工作党委工作运行体系，综合设置关系顺畅、结构优化、效能提高的"大部门"工作机制,实现街道职能与机构相匹配,任务与人员相匹配,提高服务管理效率。加强街道公共服务大厅建设,进一步丰富服务项目,规范服务内容,优化办事流程,完善公共服务和社会事务"一门受理、协同办理"机制。形成一套政府主导、各类企事业单位和社会组织参与的公共服务机制,完善监督考评机制,提高服务效能。

(2)完善全响应网格化社会服务管理工作体系。进一步完善社会服务管理基础信息支撑体系,深化"访民情、听民意、解民难"制度化建设,在"三网合一"的框架下,积极探索在街道层面运用"块数据"理念完善全响应系统,优化模块设计、运行流程,促进城市管理高效、透明。进一步完善网格化管理机制,充实网格治理力量,提升网格治理能力。进一步完善智慧景区运行体系,应用物联网技术,全面提高景区运行承载和应急处置能力。

(3)进一步完善城市管理与环境建设体系。强化街区、胡同、院落基础设施建设、危旧房屋改造、公用设施维护及城市卫生和生态美化,严格拆除既有的违法建设,优化生活居住环境和景区环境。加强环境秩序的综合整治以及环境维护机制的建设,形成常态化的综合环境执法体制和管理机制,对相关部门的执法力量进行整合管理、考核和激励。综合运用低端产业转移外迁等多种手段,加强对流动人口的管理与控制,同时通过居民自愿申请腾退拆迁补偿等手段有效控制常住人口规模,缓解人口压力。

(4)加快构建社会组织培育发展体系。加快推进政府职能转变,建立健全合作、委托、直接转移等形式购买服务实施细则,简化手续、规范程序。加强街道社会组织培育基地建设,完善街道、社区两级资金支持体系,孵化、培育群众需要的公益类社会组织。完善社会组织服务管理机制,建立第三方评估机制,建立群众监督机制,实施淘汰或退出机制,完善监管制度。

(5)进一步完善民生保障和社会服务体系。进一步落实残疾人医疗、康复、就学、住房等专项救助措施。完善养老服务体系,重点加强护理型养老机构建设和规范化、标准化管理。大力发展生活性服务业,围绕居民服务需求，整合社区服务项目，规范服务标准，提高供给能力和服务质量。

（6）构建富有内涵和活力的文化体系。加强对传统民俗文化的开发建设，深入挖掘皇家文化、王府文化、文人士大夫文化、宗教文化和市井文化，通过适度产业化植入，提升品牌文化影响力；大力开展基本公共文化服务和社区文化建设，积极引导社会组织参与社区文化建设，形成政府提供服务场所，居民自我娱乐、自我管理的社区文化供给机制，梳理什刹海的传统文化脉络，以传统民俗文化进文化服务站、进社区、进校园等形式，开展传统民俗文化宣传和普及活动，不断丰富文化体系建设内涵，提升文化建设品质。

3. 近期重点工作

（1）建立科学合理的街道科室、社区班子建设考评机制。建立将每个人的领导评价、下属评价、同事评价、群众评价和自我评价相结合的360度考评体系。建立以绩效效能为导向轮岗机制。探索社区书记或者主任激励机制，对于连续任职超过一年年限并连续三年以上考核优秀的社区书记或主任，可以探索进入公务员编制或者事业单位编制人员的通道。

（2）优化办事流程，推进办事的电子化，实现社区－街道－区三级联网的网络办公。推动自助服务机与其他部门实现业务的网络对接。进一步提升公共服务大厅的办事满意率，降低投诉率。继续完善全响应网格化社会服务管理指挥中心，实现线上线下实时互动。

（3）积极提升社区服务中心的服务供给能力。进一步扩大"一刻钟服务圈"的覆盖范围，拓展服务项目需要，积极开展社区菜站建设，有效地弥补四环市场撤市造成的服务缺失；完善覆盖街道25个社区的老年餐配送服务网络，拓展职业康复劳动站的服务范围和内容，进一步做好助残服务。

（4）强化社区能力建设。创新社区班子建设，实行以老带新，鼓励老同志退休前帮带新生代年轻领导，建立传帮带工作机制，将其列入绩效考核内容。适当考虑社区社工的工作交流问题，形成正向激励约束机制。以2014～2018年全国党员干部培训计划为基础，实行一揽子工程菜单式培训。

（5）加强精品胡同、小区建设管理。配合区级环境建设工程，完成精品胡同改造、精品小区创建、环境薄弱地区整治工程、老旧小区整治工程、失管院落铺装整治工程和精品胡同整治工程。按照精品胡同、精品小区的建设标准进行专项方案设计，对小区的楼道、楼梯进行粉刷，整修车棚。继续推动垃圾分类达标小区活动。

（6）加强人口调控。综合运用各种网络通信工具，通过信息平台管理外来人口，加强人口规模调控，坚决遏制住人口无序过快增长的势头。建立地区业态负面清单，整治3000多家"七小"单位，做到"以业控人"；抓好辖区的违法建设拆除工作，规范出租房管理，整治群租房，做到"以房管人"；改善居民居住条件，推动辖区原住居民采取居民自愿申请的方式适度疏解。

（7）加强基本公共文化服务。结合区"一站多居"的社区管理体制改革试点工作，探索形成若干个面对社区居民的文化服务站点，提供图书阅览、文体活动场所、书画练习、棋牌娱乐等基本公共文化服务。进一步积极申报开发市级非物质文化遗产，统筹地区20多个以手工艺为主的传统民俗，对辖区内既有的市级非物质文化遗产按照具体情形进行不同程度的产业化植入，为旅游休闲注入文化内涵。

（三）自治体系建设工程

1. 目的意义

基层群众自治与人民代表大会制度、中国共产党领导的多党合作和政治协商制度、民族区域自治制度一起，是我国的基本政治制度，是实现社会民主法治的重要基础。基层自治的本质是基层群众在法律法规框架下，以公共福利为导向，通过民主选举、民主决策、民主管理、民主监督，实现自我教育、自我管理、自我服务、自我约束。构建和完善基层自治体系，对于发挥基层群众自治功能，激活社会活力，提升基层社会治理现代化水平，确保社会既充满活力又和谐有序具有重要意义。

基层群众自治的基础是社区自治。加强自治体系建设，要把社区自治与社会自治的发展作为培育基层社会自治能力的起点，把完善社区治理结构与培育社会组织作为重要着力点，重构基层社会治理的基础。进一步理顺区街体系，强化街道统筹能力，推动社区体制改革，强化社区的自治功能。创造公众参与的条件与渠道，建立健全公众参与机制，积极有效地组织广大群众参与进来，形成人人参与、人人共享社会和谐的局面。

2. 工程内涵

（1）构建"社区－小区（片区、街巷）－楼栋"三级自治体系。在社区层面，建立以社区党组织为核心，居委会、社区公共服务站、社区理事会、社会组织等多元参与协同共治的治理架构。在小区（片区、街巷）层面，建立以小区党组织为核心，小区理事会、业委会、物业公司及社会组织等多元参与协同共治的治理架构。对于尚未成立业委会的小区，在符合规定的前提下引导成立业委会。在楼栋层面，成立楼栋自治小组，由楼栋长、居民热心代表组成，分别负责楼栋内的卫生、安全、宣传等工作。广泛动员社区居民、社区志愿者、社区社会组织参与网格化服务管理，扩大居民广泛参与和自我管理渠道，提升网格自治能力。

（2）推进基层协商制度化。充分发挥党的领导、政府主导和社区居委会的主体作用，以完善社区治理体系、提升社区治理能力为目标，以搭建社区议事平台、扩大社区成员有序参与为重点，着力完善社情民意表达和收集机制、协商机制、决策机制、办理机制和评价机制，在政府管理和基层自治有机结合与良性互动中，形成"需求导入、需求管理、需求响应、追踪反馈"的完整闭环，努力推动社区参与式协商共治的制度化、规范化。

（3）探索地域功能性社区治理模式。在及时学习总结"多居一站"试点经验的基础上，适时推进"居站分离"改革，实现社区承接行政事务与开展自治事务相分离、政府管理职能与居民自治功能互补的新型社区管理模式。推进社区减负增效，整合对社区的评比考核，支持和鼓励社区将主要精力转向社区服务，满足居民需求。不断增强社会工作者的队伍建设，逐步完善社工的培养、使用、管理和激励机制，加快推进社会工作者的专业化和职业化。不断加强志愿者队伍建设，进一步完善志愿服务长效机制。

（4）创新社区民主自治形式。坚持社区居民代表会议制度，健全居民议事会、居民理事会、恳谈会等协商形式。推行"参与式协商"民主自治模式，规范议事规程，重视吸纳利益相关方、社会组织、外来务工人员、驻社区单位参加协商，推进社区民主协商制度化。要充分发挥社区居民公约在社区治理中的作用，增强居民公约内容覆盖的广泛性、认同性、操作性，切实让居民公约成为居民参与社区治理的行为规范，内化为居民自身行为准则。

（5）健全完善社区代表会议及其常务委员会制度。规范社区代表会议相关工作机制，切实保障社区代表履行民主协商、民主管理和民主监督职责。按照西城区委区政府安排，适时建立社区代表会议常务委员会制度。社区代表会议常务委员会作为社区代表会议常设机构，向地区社区代表会议负责，主要职责是组织召开地区社区代表会议；在社区代表大会闭会期间，研究讨论本街道重大事项，并向街道工委提出建议；监督评议街道办事处、区职能部门派出机构日常工作并代表居民对履职情况进行质询。

（6）积极引导和动员居民群众参与社会服务管理。进一步推进社会单位资源开放共享，积极开发和利用辖区社会单位（包括机关、企、事业单位）资源服务居民群众，持续开展社会单位、社会资源共建共享工作，通过建立健全资源开放共享单位激励机制、规避公共安全风险机制、保障共建单位权益机制等，使社会单位和社会资源共建共享工作可持续长效开展，使居民群众能更大限度地享受社会服务。充分发挥社区自治组织作用，积极引导、组织、动员群众以邻里互助服务、楼门互助服务、特殊人群互助服务等形式自我管理、自我监督、自我教育、自我服务。

3. 近期重点工作

（1）深化社区管理体制改革。积极推进社区党委、居委会和服务站的体制改革和管理工作，配合西城区社工委关于"一站多居"的试点工作，推行辖区内的站居分离，将服务站建成服务于3～5个社区居民的公共服务点和文化娱乐活动站点。

（2）加强社区规范化建设。积极筹措资金，通过购买等方式彻底改善25个社区的办公场所，确保25个社区的居委会和服务站的办公面积达到

350 平方米的标准。积极推进六型社区（干净、规范、服务、安全、健康、文化）和智慧社区创建工作，每年实现 5 个社区创建评估成功。

（3）积极探索推进社区书记、主任轮岗的制度化机制，并探索和实施社区退休书记、主任的激励机制，促进其进一步发挥作用。

（4）积极推进社区社会工作者的工作职责转变和岗位调整，通过培训打造全能型的社会工作者队伍，实现服务站工作的集约化，将多余的社会工作者转岗到居委会和全响应网格化社会服务管理工作，实现力量下沉，真正将全响应网格的信息员力量配备到位。

（5）积极探索试点老旧小区和胡同的准物业管理工作，力争每年在什刹海街道辖区内 3 个胡同或老旧小区推行准物业管理模式，为未来的普遍推行积累经验。衔接老旧小区准物业治理试点，引导小区居民建立形成对小区公用设施设备维护的长效机制。

（6）加强停车管理工作，建立停车自治管理机制，在总结经验的基础上不断拓展胡同停车管理实施范围。

（7）进一步实施"点亮四合院"工程，力争每年实现 100 个楼门院安装太阳能灯。

（8）积极推动辖区内社会资源统筹工作，实现辖区内 500 个单位的各种资源线上线下开放共享。

（四）法治信仰重塑工程

1. 目的意义

法治是共治、善治、自治、德治的共同基础，但法治的权威源自人民对法律、法规及社会规范的内心拥护和真诚信仰。因此，法治不仅在于科学立法、严格执法、公正司法、全民守法，更在于公民意识和法治精神的建立，在于公民对法律的信仰，在于"规矩"意识的养成。贯彻党的十八届三中、四中全会决定，要坚持依法治理，强化依法行政，运用法治思维和法治方式创新地区治理方式，更好地统筹社会力量、平衡社会利益、调节社会关系、规范社会行为建设法治政府；加强法治教育，形成运用法治思维和法治方式处理各种社会问题、协调社会关系、化解社会矛盾的意识与习惯，夯实法治社会的基础；强化法治保障，增强社会治理活动与行为的合法性，树立法律的权威。让法律成为社会治理活动运行的准绳，实现社会深刻变革既生机勃勃又并然有序。

2. 工程内涵

重点围绕以下方面加以推动：第一是开展法制宣传教育，在全社会形成尊重法律、崇尚法治、厉行法治的氛围。第二是全面推进依法行政，加强行政监督和问责制度，依照法律化解社会矛盾冲突。第三是增强群众法律意识，引导大家自觉遵纪守法，自觉通过法定程序、合理渠道和合法方式反映诉求和解决纠纷。第四是创新对特定人群的教育、引导、服务和管理，完善社区矫正工作机制。第五是以社会化、网络化、信息化为重点，建立专群结合、网上网下结合、点线面结合、人防物防技防结合、打防管控相结合的立体化治安防控体系。第六是完善应急防灾管理机制，不断提高全社会处置公共突发事件能力、防灾减灾能力、应急管理能力和危机管理能力。第七是建立健全社会稳定风险评估机制，对重大事项的出台，进行系统、科学的社会稳定风险的评估，并采取有针对性的措施，最大限度地化解和控制潜在风险。第八是健全社会矛盾协调机制，健全人民调解、行政调解、司法调解相结合的"大调解"工作机制，逐步形成社会矛盾调解工作合力。

3. 近期重点工作

（1）进一步提升防灾减灾能力。在街道25个社区，分片建立网络式救援物质储备库，储存帐篷、棉被、蜡烛、手电筒等救灾必需品，建立健全储备物资的更新和管理制度；完善灾情信息员常态排查制度，加大风险排查力度，加强排查后的补缺治理工作；积极推进创建防灾减灾示范街道和社区创建工作，实现街道25个社区全部创建市级和全国防灾减灾示范社区；加强居民防灾减灾宣传与演练；完善包括社区专干、景区保安、消防队、街道办人员在内的街道紧急救援队伍及其工作制度。

（2）进一步提高综合治理水平。探索创新实施综合执法一体化、实体化模式，构建大综合执法体系，成立综合执法大队，实行一体化考核；实现景区整治办公室整治工作的专职化、制度化、常态化；规范胡同游路线和进入的空间，实行交通管制，缓解交通、扰民、噪声、公共设施如厕所不足等问题；加大安全工作资金投入，搞好人防、物防、技防建设，每年分别拟投资10万元用于楼宇门禁系统安装，争取未来三年探头全覆盖；继续建设并完善什刹海小型特色街道消防队，加强消防队和应急预案的对接与实地操作；强化并完善社会面反恐机制，以派出所为主，联合武装部民兵、办事处保安、社区的治保积极分子以及广大居民，群防群治；加强规范并整治交通秩序，确保不突破交通事故指标；加大检查力度和频率，整治校园周边秩序与环境，逐步杜绝摆地摊等不法经营现象。

（3）进一步强化安全生产监管。增加编制，完善队伍，力求实现安全生产大检查的全覆盖；加强安全生产管理联合执法，实现联合执法常态化、模式化、制度化；协调工商所，针对"七小多"现状，创新性解决文保区安全隐患比较大的业态控制问题；充分利用街道自主建设的安全生产信息平台，普查信息并及时更新数据资料，建立单位安全隐患自查、自检、自改的机制；创建包括交通、治安、储藏、空巢养老等安全社区、安全街道，努力建设"平安什刹海"，实现地区安全发展。

（4）进一步加强司法体系建设。以提高能力和改进作风为核心，大力加强队伍和党风廉政建设，着力提高队伍综合能力素质，打造一支信念坚定、执法为民、敢于担当、清正廉洁的司法行政队伍。争取未来三年每年新录用1名工作人员，充实司法工作力量；规范并完善档案基础制度工作，创建"模范司法所"；加强衔接管理，落实帮教措施，动员组织社会力量共同解决安置帮教工作中的困难和问题，不断提高安置率和帮教质量，主动协调民政、社保等部门以及街道科室，建立由司法所牵头的刑满释放人员出狱前综合救助协调机制，将救助服务关口前移，实现刑满释放人员出狱前三个月的服务工作无缝隙对接；扎实开展矫正帮教工作，夯实基础工作，提高矫正帮教管理水平。以学习贯彻北京市委办公厅、市政府办公厅《关于进一步加强社区矫正工作的意见》为抓手，制定部署整体工作方案和工作台账，不断完善多部门会商协作工作机制，聘请专业法律工作者适当参与未成年人个案矫正，充分发挥帮教小组成员的作用。解决疑难纠纷，积极推进矛盾调解机制建设，对不能诉讼的疑难纠纷进行诉前调解，加强指导社区居委会调解工作，分层次做好人民调解员培训，提高人民调解员排查化解矛盾纠纷的能力；以依法行政和提高效率为核心，切实加强服务管理和基础工作，继续推进律师以案释法活动，引导律师为居民、为政府提供优质高效便捷的公益法律服务，为不同人群送去法律知识，营造社会学法用法氛围。

（5）进一步推进信访工作规范化。加强信访工作队伍建设，实现信访接待室定点化、专职化、常态化、人性化运作；完善信访处理协调机制，设立街道办书记或者主任每月1次接待日，探索建立由街道办书记或主任牵头的律师等部门参与的联合互动协调接访与解决机制；发挥信访、司法工作的调解功能，及时反馈、解决地区居民生活生产中存在的实际困难和问题；针对因住房、违建纠纷问题超过信访量50%的情况，加大信访宣传和信访动向信息收集，提前介入沟通，做好违建的认定、限拆工作，信访部门做好协调、解释工作；探索建立社区书记兼管社区信访的工作机制。

（6）进一步加强法治文化建设。建立和完善街道工委、办事处及科站队所权力清单制度，理清权力边界，推动党政机构、职能、权限、程序、责任公开化，消除权力设租寻租空间；完善政务信息数据服务平台，加强行政执法信息化建设和信息共享，推行行政执法公示制度，推进政务信息公开；完善综合执法体制机制，全面落实行政执法责任制，严格规范文明执法；依法健全决策机制，完善重大行政决策的法定程序，建立行政机关内部重大决策合法性审查、终身责任追究制度及责任倒查机制；开展依法行政示范单位、依法诚信示范企业、法治示范校创建活动，提高辖区法治化管理水平。

（五）德治环境营造工程

1.目的意义

如果说共治解决的是治理结构问题，善治解决的是政府能力问题，自治解决的是社会动员问题，法治解决的是行为底线问题，那么，德治则解决的是共同价值问题。共同价值是社会运行的内在准则，是增强公众对地方的认同、明确个体对社会的责任以及个人做出价值选择的重要基础。法国早期社会学家迪尔克姆（Emile Durkheim，又译涂尔干）在对社会整合的问题研究时提出"社会失范"是引发当今社会无序、松散、人们迷茫等诸多问题的重要原因。在人类历史发展、变迁的过程中，传统的社会生活习俗、道德观念和信仰逐步被不完善的新的价值观替代，这种改变导致了社会进入令人不安和困惑的迷茫阶段。美国的社会学家默顿把"社会失范"解释为"规范冲突"，他认为社会价值观结构的不同组成部分间的冲突以及不同文化底蕴下形成的价值目标同社会制度之间的游离是造成社会失范的主要原因。重塑人们的共同价值观、强化道德的约束是社会治理的重要内容，也是综合治理原则的重要实现方式。道德规范具有法律所不具有的柔性约束力和普遍效应。在社会治理的过程中，强化德治在社会生活中的示范作用，能够更好地规范社会行为，调节各方利益关系，解决社会生活中法律所不能涉及的问题。重视以社会主义核心价值体系为基础的社会道德体系的建设，不仅需要社会自治的培养、公共文化的熏陶，还需要城市管理的引导。要通过不同的形式弘扬家庭美德、职业道德和社会公德，要努力营造诚信、友爱的社会环境，要积极传播社会正能量，实现道德规范对社会治理主体、群众行为的软约束。

2. 工程内涵

重点围绕以下方面加以推动。一是深入开展理想信念教育，引导广大干部群众树立正确的世界观、人生观和价值观，用坚定的信念巩固广大群众团结奋斗的思想基础。二是大力加强公民道德建设，塑造社会公德、职业道德、家庭美德、个人品质等。三是完善社会诚信体系和行为规范，监督和引导社会经济组织、社会组织、个人诚信守法，激励守信、惩戒失信。四是广泛开展群众性精神文明创建活动，用礼仪、环境、秩序、服务、观赏、网络"六大文明"来引导行动。五是加强网上宣传引导工作，不断提高街道工委、办事处和领导干部运用新媒体与公众沟通的能力，准确掌握网上的动态舆情，及时发布权威信息，正确引导网上舆论。

3. 近期重点工作

（1）不断深化社会主义核心价值观建设。按照"三个倡导"的要求，积极探索研究新时期加强思想政治工作的方法和规律，认真总结并推广近年来街道深入开展思想政治工作和加强社区文化建设的做法、经验，通过办实事、解心结、促和谐等方法，努力夯实群众工作基础，使社会主义核心价值观深入人心。

（2）扎实推进公民道德建设工程。发现、培养、学习、宣传道德典型，组织开展"我推荐我评议身边好人""北京榜样"等各类道德评选活动，发挥身边模范的引领带动作用。

（3）注重新媒体——网络文化文明传播，继续加强网络文明志愿者队伍建设，加强对小组成员的业务培训，通过什刹海网络文明志愿者QQ群等载体强化组织和管理，利用文明网微博、腾讯微博、新浪微博及其他论坛等宣传正能量、塑造好形象。

（4）提高地区未成年人的思想道德素养，不断推动地区未成年人思想道德建设深度发展，积极开展活动让外来务工人员的子女融入什刹海，找到家的感觉，带动外来务工人员共同建设文明和谐什刹海。

（5）深入开展"道德领域突出问题专项教育和治理"活动，开展各行业领域"诚实守信"系列活动。

参考文献

什刹海街道工委、办事处：工委、办事处2013年、2014年工作总结。

什刹海街道工委、办事处：工委、办事处各科室2013年、2014年工作总结。

什刹海街道办事处：《什刹海"十二五"文保总体规划》。

什刹海街道办事处：《什刹海街道建设发展三年行动计划（2015～2017）》。

北京巅峰美景科技有限责任公司：《什刹海智慧景区建设框架》。

中关村科技软件有限公司：《什刹海街道社会资源共享服务平台项目技术方案》。

数据报告

Data Reports

B.2

什刹海街道基于工作人口的地区公共服务问卷调查报告

摘　要：　做好驻区单位和辖区居民的服务工作是街道的一项重要任务。本文以什刹海街道 25 个社区的驻区单位反馈的调查问卷为基础，从社区服务机构认知度、社区服务参与度、地区生活便利度、社区公共服务满意度和社区公共服务需求度五个方面出发，构建街道公共服务的综合评价体系，运用 SPSS 软件对数据进行综合测度，在现有数据的基础上对什刹海街道公共服务的现状、趋势和居民诉求进行准确反映和分析，并对存在的主要问题提出相关建议。

关键词：　什刹海街道　公共服务　工作人口　需求满意度

　　本报告所涉及的调查对象是北京市西城区什刹海街道驻区单位的工作人员。共发放问卷 520 份，回收 487 份，其中有效问卷为 483 份，有效回收率为 92.9%。通过对反馈问卷的数据统计分析做横向对比、纵向对比及频数分析等，了解什刹海街道工作人口对街道公共服务的认知及满意程度、供需情况等，为整体提升什刹海街道公共服务体系做好数据支撑及意见建议。

一 调查样本情况

调查对象中，男女比例约为 1∶1.04。年龄在 26～35 岁和 36～45 岁所占比重较大，分别占到总调研人数的 30.2% 和 29.6%。职业分布情况以机关事业单位职工为主（32.0%）。户籍以本市户籍为主，其中更包括 29.8% 的人是本区户籍。教育程度为大专或本科的人群所占比例最高，为 55.6%。家庭组成结构方面，50.8% 的家庭是三口之家，所占比例最高。从家庭收入上看，56 户家庭人均收入低于 1560 元，占调查居民总数的 12.0%，家庭人均月收入为 1560～5000 元的被调查居民数量最多，比例为 62.0%（见表 1）。

表 1 西城区什刹海街道驻区单位调查样本基本情况

单位：人

性别	男			女		
	231			241		
年龄	25 岁及以下	26～35 岁	36～45 岁	46～55 岁	56～65 岁	65 岁以上
	35	144	141	95	40	22
户籍	本市户籍	本区户籍	居住证	暂住证	居住半年以上但未办理居住证	外籍
	229	144	6	99	3	2
职业	公司白领	机关事业单位职工	公务员	其他		
	66	142	11	225		
学历	硕士及以上	大专或本科	高中或中专及以下			
	26	244	169			
家庭人数	四口以上	四口	三口	二口	一口	
	67	80	225	52	19	

家庭人均月收入	1560 元以下	1560 ~ 3400 元	3400 ~ 5000 元	5000 ~ 10000 元	10000 ~ 20000 元	20000 元及以上
	56	161	129	87	32	3
本社区居住时间	三年以上		一年到三年		一年以下	
	323		91		27	

注：回收问卷中，全部题目漏答率在15%及以下，判定为有效问卷。由于题目漏答，表中对各属性的汇总统计数存在不一致并且小于有效问卷数的情况。

二 社区服务机构认知度

1. 街道办事处认知度：80.3%的人表示"知道"

对于什刹海街道办事处，被调查者的认知度还比较高，80.3%的受访者表示"知道街道办事处地址"，13.9%的受访者表示"知道大体位置，但没去过"，只有5.8%的受访者表示"不知道"（见图1）。

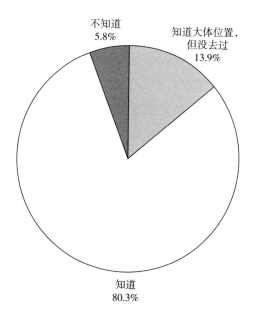

图1 什刹海街道办事处认知度

2. 社区居委会认知度：86%的人表示"知道办公地点"

对社区居委会的认知度要高于街道办事处，表示"知道办公地点"的受访者人数达86.0%。但是对于居委会更加详细的内容则了解情况有所下降，其中，表示"了解服务项目"的受访者人数为58.1%，表示"知道领导姓名"的受访者为54.4%，表示"参加过活动"的受访者人数为53.8%（见图2）。

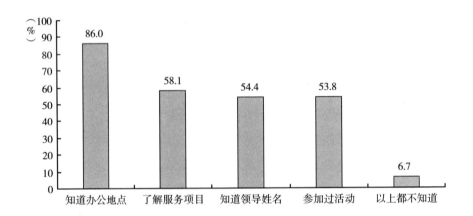

图2　什刹海街道社区居委会的认知度

3. 社区认同度：87.5%的人表示会以社区为荣

调查问卷以"您会以您单位所在的这个社区为荣并经常向朋友或亲人提起和夸耀吗？"这一问题来了解被访者对于社区的认同度。结果显示54.7%的受访者表示"会"，32.8%的受访者表示"有时候会"，12.5%的受访者表示"不会"（见图3）。

三　社区服务参与度

1. 社区服务项目参与度：法律服务参与度最高

社区服务项目参与度是衡量社区服务项目水平的重要方面之一。调查显

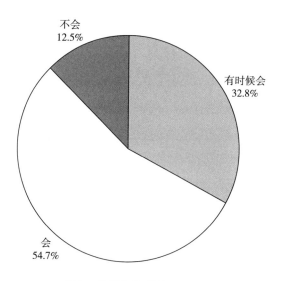

图3 什刹海街道社区认同度

示，对于社区服务项目参与度，参与"法律服务"的受访者人数为41.5%，所占比例最高，其次是参与"图书阅览"受访者达33.1%，参与"棋牌娱乐"的受访者达29.1%，参与"幼儿教育"的受访者达24.6%。除此之外的服务项目的参与度均不足20%（见图4）。

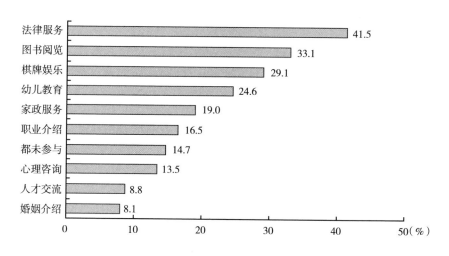

图4 什刹海街道社区服务项目参与度

2. 社区文体活动参与度：83.2%的人曾参与

对于什刹海街道社区文体活动参与度，34.0%的受访者表示"经常参加"，49.2%的受访者表示"偶尔参加"，16.8%的受访者表示"从来没有"（见图5）。

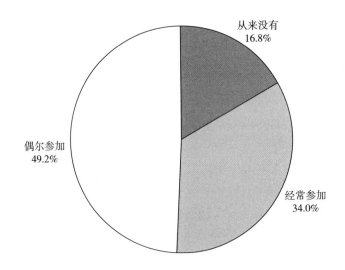

图5　什刹海街道社区文体活动参与度

3. 社区公益事业参与度：治安、文艺演出、助老助残居前三位

对于社区公益事业参与度，参与"治安"的受访者人数占38.7%，所占比例最高，其次是参与"文艺演出"和"助老助残"的受访者，受访者占比分别达36.8%和35.7%。驻区单位本应成为社会公益事业的重要参与方，然而什刹海街道驻区单位平均只有34.4%左右的参与水平，表明成效并不理想（见图6）。

四　地区生活便利度

1. 停车资源情况：34.6%的人认为停车条件很不好，影响工作

停车难问题是什刹海街道的一个难题。根据停车资源的调查结果显示，

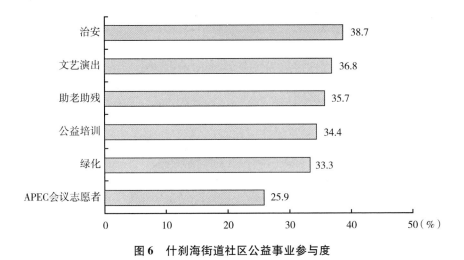

图6 什刹海街道社区公益事业参与度

只有10.8%的受访者表示"很好，没有影响工作"，而有34.6%的受访者表示"很不好，严重影响工作"（见图7）。

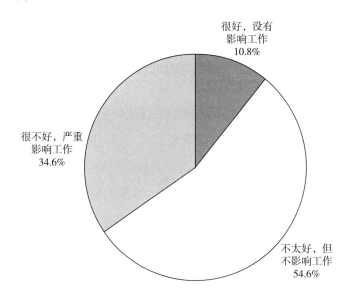

图7 什刹海街道的周围停车条件

2. 交通便利度：51%的人到单位时间不超过10分钟

总体来看，西城区作为北京市城市中心区，地铁、公交等公共交通系统发达，应该成为驻区单位通勤的首要选择。调查问卷对"最后一公里"换乘情况做了了解，各调查选项分布较为均衡。其中，17.7%的受访者可以在步行"5分钟以下"到达，有20.3%的受访者表示需要步行"15分钟及以上"才能到达单位（见图8）。

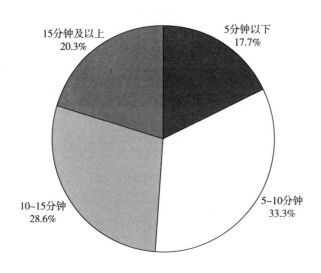

图8 什刹海街道的交通便利度

3. 早餐便利度：64.4%的受访者能较方便找到正规早餐点

调查显示，对于什刹海街道早餐便利度，64.4%的受访者表示"稍有不便，多走几步能找到"，22.8%的受访者表示"有流动的摊点，卫生难以保障"，7.1%的受访者表示"很不方便"，另外5.6%的受访者认为"基本没有"相对正规的早餐点（见图9）。

五 社区公共服务满意度

1. 社会保障服务：医疗保险服务满意度最高

对于社会保障服务项目，医疗保险和养老服务的满意度较高。调查显示，43.6%的人对医疗保险社会保障服务较为满意，其次有38.3%的人对

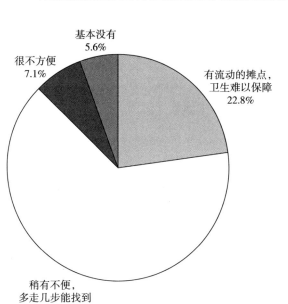

图9　什刹海街道的早餐便利度

养老服务社会保障服务较为满意。此外有 5.9% 的受访者选择了"都不满意"（见图 10）。

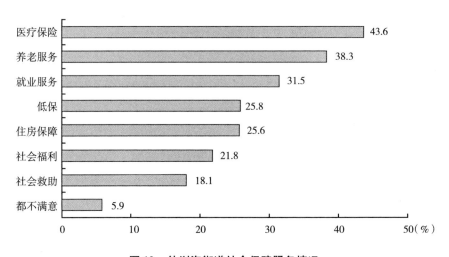

图10　什刹海街道社会保障服务情况

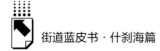
2. 医疗卫生服务：56%的人表示"就医方便"

就医方便、价格合理获得居民认可。调查显示，56.0%的人认为什刹海街道的医疗卫生服务优势是就医方便，其次是价格合理，选择比例为46.6%，6.3%的人表示都不满意（见图11）。

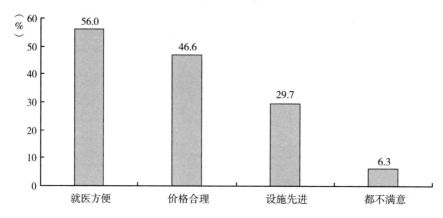

图11 什刹海街道医疗卫生服务满意度

3. 公共安全：78.6%的人对社会治安表示满意

在公共安全方面，结果较为突出的是，78.6%的人表示对社会治安服务情况比较满意。此外，48.8%的人表示对流动人口管理服务满意，32.2%的人表示对突发事件处理满意（见图12）。

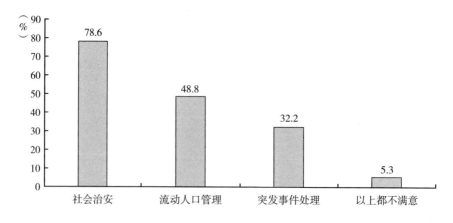

图12 什刹海街道公共安全情况满意度

4. 城市管理：60.5%的人认为城市管理存在的主要问题是违章停车

在城市管理方面，调查显示，60.5%的人认为城市管理存在的主要问题是"违章停车"，42.2%的人认为是"私搭乱建"，还有34.0%和33.3%的人认为在"绿化"和"街巷保洁"方面存在问题（见图13）。

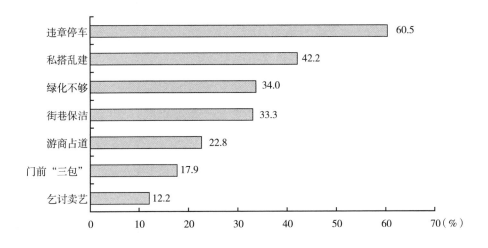

图 13　什刹海街道城市管理情况

5. 市政公用事业：仅25.1%受访者对城市规划布局满意

在市政公用事业方面，受访者对于供电、供水等项目的满意度较高。而与此相对应的是，满意度低于30%的两项分别是：只有29.7%的人表示对信息化水平满意，25.1%的受访者对城市规划布局表示满意。另外还有1.5%的人表示都不满意（见图14）。

6. 消防安全情况：59.8%的人认为防火设施很好，能安全逃生

在消防安全方面，调查显示，59.8%的人表示"防火设施很好，能安全逃生"，35.8%的人表示"防火设施一般，火势不太大的情况下可以逃生"。另外4.4%的人表示"防火设施不好，逃生机会不多"，进一步从社区分布看，涉及7个社区，其中前海东社区反映出来的问题最突出，其次西安门社区、双寺社区、景山社区比例也较高（见图15、图16）。

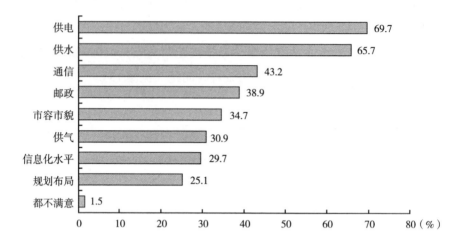

图14 什刹海街道市政公用事业情况满意度

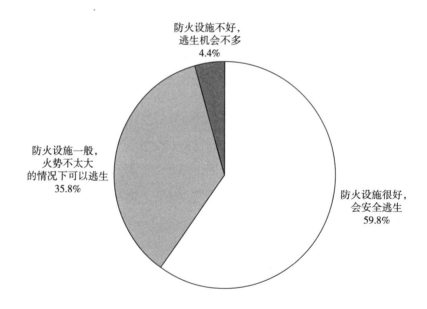

图15 什刹海街道消防安全情况满意度

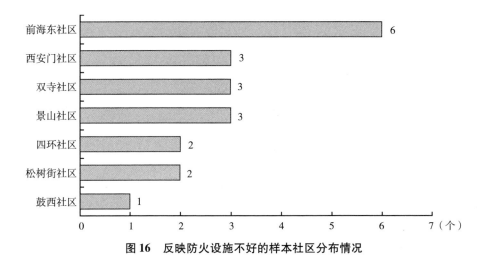

图16 反映防火设施不好的样本社区分布情况

六 社区公共服务需求度

1. 硬件设施需求：65.1%的人需要体育健身点

随着生活水平的提高，人们对于健康的关注日益上升。反映到社区硬件设施需求方面，65.1%的人表示社区最缺乏的是体育健身点，30.4%的人表示社区最缺乏的是文化活动室，24.7%的人表示缺乏图书室（见图17）。

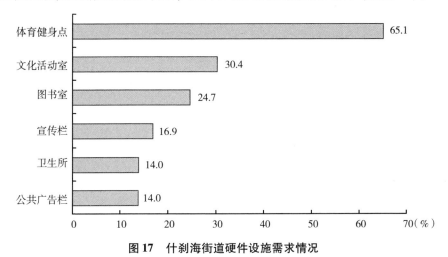

图17 什刹海街道硬件设施需求情况

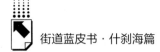

2. 服务项目需求: 老年服务、文化娱乐和医疗保健位列前三

在服务项目需求方面, 调查显示, 44.6% 的受访者表示最需要的是老年服务, 其次是文化娱乐和医疗保健, 分别有 36.6% 和 32.8% 的占比 (见图18)。

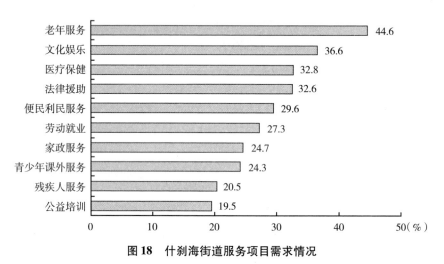

图18 什刹海街道服务项目需求情况

3. 服务缺口情况: 停车位紧张是存在的最大问题

什刹海街道居民在服务项目需求方面, 除了上文的社区服务项目需求之外, 还有很多突出反映。根据受访者意见的归纳, 认为公共服务中存在最大的问题依然是停车位紧张, 其次是基础设施不完善、外来人口管理等问题 (见图19)。

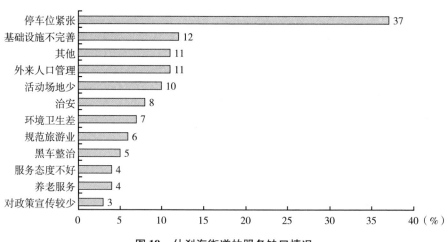

图19 什刹海街道的服务缺口情况

七　基本数据结论

基于对什刹海街道居民的调查，围绕社区服务机构认知度、社区服务参与度、地区生活便利度、社区公共服务满意度和社区公共服务需求度五大方面进行公共服务的供需现状分析，得出以下数据结论。

（1）80.3%的受访者表示"知道街道办事处地址"；86%的人知道"办公地点"。

（2）社区服务项目中，参与"法律服务"的受访者人数41.5%，所占比例最高；14.7%的受访者从未参与过社区服务项目，16.8%的受访者"从来没有"参加过社区文体活动。

（3）驻区单位对于社区公益事业的平均参与率在34%左右，比例不高。

（4）停车难问题突出，有34.6%的受访者表示已经严重影响工作；与停车难问题相对应，60.5%人认为城市管理存在的最突出问题是违章停车。

（5）公共交通系统发达并且布局较为合理，51%的人"最后一公里"换乘步行时间不超过10分钟。但是，在对于城市市政公用事业的调查显示，仅25.1%的受访者对城市规划布局表示满意。

（6）正规早餐点设置不足，64.4%的受访者表示"稍有不便，多走几步能找到"。

（7）对于社会保障服务项目，医疗保险和养老服务的满意度较高。

（8）驻区医疗资源丰富，56%的人认为什刹海街道的医疗卫生服务优势是就医方便；公共安全满意度高，78.6%的人表示对社会治安服务情况比较满意。

（9）什刹海街道4.4%的受访者表示"防火设施不好，逃生机会不多"，共涉及7个社区，其中前海东社区反映出来的问题最突出，其次西安门社区、双寺社区、景山社区比例也较高。

（10）硬件设施需求方面，受访者对体育健身设施需求较高，65.1%的受访者表示社区最缺乏的是体育健身点。服务项目需求方面最需要的是老年服务。

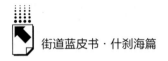

八 什刹海街道公共服务建设的政策建议

1. 加强公共服务资源共享的政策引导和支持

政府的一项重要职能就是管理各种社会资源，并通过行之有力、有序、有效的管理方法，使各种社会资源共享实现最大化，从而为民造福。什刹海地区所辖驻区单位较多，各项数据表明其缺乏参与街道公共服务项目的积极性，其原因主要有：供需双方对社会资源开放认知度不高；政策性依据缺乏操作性；职责设置不明确，缺乏系统推进；缺乏风险管理机制和有效的激励机制。

这些驻区单位的内部资源和社会服务设施齐全，如何让这些资源在满足本单位的需求之外弥补部分街道公共服务设施的不足，让闲置的社会资源得到合理高效的利用，主要有以下建议：一是尽快建立健全区、街、社区三级资源开放共享工作体系，明晰各个层面在资源共享工作中的职责定位；二是街道社区发挥社会建设专项资金的引领激励作用，持续开展社会资源开放共享奖励项目，根据社会单位开放类型给予不同的奖励额度；三是街道统筹发挥相关职能部门优势，积极为资源开放单位在生产、经营等过程中给予政策方面的服务和支持，创造有利于资源开放和单位自身发展的良好环境。

2. 进一步完善全响应网格化社会服务管理体系

城市管理是城市发展永恒的主题，也是城市赖以生存的重要保障。在问卷调查中，有78.6%的人对社会治安表示满意，这与什刹海街道"五位一体"的社会服务管理模式是分不开的。

什刹海街道应以推进公共服务全覆盖为重点进一步完善"全响应"民生服务体系。一是大力推动社区基本公共服务全覆盖。制定统一的服务事项、办理流程和服务标准，推进全区联网通办。持续改善提升社区服务办公条件，按照全市统一标准和要求，积极打造市级规范化建设示范社区、一刻钟社区便民服务圈示范点。二是深入辖区各公共单位，积极开展走访活动，广泛征求对网格化管理的意见和建议，深入到各公共单位中，开展法制宣传等活动。在每一个单位至少建立一名联络员，进一步完善公共单位矛盾纠纷排查及群体事件快速反应等机制，积极疏导化解矛盾纠纷，加强自防自治。三是加大老年人、流动人口、青少年等特殊人群帮扶力度。继续拓展老年餐桌、助老服务商队伍，引导和支持邻里互助志愿助老服务模式，发展全托、日托、临托等老年照料服务。加强对流动人口的信息采集和服务，建立流动人口计划生育服务管理协调配合工作机制，陆续开展城市融入、法律知识、创业故事等主题活动，引导流动青年及其子女的社会融入与精神文化建设工作。四是全方位提升为民服务水平。打造集便民利民、文化休闲于一体的群众活动场所。推广楼门文化建设、邻里节活动，广泛营造团结友善的睦邻文化，增强居民群众的归属感。

3. 完善对公共服务的绩效评估

对公共服务的综合绩效进行监测和评估，及时发现问题、改进问题，是确保公共服务目标最终实现的有效手段。建议引入第三方评估机制，发挥其独立性和专业性优势，对政府实施的公共服务，以及委托社会组织开展的各项服务进行科学评估。通过评估进行检查督导，建立对公共服务的持续改进机制，确保服务目标最终得以实现。

B.3

什刹海街道基于社区居民的地区
公共服务问卷调查报告

摘　要：　什刹海街道位于首都的核心地区，公共服务设施相对比较完善，但是随着城市的发展，社区现有的公共服务资源已经不能满足居民的需求。本文以什刹海街道 25 个社区反馈的问卷为基础，从社区服务满意度、社区和受访家庭存在的主要问题、社区服务匹配度以及社区养老等方面对什刹海街道公共服务的现状、趋势和居民诉求进行准确反映和分析，并对存在的主要问题提出相关建议。

关键词：　公共服务　社区居民　需求调查　什刹海街道

本报告所涉及的调查对象是北京市西城区什刹海街道所辖 25 个社区的辖区居民。调查进行时间为 2015 年 1 月。共发放问卷 500 份，回收 494 份，其中有效问卷 481 份，有效回收率为 96.2%。通过对反馈问卷的数据统计分析做横向对比、纵向对比及频数分析等，了解什刹海街道居民对公共服务的认知及满意程度、供需情况等，为整体提升什刹海街道公共服务体系做好数据支撑及意见建议。

一　调查样本情况

1. 调查样本基本情况

调查对象中，男女比例约为 1∶1.29。年龄在 36～45 岁和 56～65 岁所占比重较大，分别占到总调研人数的 22.6% 和 20%。职业分布情况以在职职工为主（37.1%）。户籍以本市户籍为主，其中更包括 33.5% 的人是本区户籍。教育程度为大专或本科的人群所占比例最高，为 43.5%。家庭组成结构方面，50.4% 的家庭是三口之家，所占比例最高。从家庭收入上看，68 户家庭人均收入低于或与北京市最低工资标准持平，占调查居民总数的 14.8%，家庭人均月收入为 1560～5000 元的被调查居民数量最多，比例为 68.1%。受调查对象居住在什刹海街道辖区的时间超过三年的比例为 85%（见表1）。

表1　调查样本基本情况

单位：个，户

性别	男			女		
	210			270		
年龄	25 岁以下	26～35 岁	36～45 岁	46～55 岁	56～65 岁	65 岁以上
	16	83	106	90	94	81
户籍	本市户籍	本区户籍	居住证	暂住证	居住半年以上但未办理居住证	外籍
	263	157	15	28	5	1
职业	在职职工	个体工商户	私营企业主	专业技术员	商业服务员	自由业者
	176	25	4	5	11	16
	白领	机关事业单位职工	公务员	离退休人员	下岗失业人员	其他
	12	16	3	185	13	8
学历	硕士及以上	大专或本科	高中或中专	初中	小学及以下	
	22	202	140	87	13	
家庭人数	四口以上	四口	三口	二口	一口	
	87	81	233	46	15	
家庭人均月收入	650 以下	650～1560 元	1560～3400 元	3400～5000 元	5000～10000 元	10000 元以上
	14	54	210	104	61	18
本社区居住时间	三年以上		一年到三年		一年以下	
	346		42		19	

注：回收问卷中，全部题目漏答率在 15% 及以下，判定为有效问卷。由于题目漏答，表中对各属性的汇总统计数存在不一致并且小于有效问卷数的情况。

2. 特定群体分析

（1）空巢或独居老人：人均收入在650元以下比例较高

空巢老人是指无子女或子女不在身边、独自生活的老年人，对社区提供服务需求度更高，需要重点关注。笔者将受访者年龄大于55岁并且家庭人口数少于等于2的人群单独抽离出来，共计54人（户），其基本特征如下：性别构成中，女性所占比例为54.2%，男性所占比例为45.8%。33.3%的人教育程度是高中或中专，85.7%的人居住时间在三年以上。需要注意的是，在家庭人均月收入方面，58.3%的空巢或独居老人家庭人均月收入为1560~3400元，而650元以下有3人，占比12.5%，该比例明显较高（见图1）。

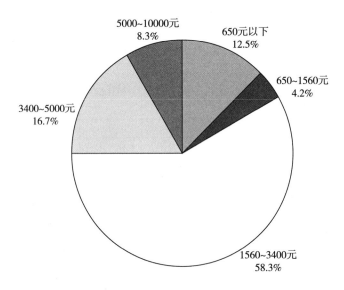

图1 空巢或独居老人家庭人均月收入

（2）流动人口群体的构成特征：教育程度偏低

流动人口管理是街道日常工作中的一个重点与难点，笔者也试图在此次调查中对这一部分人群进行描述，但是由于问卷下发对象选取的困难，所涉及的样本数量与实际人群分布存在一定差异。在进行样本选择时，笔者将户籍选项中标明"暂住证"和"居住半年以上，但未办理任何居住证件"两类人群作为研究对象。共涉及调查对象 7 人，其基本特征如下：在居住时间方面，选择"一年以下"和"一年至三年"的人数相当，高于全体样本水平。在职业构成中，个体工商户（33.3%）占比明显高于全部样本水平。教育程度偏低，初中文化占比达到 27.3%，高中或中专以下文化所占比例达到 74.2%。

二 社区服务满意度：总体满意度超过六成

1. 社区服务的总体满意度：60.6%的社区居民表示满意

对于社区公共服务的总体满意度，60.6%的调查对象选择"满意"，35.5%的人员认为"基本满意"，2.1%的人员认为"不满意"，1.6%的人员认为"不清楚"，0.3%的人认为与自己无关（见图2）。

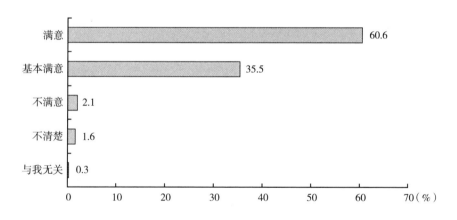

图2 什刹海街道社区公共服务需求人员总体满意度构成

2. 分社区服务满意度：大红罗社区、西海社区、后海社区位居前列

在什刹海街道25个社区中，满意度比例位居前五位的为：大红罗社区、西海社区、后海社区、苇坑社区和西四北社区，其居民认为社区服务好的比例分别占93.8%、92.9%、87.5%、81.3%和81.3%（见图3）。

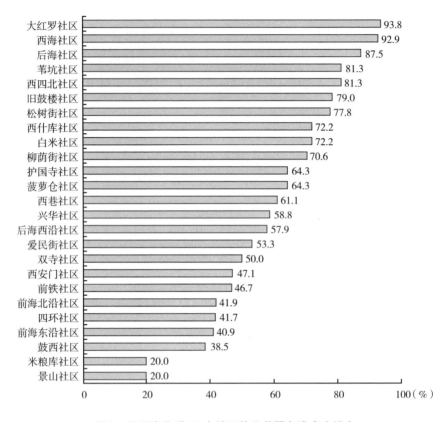

图3 什刹海街道25个社区的公共服务满意度排名

进一步分析13项细分服务内容的满意度评价，加权汇总之后的社区排序，排名前五位的分别为西海社区、大红罗社区、西四北社区、后海社区、白米社区、米粮库社区，得分均超过4.2分（见图4）。

汇总以上两项可以看出，大红罗社区、西海社区、后海社区和西四北社区两项同时进入前5位，是25个社区中居民满意度最好的社区。

3. 社区居民对居委会服务最满意

调查显示，在什刹海街道25个社区公共服务内容评价中，调查对象对社区的停车条件最不满意，均值为2.7分。对居委会服务评价最高，均值为4.6分（见图5）。

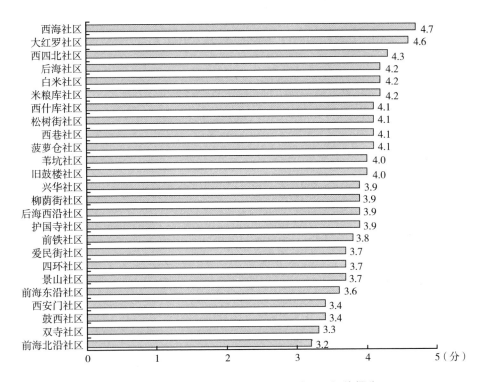

图4 什刹海街道25个社区13项细分项目评价得分

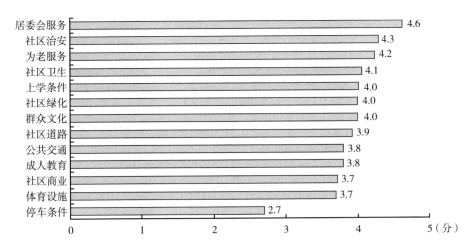

图5 什刹海街道社区公共服务内容评价情况

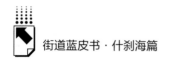
三 社区存在问题：停车不方便最为突出和普遍

1. 停车不方便、健身活动场所和设施不足、入学难位列前三

居民停车不方便是社区居民反映最强烈的问题。在社区存在问题的 20 个选项中，93.1% 的居民认为什刹海街道的社区应在"居民停车不方便"的问题上加强工作力度，其次是"健身活动场所和设施不足""入托难、入学难"，所占比例分别为 46.9% 和 44.0%。其他选择比例超过 20% 的问题依次是：公共文化场所缺失（38.9%），买菜不方便（33.6%），小病需要走超过 15 分钟（31.0%），居住条件差、下水道不通（29.2%），社区环境脏乱差（29.0%），吃早点地方少（25.0%），邻里不和（22.8%）（见图 6）。

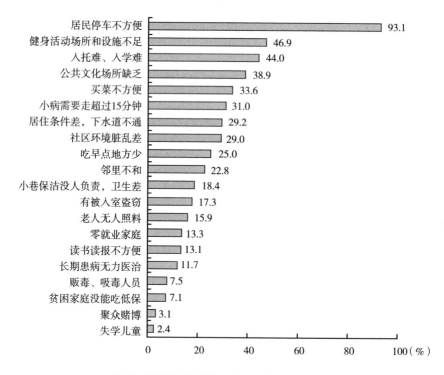

图6 什刹海街道社区居民反映的主要问题

2. 25个社区中"停车不方便"的问题排在首位

统计每个社区排名前三的问题分布，较为一致的结论是，在什刹海街道25个社区中，24个社区将"停车不方便"列为社区问题的首位，12个社区认为需要改善的是"健身活动场所和设施不足"的问题。而除此之外的社区较为个性化的突出问题分别是：前海北沿社区存在"买菜不方便"，护国寺社区存在"邻里不和"的问题，西安门社区存在"居住条件差，下水道不通"的问题，等等。

四　受访者家庭问题：住房紧张最为严重

对于受访者家庭自身而言，"住房紧张"是最为突出的问题。52.1%的人认为"住房紧张"希望改善住房条件，所占比例最高。其他排进前5位的问题分别是"缺少健身锻炼"（27.4%）、"就学不便"（20.3%）、"养老不便"（19.2%）和"缺乏公共活动场所"（18.5%）（见图7）。

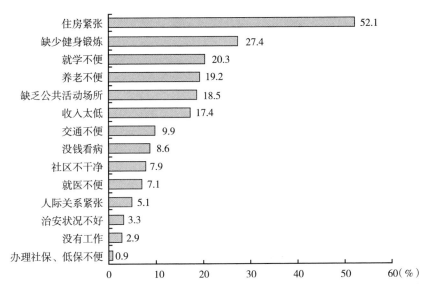

图7　什刹海街道社区受访者家庭问题调查情况

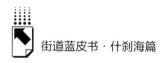
五 社区服务匹配度分析：孩子放学接送托管缺口最大

在问及被调查者最为重要的社区服务需求时，养老服务、社区医疗、代缴水电天然气费、法律咨询、幼儿园五项是获选数量最多的项目。调查显示，受访者对养老服务的需要达到55.9%，其次是社区医疗和代缴水电天然气费，分别占到41%和33.5%。

在社区可以提供的服务项目中，选择比例最高的是法律咨询，被选比例是67.3%。其他排在前五位的分别是就业指导（64.2%）、养老服务（59.9%）、代缴水、电、天然气费（56%）和社区医疗（44.7%）。而对于服务项目的供需配比方面看，除了就业指导、法律咨询、养老服务等供给数量大于需求之外，其余大部分呈现供需缺口的状态。进一步从供需缺口的比重看，其中孩子放学接送托管成为缺口最大的领域。

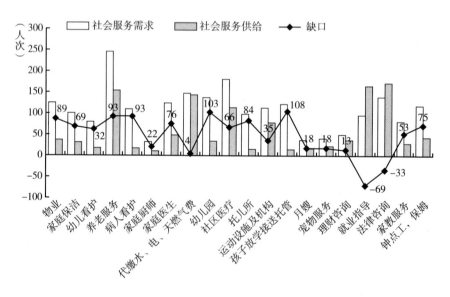

图8 社区公共服务项目供需对比

此外，除了前面列出的标准选项外，调查问卷还设置了让被调查者可以自主填写的重点问题，经过关键词归并之后，养犬管理和老年餐桌问题也被多次提及。

六　社区养老：紧急救护呼叫系统需求高

1. 居家养老仍是社区养老模式的主导

居家养老依然是主导模式。调查结果显示，受访者选择居家养老的比例是 61.4%，其次是老年公寓为 31.8%，敬老院最低，为 13.7%（见图 9）。

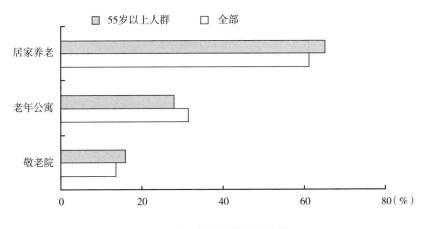

图 9　重点群体养老模式需求情况

2. 养老服务项目需求最多的是紧急救助呼叫系统

调查显示，什刹海街道社区受访者对养老项目需求最多的是紧急救助呼叫系统，需求比例为 66.2%，其次是老年食堂和基本体检，需求比例分别是 54.9% 和 46.6%，此外，其他的依次是家庭医生（44.9%），专人指导（34.1%）和家庭保姆（28.6%）。

3. 重点群体养老项目需求分布

社区养老直接对象是年龄大于 55 岁的人群，其对养老项目具有较高的关注度。以下对这部分群体的养老项目模式和养老项目需求进行分析。

通过调查显示，这个年龄段的重点群体对养老模式的需求依然是居家养老，比例占到65.2%。但是在与全体样本相比较而言，选择居家养老和老年公寓的比例都要更高一些，而对于敬老院则最不认可（见图9）。

重点群体对养老项目需求与全部样本群体的排序一致，从差异上看，对于紧急救助呼叫系统的关注程度更高（见图10）。

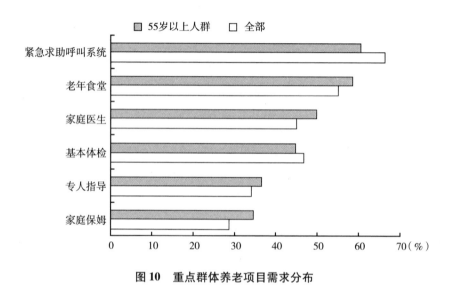

图10　重点群体养老项目需求分布

七　基本数据结论

（1）对于什刹海街道社区公共服务的总体满意度，60.6%的调查对象认为满意。

（2）在25个社区中，大红罗社区、西海社区、后海社区、苇坑社区和西四北社区是居民满意度最好的社区。

（3）分方面满意度调查中，居委会服务和社区治安满意度最高。

（4）在社区存在的主要问题方面，停车不方便、健身活动场所和设施不足、入学难位列前三，其中93.1%的居民关注停车不便的问题。在什刹海街道25个社区中，24个社区将"停车不方便"列为社区问题的首位；12

个社区认为需要改善的是"健身活动场所和设施不足"。

（5）对于受访者家庭自身而言，"住房紧张"是最为突出的问题。52.1%的人认为"住房紧张"希望改善住房条件，所占比例最高。

（6）从服务项目的供需配比方面看，除了就业指导、法律咨询两项供给数量大于需求之外，其余全部呈现供需缺口的状态。进一步从供需缺口的比重看，社区"孩子放学接送托管"成为缺口最大的领域。

（7）居家养老仍是社区养老模式的主导，受访者对养老项目需求最多的是紧急救助呼叫系统。

八 什刹海街道公共服务建设的政策建议

1. 以社区居民需求为出发点对公共服务资源优化配置

什刹海街道的问卷调查数据显示，文化程度的不同、年龄层次的差别等多方面因素也对公众的公共服务需求产生重要影响。以需求为导向推动公共服务设施的配置是一个基本趋势。特别是在公共服务设施的配置单元设计上，要加强调研和需求预测，要充分考虑什刹海街道的功能居住区边界，根据人口结构、职业特征、周边情况等进行公共服务设施的配置，加强公共服务设施之间的关联性，打造覆盖面广、联动性强、功能性全的公共服务设施网络。

2. 强调软件建设，保证社区公共服务有效落实

在形成公共服务设施网络的基础上，重点要建立长效管理监督机制，确保公共服务设施有效运行。在公共服务软件建设方面：一是要进一步推进对公共服务管理体制改革的探索，加强精细化管理和服务，提高社区公共服务设施的使用效率；二是要制定相关政策，促进社会单位资源的共享，通过补贴、奖励等方式引导社会力量参与公共服务，形成多元参与的公共服务格局。

3. 大力推广和完善居家养老模式

根据问卷调查显示，什刹海街道选择居家养老的老年人近2/3，这也说

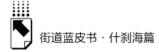

明了"家"和亲情在老人心中的重要性。这些老人对生活照料、医疗护理、精神安慰等方面的需求较大，这也是当前养老行业需要重点关注的问题。从什刹海乃至北京的实际情况来看，计划生育基本国策下的"421"结构难以支撑老人的家庭养老需求，发展缓慢的社会养老也难以满足全部的养老需求。这就要求什刹海街道从实际出发，以老人需求为导向，探索家庭养老与社区养老相结合的居家养老新模式，让社区养老成为家庭养老的重要补充，满足老人多样化的养老需求。

理论报告

Theory Reports

B.4

社区绩效管理：理念、标准与评估

——北京市西城区什刹海街道的实践与启示

摘　要：　借鉴绩效管理的理论和框架来对社区进行规范化管理，是新时期完善社区治理体系、提升社区治理能力的重要路径。什刹海街道积极引入绩效管理理念，科学运用绩效管理工具，重构社区治理体系，强化治理能力建设，对推动社区规范化建设，构建现代化社区治理体系具有重要的理论意义和实践价值。

关键词：　绩效管理　过程控制　公民中心　什刹海街道

　　2014 年初，为进一步加强对社区和社区工作者管理的科学化、规范化，什刹海街道在全面梳理社区工作的基础上，引入第三方机构，构建社区绩效

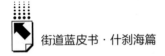

管理体系，建立社区服务绩效考核指标体系，设计调查问卷和评估办法，通过系统地考评社区建设绩效来推动社区治理创新。这一做法对于推动社区规范化建设，构建现代化社区治理体系具有重要意义和价值。

一　理念：公民导向、过程管理、公众参与

（一）政府绩效管理源自企业绩效管理

绩效管理最初是一种有效的企业管理方法。20世纪80年代以来，在财政困境与社会服务需求不断扩大的背景下，绩效管理成为西方国家政府管理的重要内容，实行以"新公共管理运动"为价值取向的政府改革，来增强政府人员的服务意识，提高政府行政效率，有效地改善和提高政府服务质量，促进政府更好的应对信息化、全球化、市场化、贸易一体化的挑战。

英国和美国是实行政府绩效管理的典型代表。1979年，撒切尔夫人上台后实施"雷纳评审"，由专门成立的"效率小组"对政府各部门运作情况进行考察与评估，通过制定相应方案进行整体统筹优化，进一步提高行政效率。1973年，尼克松政府颁布"联邦政府生产率测定方案"，1993年初，戈尔副总统的研究组提出《国家绩效评鉴报告》，2003年，布什政府提出预算新格式，美国政府的绩效管理在规范化、系统化、经常化的轨道上越走越顺。其中，布什政府确定的"以公民为中心，以结果为本，以市场为基础"理念，成为美国政府绩效管理改革的基本原则。

（二）政府绩效管理的三个基本理念

总结英美等西方国家实施政府绩效管理的经验，主要是凸显了以下三个理念。

一是公民导向的理念。从英美的实践可以看出，绩效管理最初是以"效率"为先，突出的是提高政府的行政效率。20世纪90年代以后，随着公民社会的不断发展，人本意识的不断提高，政府在绩效管理中开始注重

"人"的因素，绩效管理也逐步从"效益"转向"顾客满意"，管理的核心也从单一的追求效益向追求公平、效益、质量等多元化目标转变，在实现政府行政效率提升的同时，提高公众满意度。

二是过程管理的理念。绩效管理强调公共组织开展服务管理行为的规范化、科学化。英美国家绩效管理的重点是效率、效益。在管理评估过程中更注重工作过程的合法化、合理化，是否符合公正性原则等，在评估程序、评估结果的利用等方面均体现了规范化的特点。

三是公民参与的理念。英美等国在国家治理的过程中注重公民、社会的多元参与。在绩效管理中，公民参与也是其关注的重点。一方面，在绩效评估体系中，公民满意度是考量的重要指标；另一方面，在政府绩效评估中，非政府组织是一大重要主体。

（三）政府绩效管理框架下的社区绩效管理

借鉴绩效管理的理论和框架来对社区进行绩效管理，在理论上有创新性，实践上有必要性，但在操作中也有风险性。

从理论层面看，政府与社区都是公共管理部门，追求的都是公共价值最大化，主体性质一致，管理目标一致，把政府成功运用的方法引入社区在理论上是行得通的。特别是绩效管理中管理者与被管理者共同商定组织目标、共同编制绩效计划、共同参与绩效考评、共同推动绩效提升等做法，与社区治理的理念一脉相承，具有很强的指导性。

从实践层面看，社区是国家与社会的接口。在整个国家治理体系中，社区是基层、基础和基石。特别是在传统的"单位制"逐步解体的今天，社会保障以及社会救助工作、老年人口服务管理工作、流动人口服务管理工作都聚集在社区，需要依托社区来组织实施。社区治理体系是否完善健全，社区治理能力如何，直接关系着社会的稳定和谐、群众的民生安康，也直接关系着党的执政基础是否稳固、国家治理体系和治理能力现代化能否实现。如何强化社区绩效管理、提高社区治理水平就成为基层治理创新的一个重要课题。

从操作层面看，由于存在大量的不确定性，运用绩效管理方法会在操作中遇到不少难题。一是社区居委会对社区公共事务管理的主体地位不明确，社区居委会靠政府拨款维持生存，有事无钱，在社会管理工作中权责不一致，有责无权；二是社区党委、居委会及社区服务站"三驾马车"相互之间职责边界不清，实际工作中也是有事一起做，很难分得清谁的责任；三是社区工作很难做到职责法定，社区干什么社区说了不算，居民说了也不算，是由街道及上级政府部门说了算，随意性很大；四是社区工作做得怎么样，各个部门都有自己的评估体系，评估主体多元，评估方法多样，评判标准不统一。

如何突破社区治理的不确定性，科学评估社区工作，推动管理对象进一步改进工作、提高业绩，需要积极借鉴英美等西方发达国家实施政府绩效管理数十年的经验，坚持以公民满意为衡量一切治理行为的唯一标准，推进机制创新，推进公民广泛参与社区治理，以科学的绩效评估体系推进社区治理工作规范化建设，这也是什刹海街道实施社区绩效管理的基本思路和主要路径。

二 标准：结构体系、流程规范、考核指标

绩效管理的基础是要有明确的标准。为进一步加强对社区和社区工作者管理的科学化、规范化，2014 年，什刹海街道在全面梳理社区工作的基础上，引入第三方评估机构，建立并完善社区服务绩效考核指标体系，力争形成一套综合性的社区工作指导手册，明确工作标准，规范社区工作者日常工作，最终实现"四个结合"，即上级部署和社区居民需求的结合，常态工作和重点工作的结合，内部考核和外部评议的结合，集体评价和个人评价的结合。

绩效考核指标体系向机关科室、社区反复征询意见，并邀请部分科室及社区负责人就指标编制工作进行专题座谈。最后，经街道工委会和主任办公会研究，确定社区党建、社区自治、社区服务、社区文化、社区安全、社区

环境和健康计生 7 个方面的考核框架和内容。总体而言，什刹海街道社区绩效考核指标体系有以下几个特点。

（一）结构体系完整，绩效管理范围实现社区治理体系全覆盖

考核指标体系共设置 7 个一级指标 28 个二级指标 238 个三级指标。横向涉及社区党建、社区自治、社区服务、社区文化、社区安全、社区环境和健康计生等方面；纵向涉及社区"两委一站"、硬件设施、制度流程、社工及各类相关人员，在结构上实现了社区治理体系的全覆盖。以对社区自治工作的考核为例（见表1），从机构建设、社工队伍、自治机制、社会参与、基础设施 5 个方面设置 59 项指标，系统地梳理了社区治理工作的结构、功能、体系等方面，对街道及社区工作者从整体上把握社区工作、系统推进社区自治工作有重要的意义。

表 1　西城区什刹海街道社区自治工作指导性指标

一级指标	二级指标	三级指标	街道指导科室
自治工作	1. 机构建设	1.1 社区居委会下设社会福利、综合治理、人民调解、公共卫生、人口计生、文化共建和老龄 7 个工作委员会；	社会办
		1.2 社区居委会各工作委员会由 5 人或 7 人组成，工作任务明确，工作机制完善；	社会办
		1.3 社区居委会机构健全、结构优化、职责明确、人员落实，很好地发挥自我管理、自我教育、自我服务和自我监督作用，有效管理社区日常事务，协助政府有关部门开展工作；	社会办
		1.4 社区居委会印章管理、财产财务管理(运用社区经费管理系统)、档案管理、定期学习等各项制度规范；	社会办 财政科
		1.5 社区居委会依法进行换届选举，选举工作组织严密、程序依法规范，民主氛围良好；	社会办
		1.6 民主推选社区居民选举委员会，采用民主协商方式讨论确定社区居委会选举方式，社区居委会成员和居民代表全部依法选举产生，有条件的社区推行直接选举，没有违规违章撤换、罢免社区居委会成员的现象；	社会办
		1.7 居民积极参加居委会选举，积极动员组织流动人口参加社区居委会换届选举，居民参与率达98%以上；	社会办

一级指标	二级指标	三级指标	街道指导科室
自治工作	1. 机构建设	1.8 社区居委会主动接受社区党组织领导,重大问题主动向社区党组织汇报;	社会办
		1.9 居民对社区居委会工作满意率在90%以上。	社会办
	2. 社工队伍	2.1 加强对社区专职工作者的管理,社区工作的专业化和规范化水平不断提高;	社会办
		2.2 社区工作者教育培训考核制度健全,每年至少参加1次市级或区级统一部署的教育培训,保证按照学时、课时、教学内容及教学要求,提高社区工作者综合素质和发展社区事业的综合能力,没有违法乱纪现象,没有区级以上媒体曝光情况发生;	社会办
		2.3 推行社区专业服务,每社区至少有1名专业社工,运用个案工作、小组工作、社区工作等方法,为有需求的居民提供专业辅导服务,满足居民心理安抚、家庭调适、社区照顾、社会交往等个性化服务需求;	社会办
		2.4 组织社区工作者定期学习,提高政治理论水平和依法办事能力,经常开展业务知识学习比赛;	社会办
		2.5 关心社区工作者的日常生活,及时解决社区工作者的实际困难;	社会办
		2.6 鼓励社区工作者参加全国社会工作者职业水平测试,并为其参加社工继续教育创造条件;	社会办
		2.7 建立社区工作者述职制度和社区民主评议制度,开展社区工作者述职活动,民主评议的任务明确,程序透明规范,结果及时公开;	社会办
		2.8 社区协管员队伍管理规范。	残联综治办 社保所
	3. 自治机制	3.1 依法制定并及时修改完善《社区自治章程》和《居民公约》,制定和修改程序规范,内容符合法律法规规定和本社区实际;	社会办
		3.2 居民对《社区自治章程》和《居民公约》知晓率高并自觉遵守;	社会办
		3.3 制定社区发展规划和年度工作计划并有效推进;	社会办
		3.4 定期开展社区调查诊断,全面、准确地掌握社区基本情况、薄弱环节及居民群众最关心、反映最强烈、急需解决的问题;	社会办
		3.5 结合网格内人口结构、城市秩序、社会稳定、扶贫帮困等基础元素状况,合理配备人员力量,明确网格职责,梳理工作流程,建立网格化服务管理规范和事件处置规范,确保网格化管理日益精细,格长加强对网格内人、财、物、事、组织、资源情况的了解,每年走访常住人口率100%,定期走访记录完备,"一本一会一单"完整,做到家庭情况清、人员类别清、区域设施清、存在问题清;	城管科全响应 社会办综治办

续表

一级指标	二级指标	三级指标	街道指导科室
自治工作	3. 自治机制	3.6 社区显著位置设有居务公开栏，居务公开制度规范，居务公开形式灵活多样，内容客观真实；	社会办
		3.7 建立并落实与社区成员利益相关的社区重大事项协商决策、实施的公示、听证、通报制度，及时通报社区事项，一般的社区事项每半年公开1次，与居民切身利益相关的社区重大事务必须及时公开；	社会办
		3.8 社区公益事业经费严格按照民主决策程序和财务管理程序管理使用，广泛征集居民的意见，用以解决居民群众最关心、最迫切的社区问题，社区财务收支、管理使用情况每季度公开1次；	社会办财政科
		3.9 设有社区民主监督小组等机构，社区民主监督制度健全，对社区居委会工作日常监督到位，及时对社区居民的质询进行答复；	社会办
		3.10 社区楼院门栋建设全面展开，普遍以若干平房院或楼栋为单位，按照合理标准组建居民小组，居民自治小组健全，选齐配强居民小组长，普遍建立院委会、楼委会等自治形式，经常开展居民小组活动，发挥楼门院长畅通诉求、化解矛盾、联系群众的作用；	社会办
		3.11 建立定期集中收集与及时分散收集民意的长效机制，居委会向街道办事处或职能部门反映居民利益诉求的机制、规范化经常性的群众利益表达机制；	社会办全响应
		3.12 建立社区人大代表、政协委员和党员领导干部见面日、居民代表定期入户等制度，社区民意表达渠道畅通；	人大办
		3.13 建立完善社区居民会议，社区居民会议每季度至少召开1次，按照《北京市居民会议规则》规定的程序，社区建设事项、社区热点、难点问题、公共事务和涉及社区成员切身利益的社区重大事项全部经由社区居民会议民主研究解决；	社会办
		3.14 建立居民代表提案制度，做到件件提案及时答复；	社会办
		3.15 实行居民论坛、网上论坛、民情恳谈、社区对话等民主参与形式，广泛开展社区协商议事会、议题征集、听证会、民生座谈会等民主实践活动，社区议事协商会议每半年召开1次；	社会办
		3.16 定期通过社区听证会、社区论坛、走访等形式，了解民情，倾听民意，保障居民知情权；	社会办
		3.17 居民互助、社情民意表达、居民利益协调机制健全，居民知情权、表达权得到有效保障；	社会办
		3.18 居民、社区居委会对政府职能部门的评议和监督渠道畅通，社区民主评议监督的结果已经成为政府行政监督评议的重要内容。	社会办

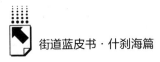

续表

一级指标	二级指标	三级指标	街道指导科室
自治工作	4. 社会参与	4.1 建立社区党组织、社区居委会、驻区单位联席会议制度,定期听取驻区单位意见,宣传动员驻区单位参与;	社会办组织部
		4.2 对驻区单位可以共享的资源进行摸底调查,与80%以上的驻区单位签订资源共享协议;	社会办
		4.3 努力争取将驻区单位公益性设施、场地基本向社区开放,实现共驻共建资源共享;	社会办
		4.4 驻区单位向社区居民自治活动提供各种资源,在资金、场地、人力方面给予支持;	社会办
		4.5 居委会与驻区单位共同协调解决一些实际问题,驻区单位定期参与社区举办的各种活动;	社会办
		4.6 驻区单位向本社区居民提供就业信息,优先考虑本社区居民就业;	社会办
		4.7 以团体身份参与社区服务的驻区单位不少于单位总数的70%,驻区单位经常开展灵活多样的便民服务;	社会办
		4.8 根据驻区单位的需求,开展针对驻区单位的服务项目;	社会办
		4.9 居民参加社区社会组织人数逐步增长,常住人口数1万以下的社区应达到人口总数的5%及以上,常住人口数1万人以上的社区应达人口总数的4%及以上;	社会办
		4.10 社区社会组织充分发挥其联系、沟通、组织、服务广大居民群众的作用,根据居民需要,经常开展活动,活动形式多样,社区社会组织成员活动参与率达70%以上;	社会办
		4.11 通过购买社区服务性、公益性、互助性社会组织的项目式服务,为社区老年人、青少年、妇女、残疾人等提供专业服务;	社会办社区服务中心团委妇联残联
		4.12 积极发展、扶持、宣传社区社会组织,引导社区社会组织健康发展,社区已备案社区社会组织中特色品牌社区社会组织达10%及以上、公益类社区社会组织占60%及以上;	社会办
		4.13 对社区志愿者每年至少开展1次有关服务态度、服务技能、权利义务等方面的培训,维护好社区志愿者的正当权益;	社会办
		4.14 对社区志愿者组织负责人每年至少开展1次有关志愿者组织管理、项目策划与实施等方面的培训,提升志愿者组织的运行管理水平;	社会办
		4.15 利用社区公益金等采取项目购买、项目补贴、项目奖励等方式,积极培育重点服务领域社区志愿者组织,将可以由社区志愿者完成的相关社区服务管理事项交由社区志愿者组织承担,支持社区志愿者组织发展;	社会办
		4.16 建立社区志愿者信息库,推进社区志愿服务信息化,为注册志愿者配发社区志愿者证、志愿者号、"社区志愿服务时间储蓄卡",实行"一人一证一号一卡";	社会办

一级指标	二级指标	三级指标	街道指导科室
自治工作	4. 社会参与	4.17 开展形式多样的志愿服务活动,志愿者组织成员活动参与率达70%以上;	社会办
		4.18 制定并落实志愿者服务等级(登记)管理制度;	社会办
		4.19 社会组织志愿活动做到"四有",即日有联系、周有探视、月有活动、年有慰问,组织开展社区志愿服务评比活动,每年对优秀社区志愿者给予精神奖励和适当的物质奖励;	社会办
		4.20 积极动员社会各界力量参与日常慈善捐助、防灾减灾等活动。	民政科
	5. 基础设施	5.1 社区办公用房和活动用房不少于350平方米,办公和服务用房"一室多用",办公和服务设施设备充足,各类设施运行维护管理制度健全,职责明确,配备电脑、打印机、传真机等办公用品,实现社区办公自动化,政务信息网络畅通;	社会办
		5.2 各类基础信息数据采集准确全面、更新报送及时,信息化平台作用不断强化;	全响应
		5.3 建设无障碍设施,残疾人、老年人可以方便地到居委会办事;	社会办残联
		5.4 居民对社区基础设施的满意率在80%以上。	社会办

资料来源：西城区什刹海街道社区工作指导性指标（2014 年 8 月）。

（二）流程设计规范，过程管理理念渗透社区工作机制与流程

除了强调社区治理相关工作要有机构、有人员、有地方、有条件做以外，绩效管理指标体系还对治理工作的机制与流程进行了设计。以对社区服务工作的考察为例（见表 2），设计机构建设、行政服务、公益服务、便民利民服务 4 个方面，共设计了 27 项指标，将区、街各部门的要求与街道实际情况及老百姓的真实需求结合起来，注重考核体系是否健全、机制是否完善、制度是否执行、流程是否合理、工作是否到位。在内容设计上，指标没有完全照搬《北京市社区基本公共服务指导目录》所列的全部项目，而是根据什刹海打造"一刻钟服务圈"的实际情况设计考察、考核项目，体现了指标体系的务实型和操作性。

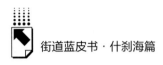

表2　西城区什刹海街道社区服务工作指导性指标

一级指标	二级指标	三级指标	街道指导科室
服务工作	1. 机构建设	1.1 社区服务站有相对独立的用房,面积达50平方米以上;	城管科社会办
		1.2 社区服务站办理社区内各种公共服务事项,提供劳动就业、社会保障、社会救助、实有人口服务管理、出租房屋服务管理等基本公共服务;	公共服务大厅 社保所 民政科 综治办
		1.3 社区服务站在社区党组织和社区居委会统一领导和管理下开展工作,职责任务明确,工作机制完善,定期向社区党组织和社区居委会汇报工作,接受居民监督评议,充分发挥社区公共服务的平台作用;	组织部 社会办
		1.4 社区服务站按照"综合受理、全科服务"的原则统筹整合工作人员,采取"一门式"服务方式,开办服务窗口,建立流动办公平台(预约办理),方便居民办事,社区服务站规章制度健全,贯彻落实首问责任、限时办结等业务及人员管理等内部管理制度,在显著位置公布工作流程、服务守则、服务承诺、办事指南等;	社会办 全响应
		1.5 社区服务站实行弹性工作制,能满足居民群众利用工休时间在社区办理相关事务的要求,工作人员实现挂牌服务、服务事项公开透明、服务流程规范高效,居民对社区服务站的投诉率在1%以下;	社会办
		1.6 社区服务站建立重点服务对象服务台账,通过入户访谈、问卷调查等形式,针对社区老年人、未成年人、下岗失业人员、残疾人和低收入家庭等重点服务对象每半年开展一次服务需求调查,为上述服务对象提供个性化服务;	社会办团委 残联民政科 社保所
		1.7 社区服务站工作队伍作风硬、素质高,得到居民普遍认可,工作人员年度考核居民评议结果为"优良"。	社会办
	2. 行政服务	2.1 成立社区低保工作评议小组,低保工作程序规范,低保人员台账健全,对低保人员做到动态管理,对符合低保条件的人员做到应保尽保,低保人员按时参加社区公益劳动;	民政科 社保所
		2.2 优抚对象资料健全,开展优抚服务;	双拥科
		2.3 对残疾人实行"一人一卡一档一手册"服务,开展康复转介服务等扶残助残活动,残疾人保障覆盖率大于95%;	残联
		2.4 及时受理住房困难家庭的住房保障申请,开展入户调查、走访核实、民主评议和公示工作,做到公开公正;	住保办
		2.5 在社区服务站和社区宣传栏宣传北京家政服务网、96156社区服务平台、西城区社区服务热线及其重点服务项目,醒目易识,公布"菜单式"服务目录,发放便民服务卡或便民服务手册,方便居民获得信息和申请服务;	社区服务中心 全响应
		2.6 积极开展"无毒社区"创建,新生吸毒人员不超过社区实有人数的1‰,复吸人数不超过社区吸毒人数10%。	综治办

续表

一级指标	二级指标	三级指标	街道指导科室
服务工作	3. 便民利民服务	3.1 积极整合辖区资源，单独或联合建设养老（助残）餐桌、社区托老（残）所等服务设施，设立社区康复站、社区心理咨询室等，为老年人、残疾人提供就餐送餐、日（全）托、心理慰藉、文化娱乐、康复辅具服务等服务，得到服务对象普遍认可。	社会办社区服务中心
		3.2 推广"结对"式社区志愿服务，为社区80岁以上有需求的老年人、空巢老人等群体每周提供1次陪聊、读报等服务，为独居老人每日提供1次电话巡访服务；	社会办
		3.3 开展扶贫济困送温暖活动，对老年人、妇女、儿童、残疾人、贫困家庭等特殊群体提供社会救助和社会福利服务；	社会办妇联团委残联民政科
		3.4 给每户居民发放社区便民服务卡，提供水、电、气、热、下水道疏通等应急服务电话；	社区服务中心
		3.5 协助开展居民服务需求调查，合理提供房源信息，按照"一室多用、一站（点）多能"原则，社区（或周边）设有菜市场（或便民菜店）、便利店、早餐、洗衣、美容美发、再生资源回收、代收代缴服务等网点，开展家政服务、综合修理、社区自助缴费、社区配送等服务，服务项目达12个以上；	社区服务中心
		3.6 定期向提供便利服务的服务组织、社会企业和个人反馈居民的意见建议，督促其改进服务质量；	社区服务中心
		3.7 每年组织引导社区内从事便利服务的社会企业、服务组织或个人面向居民家庭提供1次低偿或免费服务，为空巢老年人、残疾人提供2次低偿或免费服务；	社会办残联社区服务中心
		3.8 组织开展居家养老服务，落实特殊老年人服务补贴和老年人优待政策；	社会办社区服务中心
		3.9 每年针对65岁以上持有小帮手电子服务器的老年人（残疾人）开展4次生活服务需求走访和生活设施检修服务；	社区服务中心
		3.10 利用社区资源为社区离退休干部职工服务；	老干部科
		3.11 积极主动做好对地区困难群体的临时救助工作，做到应救尽救，积极主动发现辖区流浪乞讨人员，并主动做好劝离工作，协助联系救助部门及时进行救助，协助做好地区军工地退人员待遇落实工作，组织他们参与社区各项活动，协助进行殡葬宣传工作，随时掌握死亡人口情况。	民政科

续表

一级指标	二级指标	三级指标	街道指导科室
服务工作	4. 公益服务	4.1 加强社区志愿者队伍建设，开展各类公益服务，积极开展社会救助、慈善公益、优抚助残、敬老扶幼、治安巡逻、矛盾化解、环境保护、公益法律、心理咨询和法律援助等服务活动，构建新型人际关系；	民政科残联社会办综治办司法所城管科双拥科
		4.2 每个社区至少有 3 个制度健全、活动经常的文化、健身、养老类公益服务组织，每个社区至少形成 1 个成效明显、居民认可、影响广泛的公益服务品牌；	社会办
		4.3 社区每半年向社区居民公布 1 次社区公益服务项目，每半年向社区居民(代表)会议报告 1 次社区公益服务开展情况。	社会办

资料来源：西城区什刹海街道社区工作指导性指标（2014 年 8 月）。

（三）考核指标合理，结果考核突出以公民为中心的评估导向

什刹海街道在整个指标体系设计中，以公民为中心的导向都非常明显。在需求导入环节，有对访民情、听民意、解民难以及"一本一会一单"的考核；在需求管理环节，有对"与社区成员利益相关的社区重大事项协商决策、实施的公示、听证、通报制度"的要求；在需求响应环节，有对社会动员及社会组织、志愿者工作的详细要求；在追踪回馈环节，有对实施多方面进行协商共治评价监督的指标设计。以对社区安全工作的考察、考核为例（见表3），指标体系从治安、维稳、伤害预防、矛盾化解、消防、交通安全及法制宣传 7 各方面设计了 49 项指标，始终围绕确保人民群众生命财产安全开展考核，有 1/4 的指标有明确的量化要求，其中有三项指标要求居民对社区民警满意率达到 80%，对社区治安的满意率达到 90%，对社区的安全感达到 90%，充分体现了社区群众在绩效评价中的主体地位。

表3 西城区什刹海街道社区安全工作指导性指标

一级指标	二级指标	三级指标	街道指导科室	协助部门
安全工作	1. 治安工作	1.1 每个社区设有社区警务室，社区民警配备到位，达到"一区一警或多警"，社区民警在社区的工作时间达到规定的小时，接待时间有公示，民警工作认真负责，能及时解决居民群众反映的问题，社区治安秩序井然；	综治办	派出所
		1.2 充分发动和依靠人民群众，大力构建社区安防范体系，建立健全以治保会为主体、社区治安志愿者为辅助的群防群治工作队伍，认真落实社会面等级防控和网格化社会治防控，做到定人定岗定责，协助专门机关做好巡逻防范、隐患排查等工作，协助公安机关依法查处各种违法犯罪，维护社区治安秩序；	综治办	派出所
		1.3 对社区安全存在的薄弱环节，督促有关部门和单位消除隐患，堵塞漏洞；	安全生产办综治办	
		1.4 配合公安等部门，采取科技创安措施，在小区出入口、重点部位、主要道路安装视频监控系统，社区平房、未封闭楼房、临街店铺、社区单位、门脸房等安装使用简易报警器、楼宇对讲器等，社区技防设施覆盖率达到80%以上，基本杜绝安全防范的死角死面，逐步提高居民住宅区物防、技防设施的标准和防范水平；	综治办	派出所
		1.5 针对影响社区青少年健康成长的普遍性问题，开设青少年成长课堂，开展青少年安全自护教育，建立青少年法制教育组织体系，开展未成年人违法犯罪社区预防工作，为不良行为青少年提供帮扶、教育和转化服务，社区内没有未成年人违法犯罪；	司法所社会办团委综治办	派出所
		1.6 建立实有人口信息采集队伍，按辖区实有人口开展服务管理，配齐实有人口和出租房屋管理员队伍，对租房人和出租房实行专人管理，明确职责任务，落实实名制管理，建立完善实有人口和出租房屋登记制度，做到登记及时准确，对实有人口做到"人来登记，人走核销"，对出租房屋做到"底数清，情况明"；	综治办	派出所
		1.7 年内发生在社区居民区内的入室盗窃、抢劫、盗窃机动车等可防性刑事案件发案数不超过社区常住人口总数的2‰；	综治办	派出所
		1.8 社区没有造成恶劣社会影响的重大治安案件和重大治安灾害事故；	综治办	派出所
		1.9 居民对社区民警工作的满意率在80%以上；	综治办	派出所
		1.10 居民对社区治安工作的满意率在90%以上；	综治办	派出所
		1.11 居民群众的社区安全感在90%以上。	综治办	派出所

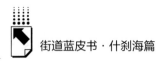

一级指标	二级指标	三级指标	街道指导科室	协助部门
安全工作	2. 维稳工作	2.1 加强反邪教宣传教育,社区内没有邪教势力宣传活动;	维稳办	
		2.2 有社区服刑人员和刑满释放人员的社区建有安置帮教小组和社区矫正小组,建立工作档案,协助司法、公安等部门开展社区矫正和安置帮教工作;	司法所	派出所
		2.3 积极协助司法所开展对社区服刑人员和刑满释放人员的教育引导工作,协调解决他们的就业、生活困难等问题,不出现影响社会安全稳定的事件;	司法所	
		2.4 对社区服刑人员,做到不脱管、不漏管;对刑满释放人员的帮教率达100%;	司法所	
		2.5 社区有民警、居委会干部、精神病防治工作人员、社会工作者等共同组成的精神病防治工作小组,依法对辖区内重性精神病患者进行规范化管理治疗工作,包括登记、访视、评估等,确保不发生重性精神病人严重滋事肇祸行为。	社会办综治办	派出所
	3. 伤害预防	3.1 建立健全传染病、食品安全、灾害事故的应急反应机制和突发事件应急预案,提高社区应对突发事件的能力;	安全生产办	
		3.2 健全基层综合防灾减灾应急工作组织,社区治安、安全工作制度健全,建立社区安全检查、社区治安、安全状况告知等工作制度,协调有关部门定期向社区居民通报社区治安和安全情况信息;	民政科综治办安全生产办	派出所
		3.3 社区有长期、持续、能覆盖不同性别、年龄的人员和各种环境及状况的伤害预防和减灾计划,有针对妨碍社区公共安全以及提高脆弱群体安全水平的预防项目,有记录伤害发生制度;	安全生产办民政科	
		3.4 根据社区特点、有关要求及群众安全需求,做好社区灾害风险排查工作,确定社区重点控制的危险源,具体包括:组织机构到位、排查事项完备、排查记录详尽、灾害风险隐患处置得当(包括自行处置、与专业部门有效联合处置并及时详尽上报信息),社区充分利用辖区内学校、体育场馆、公园及广场等资源,规划和设定转移安置场所,划定疏散转移路线,并在明显位置设立方向指示牌,绘制社区综合避难图,明确灾害风险隐患点(带)、应急避难场所分布、安全疏散路径、脆弱人群临时安置避险位置、消防和医疗设施及社区指挥中心位置等信息,在社区发放,做到家喻户晓;	民政科安全生产办武装部	

一级指标	二级指标	三级指标	街道指导科室	协助部门
安全工作	3. 伤害预防	3.5 在相关业务部门指导下，社区组织开展不同形式的涉及公共安全各项内容的应急、自救、互救、疏散逃生、医疗救助等培训和演练，包括每半年至少开展一次由志愿者队伍、驻区单位、社区居民参加的疏散逃生演练和应对各种突发公共事件的应急演练；	安全生产办 民政科 社会办	
		3.6 做到文明、科学养犬，依法完善犬只登记及相关年检手续，避免伤害事件发生。	社会办	派出所
	4. 矛盾化解	4.1 建立健全社区矛盾纠纷排查与调处工作机制、化解社会矛盾维护社会稳定的工作机制，从多方面多层次解决社区不和谐与欠和谐的问题，按照每100户1名的比例配备安全稳定信息员，及时掌握辖区安全稳定信息，妥善处置并及时向有关部门报告社区安全稳定隐患；	维稳办 信访办 综治办 司法所	派出所
		4.2 按照每100户(或每个居民小组)设置一名调解员，每50户设置一名调解信息员的标准发展壮大兼职人民调解员队伍，将老干部、老战士、老专家、老教师、老模范和政法战线退休老同志吸纳到调解员队伍中来，社区调解组织人员、工作、制度三落实，调解人员有名录、工作有计划、制度上墙；	司法所	
		4.3 及时了解社区居民思想动态，社区内可能发生的各种矛盾纠纷做到早发现，早预防，早化解；	维稳办 综治办 司法所	
		4.4 社区矛盾纠纷调解受理率达100%；	司法所	
		4.5 社区一般性矛盾纠纷调解成功率在95%以上；	司法所	
		4.6 社区疑难复杂矛盾纠纷调解成功率在70%以上；	司法所	
		4.7 社区没有非正常信访事件、群体访和个人极端行为；	信访办	
		4.8 社区未发生造成不良社会影响的集体访，没有因民事纠纷激化而酿成的影响稳定的重大矛盾纠纷事件。	维稳办 信访办	
	5. 消防工作	5.1 社区消防工作室能够为群众提供咨询、报警、训练、救助等服务；	综治办	防火办
		5.2 社区建立了消防档案，档案内记载消防组织机构、社区消防管理制度、志愿者活动情况、消防隐患整改情况、防火重点部位的检查情况及日常防火检查等；	综治办	防火办
		5.3 社区明确一名专职(或兼职)消防安全负责人，负责社区消防安全工作的组织、监督，包括监督社区物业服务企业、各类房屋的产权单位、自管单位、商户等加强对消防器材、公共消防设施的管护，随时保证完整好用；	综治办	防火办

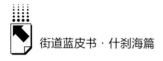

续表

一级指标	二级指标	三级指标	街道指导科室	协助部门
安全工作	5. 消防工作	5.4 社区建立一支以消防志愿者、楼门院长或居民小组长为主体的消防宣传员队伍，配合有关部门做好辖区消防宣传工作；	综治办	防火办
		5.5 社区充分利用社区内的宣传栏、宣传画廊等设施，广泛宣传预防家庭火灾知识、普及自救、互救知识；	综治办	防火办
		5.6 制定《居民防火公约》，在社区显眼位置悬挂张贴，倡导社区居民严格遵守；	综治办	防火办
		5.7 消防器材配备齐全，更新及时，消防标志明显，在室外地下消火栓附近设置与之配套的消防器材箱；	综治办	防火办
		5.8 动员和引导社区居民清理小区内的堆物堆料，及时清理住宅楼内或平房院内的可燃物等；	综治办	防火办
		5.9 社区加强检查力度，对消防安全隐患登记建档，不存在可预见性的消防安全隐患；	综治办	防火办
		5.10 社区未发生重、特大火灾。	综治办	防火办
	6. 交通安全	6.1 对社区居民、单位进行交通安全及限行的宣传教育，宣传率达到100%；	综治办	交通安全委员会
		6.2 社区内机动车、非机动车管理良好，停放有序，保持道路畅通；	综治办	交通安全委员会
		6.3 社区内车辆出入有序，交通安全状况良好。	综治办	交通安全委员会
	7. 法制与安全宣传	7.1 整合社区资源，运用通俗易懂的宣传形式，开展有针对性的法制宣传活动，做好社区普法"六个一"建设，即制定一个社区居民普法制度，有一名法制宣传员，建立一支法制宣传志愿者队伍，设立一个法制宣传栏、建立一个"法律图书角"、每季度组织一堂法制课，引导带动社区居民积极参与普法宣传，引导教育社区居民学法、知法、懂法、守法、用法；	司法所	派出所
		7.2 充分利用文化活动站、网站、宣传栏等社区服务设施，加强家庭防盗、防骗等治安知识的宣传和普及，提高居民的自我保护和防范意识；	综治办	派出所
		7.3 在社区广泛宣传治安保卫、公共安全、事故与伤害预防、自救互救、防灾减灾、禁毒知识以及居家安全常识；	民政科综治办安全生产办	派出所
		7.4 居民公共安全意识、社会责任意识较强，具备应对突发公共事件的自救、互救能力，最大限度地预防和减少突发公共事件造成的损害；	民政科安全生产办	派出所

续表

一级指标	二级指标	三级指标	街道指导科室	协助部门
安全工作	7. 法制与安全宣传	7.5 社区邻里关系和睦，友爱诚信，相互尊重，尊老爱幼，融洽相处，守望相助，进行诚实守信的宣传教育，社区内没有欺诈等现象，社区居民和流动人口相处融洽，居民与驻区单位和商户关系较为融洽；	宣传部综治办	派出所
		7.6 家庭和睦，责任共担，没有家庭内部纷争，没有虐待和不赡养老人事件，没有家庭暴力。	宣传部	派出所

三 评估：主体客观、过程深入、结果公正

在明确社区工作标准的基础上，2014 年 11 月，什刹海街道聘请第三方正式启动当年社区建设绩效的评估工作。整个评估过程有三个特点。

（一）主体客观、标准明确

什刹海街道工委办事处聘请北京市社会科学院全程组织对 25 个社区的评估工作。北京市社会科学院根据《西城区什刹海街道社区工作指导性指标》编制了西城区什刹海街道社区工作指标测评表、什刹海社区建设绩效群众满意度测评问卷（见表 4）、什刹海社区工作科室评价问卷（见表 5），组织 20 名二年级和三年级在校研究生作为此次评估小组成员。评估组负责人袁振龙教授对评估组成员进行了系统培训，全面介绍了"什刹海街道社区工作评估"项目的总体情况及评估注意事项、评估报告撰写要求等具体安排，然后评估小组正式深入 25 个社区评估考察。

表 4 什刹海社区建设绩效群众满意度测评问卷

序号	调查项目	满意	比较满意	基本满意	不太满意	不满意
1	社区居委会工作					
2	社区基础设施					
3	社区工作者的业务素质					

序号	调查项目	满意	比较满意	基本满意	不太满意	不满意
4	社区的民主评议监督工作					
5	社区志愿者的激励机制					
6	社区服务站的工作					
7	社区服务站的工作人员					
8	社区的便民服务工作					
9	社区居家养老服务					
10	社区公益服务组织的发展					
11	社区公益服务组织的发展					
12	社区的文化服务设施					
13	社区教育工作					
14	社区图书室工作					
15	社区的基本公共文化服务					
16	社区民警的工作					
17	社区治安工作					
18	对社区安全状况的评价					
19	社区的矛盾纠纷排查调处工作					
20	社区的邻里关系					
21	社区的环境秩序					
22	社区的环境状况					
23	社区居民的公共卫生意识					
24	社区的环境建设工作					
25	社区公共部位的照明设施状况					
26	社区的体育健康工作					
27	社区卫生工作					
28	社区的人口计生工作					
29	社区的精神卫生科普宣传工作					
30	社区人口计生的宣传教育工作					
31	对社区党员的总体评价					
32	对社区党组织的总体评价					
33	社区党建工作					
34	社区党组织领导班子建设					
35	社区党员参加组织活动情况					
36	社区党委书记的工作					
37	社区党委专职副书记的工作					
38	社区居委会主任的工作					

序号	调查项目	满意	比较满意	基本满意	不太满意	不满意
39	社区居委会副主任的工作					
40	社区服务站站长的工作					
41	社区服务站民政专干的工作					
42	社区服务站治保专干的工作					
43	社区服务站卫生专干的工作					
44	社区服务站计生专干的工作					
45	社区服务站青教专干的工作					
46	社区服务站老龄专干的工作					

表5　什刹海社区工作科室评价问卷

社区名称	非常满意	比较满意	基本满意	不太满意	很不满意
爱民街					
白米					
簸箩仓					
大红罗					
鼓西					
后海					
后海西沿					
护国寺					
景山					
旧鼓楼					
柳荫街					
米粮库					
前海北沿					
前海东沿					
前铁					
双寺					
四环					
松树街					
苇坑					
西安门					
西海					
西什库					
西四北					
西巷					
兴华					

（二）过程深入，内容全面

评估工作总体上分为两大阶段：第一阶段是实地评估。首先，评估小组成员进入社区，听取社区创建工作汇报、指导居民代表填写并当场回收群众满意度测评表（50份左右）、举行居民座谈会，到社区服务站或者居委会查核相关纸质材料，评估小组成员认真查阅各社区本年度社区工作的全部材料，要求内容能够说明评估项目，包括制度、事实、数字、照片等，不清楚、不齐全、不符合以及有疑问的地方要及时做好记录。其次，走访居民、实地考察，在考察过程中，随机抽取社区居民进行"群众满意度"测评（10份左右），并将在实地考察中发现的问题记录下来。

第二阶段是问卷录入与打分。这一工作主要是对"什刹海社区建设绩效群众满意度测评问卷"和"什刹海社区工作科室评价问卷"进行录入、核对，并计算出相应分数。这一阶段工作要求评估小组每天评估结束之后各组分头录入，录入工作结束之后还需要认真核对，直到确认无误之后各组成员才开始按照公式计算出各个社区的最终得分。录入、打分工作结束后，评估小组撰写两类评估报告。一是社区工作评估报告。什刹海街道共有25个社区，每个社区需撰写一篇社区工作评估报告。社区评估报告撰写工作由各评估小组完成，由评估负责人组织人员审定。二是什刹海街道社区工作评估总报告，由评估人员撰写初稿，评估负责人修改审定。力求从整体上体现什刹海街道2014年度社区工作的成效、不足以及建议。两类评估都指定了报告撰写人，评估报告完成之后经分组牵头人同意提交总牵头人，总牵头人及时审阅、指导撰稿人进行修改完善。最后，共完成什刹海街道25篇社区评估分析报告，1篇2014年度什刹海街道社区工作评估分析总报告，合计约10万字。

（三）结果公正，问题精准

评估工作主要以"什刹海社区建设绩效群众满意度测评问卷"为依据，问卷共有46个问题，按照类型可分为自治工作、服务工作、文化工作、安全工作、环境工作、体育计生工作、党建工作和社区工作共 8 个部分。评估小组本着客观公正的态度，对问卷进行了细致的录入、计算和统计；再根据什刹海各科室对社区工作评价得出评价系数，社区最后得分为：平均分＊评价系数。2014 年什刹海街道 25 个社区工作最终评价得分结果见表6。

表6　2014年什刹海街道25个社区工作最终评价得分

社区代号	居民群众满意度得分	科室评价得分(%)	科室评价得分转换系数	最终得分	各社区最终排名
1	82.91	85.00	1.000	82.91	24
2	97.23	87.18	1.026	99.76	7
3	88.88	89.00	1.047	93.06	16
4	89.00	92.50	1.088	96.83	10
5	88.41	90.26	1.062	93.89	15
6	89.63	89.23	1.050	94.11	14
7	92.36	94.00	1.106	102.15	5
8	91.04	90.26	1.062	96.68	11
9	98.93	90.50	1.065	105.36	4
10	89.98	91.28	1.074	96.64	12
11	90.53	92.50	1.088	98.50	8
12	95.94	93.50	1.100	105.53	3
13	79.54	93.33	1.098	87.33	20
14	85.14	89.74	1.056	89.91	18
15	97.18	88.00	1.035	100.58	6
16	81.92	92.00	1.062	87.00	22
17	79.92	90.26	1.062	84.88	23
18	75.13	89.74	1.056	79.34	25
19	86.04	88.21	1.038	89.31	19
20	80.42	92.00	1.082	87.01	21
21	87.79	89.50	1.053	92.44	17
22	89.44	92.31	1.086	97.13	9
23	87.96	91.50	1.076	94.64	13
24	96.80	92.82	1.092	105.71	2
25	97.98	94.50	1.112	108.95	1

注：科室评价得分转换系数是以科室评价最低的85%为基准分1分，其他社区评价得分除以85%，即为科室评价得分换算系数。

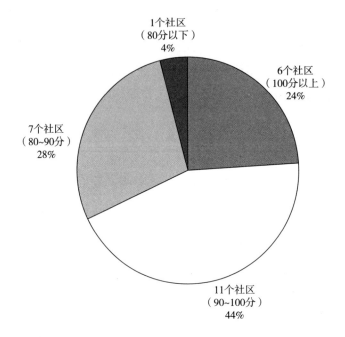

图1 2014年什刹海街道25个社区工作最终评价结果得分分布

从表6、图1统计得出得分在100分以上的社区有6个，占25个社区总数的24%；得分在90分以上的社区有11个，占25个社区总数的44%；得分在80分以上的社区有7个，占25个社区总数的28%；得分在80分以下的社区只有1个，占25个社区总数的4%。从以上统计不难发现，什刹海街道25个社区中大多数社区的工作都做得比较好，得分比较高，成绩较为优秀。

同时根据表6也可以看出什刹海25个社区之间的得分差距较大，如得分最高的25号社区分数为108.95，而得分最低的18号社区分数为79.34，两者之间的分数差接近30分。同时各个社区之间的得分差异较大，这说明各个社区的工作水平高低不一，不少社区的工作水平提升空间较大。从整体来看，社区居民对社区工作者、党建工作、自治工作和服务工作的满意度较高，都达到了90%以上，尤其是大部分社区党委、居委会和服务站的工作都得到了大多数居民的认可，居民对社区工作者的辛勤劳动普遍表示感谢和赞誉，居民参与也比较广泛。但评估中也发现，在社区环境、社区安全、社区文化、社区服务等方面普遍存在着的一些需要引起街道工委、办事处、各科站队所重视的问题，需要街道工委办事处和科站队所着力解决。对于评估中发现的问题，评估小组提出了建议。

一是多措并举，逐步改善社区环境。针对部分社区缺少公共厕所的问题，社区应寻求什刹海街道有关部门协助，在社区内修建更多的公共厕所，以解决部分人随地大小便的问题；针对部分餐馆、饭店乱倒垃圾等问题，相关社区应和相关部门协商，督促相关部门对乱倒垃圾的饭店进行一定程度上的管理，对屡教不改者进行适当的处罚；针对部分社区饲养宠物过多，居民缺乏公共卫生意识的问题，社区需要加强对居民文明养宠物的宣传力度，力争提高居民素质，从根源上杜绝此类情况，同时还应加大对犬类及其他宠物的登记管理力度；针对社区内乱停车的问题，需要社区加强管理，同时看是否有废置不用的场所，可寻求财政支持，修建停车场；对外来人口则需要不断扩大市民宣传教育活动的覆盖面，特别是帮助流动人口尽快了解城市生活，适应城市生活，养成与城市生态相适应的文明生活习惯，共同维护良好的社区环境；针对周边酒吧影响居民正常生活问题，社区可联合其他社区一起进行协调，如果没有管辖权可移交有关执法部门解决。社区环境的维护是一个长期持续的综合系统工程，需要我们进一步加强和改进环境保洁工作，不断灌输居民城市生活知识，养成与现代城市文明相匹配的文明素质，维护良好的社区环境，提升社区生活品质。

二是综合治理，改善社区安全状况。针对部分社区存在的非法三轮车胡同游问题，需要社区和有关部门协商，加大对黑三轮经营者的处罚力度，同时清理部门内部和黑三轮经营者有关联者，防止此类问题发生；针对社区内流动人口较多问题，建议社区联合派出所协同工作，经常下户进行排查，更新流动人口登记，准确了解流动人口动向；针对社区内存在的私搭乱建问题，社区工作者应对社区内部所有私搭乱建的设施进行统计。协同执法部门，对私搭乱建行为进行统一整治，力争肃清；针对部分社区民警下户较少问题，各社区需要与派出所加强协调合作，及时组织志愿者协同民警下户，发现存在的安全隐患问题；针对部分社区缺少监控的问题，社区应该及时与负责的派出所联系，安装相应的监控设备。社区安全问题关系到居民居住的安全感，对居民的生活有着直接而深远的影响。社区的安全状况固然需要民警、治安队的维持，但同时也需要每一个居住在社区里的居民共同努力，需要每一个人的维护。

三是多方协作，共同推进社区文体活动。针对居民反映的社区内缺少场地和缺乏体育器材问题，社区应和有关部门协商，将社区内废弃的空地利用起来，修建锻炼场所以供居民日常锻炼使用。同时社区可以整合现有资源，协调各方利益，与辖区内的学校、机关单位做好协商工作，借用其场地开展活动。对于社区图书室需要坚持规范化管理，定时开放，另外需要社区重视文教事业，积极宣传，建立激励机制，动员居民捐出家中闲置图书，定期组织读书会、讨论会等文教活动，努力提高社区居民文化素质，丰富居民精神文化生活。针对社区健身活动问题，建议多举办各种趣味性强的体育健身活动，吸引更多居民参与。

四是整合资源，不断完善社区服务。针对社区养老工作不到位问题，社区应该在组织开展居家养老服务，落实特殊老年人服务补贴和老年人优待政策的工作上，在老年人生活需求走访、推广"结对"式社区志愿服务的工作上，在积极整合辖区资源、单独或联合建设老年人服务设施的工作上，在为老年人这一特殊群体提供社会救助和社会福利服务的工作上，充分利用社区资源为社区离退休干部职工提供服务，逐步完善社区居民居家养老服务体系。针对社区内缺少便民菜市场或便民超市的问题，建议社区与什刹海街道办事处进行协商，增设早市、晚市等便民市场，或者设立社区购物中心，方便市民的生活。

四 价值：社区再造、能力提升、创新路径

在目标管理的框架下对包括社区在内的公共组织进行绩效评估在我国并不新鲜。目标管理的核心是"结果导向"。尽管结果与过程总是联结在一

起，但在我国的体制下，这种结果导向往往导致追求短期目标、短期利益，与长远利益相悖，影响区域的可持续发展。什刹海街道把目标管理变为绩效管理，把结果导向变为过程导向，努力追求地区的公共价值最大化，对新时期我国社区治理创新有重要借鉴意义。

（一）社区再造：对建设现代化的社区治理体系有重要借鉴意义

十八届三中全会提出推进国家治理体系和治理能力现代化的任务。作为国家治理体系的最基层，社区的治理体系需要按照现代化的要求重构。什刹海街道的实践为我们思考按照现代化的要求再造社区治理体系提供了一个抓手，那就是一个全方位的绩效管理指标体系，这个指标体系描绘出了社区治理体系现代化的全景图，尽管这个图还不那么完美，但其方法为我们打开了思路。

（二）能力提升：对思考社区治理能力现代化有重要借鉴意义

社区治理能力的源泉来自人民，来自广大群众的有效参与。人民民主与社会主义密不可分，人民民主是立国之本。在社区治理难度不断提升的条件下，人民民主则是社区治理现代化的重要推动力。社区绩效管理在运行逻辑和内在机理上与现代民主政治的发展一脉相承，与社会主义条件下的民主方向具有一致性。具体来说，社区绩效管理更需要广大人民群众的参与。公民参与是实现社会主义民主的有效途径。因此，在新时期，需要通过不断扩大公民参与、社会参与，增强社区绩效管理参与主体力量，提升社区绩效管理能力，实现社区治理能力现代化目标。

（三）创新路径：对创新社区治理方法有重要借鉴意义

绩效管理是在传统的管理理念与手段难以为继的情况下，基于"顾客至上"的理念来提升"公共生产力"的一个方法。我国的社会制度与西方迥然不同，但绩效管理作为一种工具，在中国特色社会主义制度的框架下更易凝聚共识，成为一种现实的可以操作的提升公共服务水平与能力的政策方

案。对于社区治理来说，绩效管理能有效提升社区治理效率，实现社区治理的效益最大化。从这个层面来说，社区绩效管理也是社区治理创新的重要路径。

参考文献

什刹海街道办事处：《西城区什刹海街道社区工作指导性指标（2014）》。

北京市社会科学院：《2014 年度什刹海街道社区工作评价总报告》。

郑方辉、廖鹏洲：《政府绩效管理：目标、定位与顶层设计》，《中国行政管理》2013 年第 5 期。

宋宁宁：《地方政府绩效管理研究——以青岛市政府绩效管理为例》，北京交通大学硕士学位论文，2008。

王敬尧：《街道分权的绩效评估——江汉区社区自治组织测评街道的观察与思考》，香港中文大学网，http：//www. usc. cuhk. edu. hk/PaperCollection/Details. aspx？id = 1529。

麻宝斌、董晓倩：《我国城市社区公共服务绩效评价问题研究——以长春市 H 社区为个案》，《云南行政学院学报》2010 年第 5 期。

B.5
推进社会单位资源开放提升
公共服务供给效能
——以什刹海街道社会单位资源开放共享为例

摘　要：　社区公共产品和服务不足仍是短板。在治理主体多元化的趋
势下，社区公共服务的供给必然由政府、市场和社会共同分
担。在社区治理与和谐社区建设过程中，保障社区公共服务
的有效供给意义重大。在治理理念、共享理念的指引下，驻
区单位资源向社区开放成为社区公共服务供给的重要途径。
为满足社区居民的公共需求，什刹海街道通过政府引导、社
会参与、技术支撑等手段，打造了社区服务资源的供需对接
平台，有效地整合各种资源，让社会单位资源由局部使用变
为开放利用、由浪费闲置变为合理配置，既提高了资源利用
率，也提高了公共服务效能。本文主要从公共治理理论、公
民参与理论、社区公共服务供给的视角出发，总结什刹海街
道社会资源共享的实践案例，并提出相应的完善路径。

关键词：　社区公共服务　社区治理　什刹海街道

　　社区治理的核心是提供社区公共服务，以满足社区成员的公共需求。社
区公共服务的本质就是在社区范围内如何管理公共事务、如何维护公共利
益。传统的公共事务管理机制主要包括依赖政府机制和依赖市场机制。依赖
政府机制，政府会成为"超级保姆"，带来的必然是集权化和官僚制，会产

生效率低、服务差、机构臃肿、人浮于事、财政危机等一系列问题。而依赖市场机制，利用市场进行自我调节，则又很难摆脱"一放就乱"的困境，影响着公共服务的质量。十八届三中全会以来，随着管理理念向治理理念的转变，公共服务资源紧缺与居民服务需求不断增加，传统上主要由政府来支付和生产的公共服务难以满足也无法适应不断膨胀的多元化社区公共需求，实行多元主体共同治理成为必然发展。为此，安排好由政府、市场、社会共同分担的多元化供给制度，特别是建立鼓励引导驻区单位开放内部资源的供给机制，对完善和提升社区公共服务效能，建立健全社会密切协同、公众有序参与、多元主体共建共享的社会治理格局有重要意义。

一　多元主体参与社会资源共享的理论基础

（一）公共治理理论

一直以来，政府部门的统治、管理和治理是一体的，政府部门对社会的统治管理，其本身就包含了治理的意味。随着西方福利国家出现管理危机，治理理论逐渐兴起。西方国家的政府行为也经历了从统治管理向治理的转变。"治理"一词最早由美国国际政治和国际关系学家詹姆斯·罗西瑙提出，他将治理定义为"在一些活动领域，没有正式授权但是却发挥着有效作用的管理机制。这些活动有着共同的目标，并且管理的主体可以是政府、社会公共机构和行为体"。在社会公共领域，很多学者从不同角度对"治理"进行定义（见表1），其中比较权威的则是全球治理委员会在《我们的全球伙伴关系》中所讲，"它是各种公共的或私人的机构管理其共同事务的诸多方式的总和；它是使相互冲突的或不同的利益得以调和并且采取联合行动的持续的过程；它既包括有权迫使人们服从的正式制度和规则，也包括各种人们同意或以为符合其利益的非正式的制度安排"。也就是在政府治理、国家治理、社区治理等领域，政府、社会公共机构和行为者等多元主体集体参与行动，最终形成一个自主网络的过程。公共治理是对当前政府管理不足和市场调节失灵而产生的一种新的管理模式，是公共管理学重要价值和理念的体现。公共治理的内容主要包括治理主体、治理客体和治理目标。

表1　权威学者对"治理"的论述

权威学者	主要观点
詹姆斯·罗西瑙	在其代表作《没有政府的治理》《21世纪的治理》中指出,治理是一系列活动领域的管理机制,它们虽然没有正式授权,却能有效发挥作用。治理的本质含义并不在于强制性的实行,而是通过由多元化主体所共同承担的目标所带来的非正式约束实现的
让-皮埃尔·戈丹	治理从头起便须区别于传统的政府统治概念。治理是一个上下互动的过程,它主要通过合作、协商、伙伴关系、确立认同和共同的目标等方式实施对公共事务的管理
俞可平	治理是一种公共管理活动和公共管理过程,它包括必要的公共权威、管理规则、治理机制和治理方式

1. 治理主体呈现多元化趋势

全球治理委员会对"治理"定义为各种公共的或私人的机构管理其共同事务的诸多方式的总和。它强调公共治理是来自公共机构、私人机构甚至私人的公共管理活动。目前，公共治理的主体呈现多元化发展的趋势。治理的主体可以是政府、非政府组织、非营利组织、辖区单位和公民个人，他们都是与社会公共治理利益相关的主体。随着社会经济的快速发展以及政治民主化的不断推进，政府不再是社会治理中的唯一主体和权利中心，非政府组织、企业及私人机构只要合理运用自己的权利就能够得到社会的认同，在各自领域发挥着越来越大的作用，都可以成为不同层面的治理主体，甚至是政府无法替代的。根据治理问题的不同，多元主体的结构也可以存在差异，可以是国家层面的，也可以是跨地区、跨部门跨领域间的合作。例如，对雾霾的治理不能单独依靠政府力量，需要政府间或者政府与企业、社会组织、公民等各种主体间的博弈与合作关系。

2. 治理客体是社会公共事务

公共治理的客体主要是指引起治理主体关注的公共问题、公共事业以及现实生活中所涉及的事务和活动，即社会公共事务，包括社会性的公共事务、政治性的公共事务和经济性公共事务，其范围涉及国家、社会和全体公民。公共治理对象的广泛性和多元化使得政府不再是无所不包的"全能政府"，而是依照政府与市场、国家与个人的划分，不同的治理主体对应着不同的治理客体，也体现了社会分工和治理有效的目的。

3. 治理目标是实现公共利益最大化

治理的最终目的是为了实现公共利益的均衡，也就是达到善治的目标。在公共治理的过程中，不同的治理主体在互信、互利的基础上进行参与合作，构建治理的网络化，最终实现公共利益的最大化。由于公共治理的灵活性和高效性特点，可以弥补政府及市场在公共资源控制与协调过程中的不足，激发社会民众参与的热情。目前，我国社会公共治理的目标是加强政府与公民非政府组织、公共机构、私人机构之间的合作，促进治理主体之间高效互动，达到公共利益的最大化，实现经济与社会的可持续发展。

（二）"公民参与阶梯理论"

对于某一个地区的资源共享而言，地方政府起着关键性的作用，但是政府不是作为实施的主体，而是社会资源共享过程中的协调主体。地方政府是公共财政的投入主体，也是国家大部分资源的拥有者，但是在资源共享机制建立的过程中公民才是重要的主体。政府要充当共享机制构建的引导者和推动者，鼓励公民积极参与到社会治理中来。

1969年，美国学者谢尔·阿斯汀（Sherry Arnstein）在美国规划师协会杂志上发表了著名的论文《市民参与的阶梯》。文章最大的贡献在于从低到高将公民参与类型划分为三个阶段、八种层次，按公众参与的层次分别为：操纵－引导－通告－咨询－安抚－合作关系－代理权利－市民控制（见图1），即"公民参与阶梯理论"。按照其参与程度主要分为三个阶段。一是政府主导型参与阶段。政府主导型的参与，是政府按自己的目的和意志组织并操纵公众参与，或以公众参与的形式达到让公众支持自己的目的。在参与的过程中公民一直处于被动的地位，参与的程度较低，这两种方式其实是彻底的假参与。二是公民象征性参与阶段。公民象征性的参与，其中，通告是政府把信息通知参与者，咨询是政府提供信息，公开听取参与者意见，公民虽然具有一定参与公共决策的机会，但这两种方式最大问题在于信息从政府官员到公民单向流动，公民没有反馈的渠道以及与政府谈判的权利，公民的自主性程度不高。而劝解相对来讲，政府与参与者之间形成了交流互动，而且参与的时间比前面几种要早，但最终决定权还是由政府掌握，所以是比较深层次的表面参与。三是完全型参与阶段。与初级的两个层次不同的是，参与者在知情权得到保障的情况下，全程参与制定公共政策，发表看法，就参与内容与政府共同决策，能自主管理社区的公共事务。

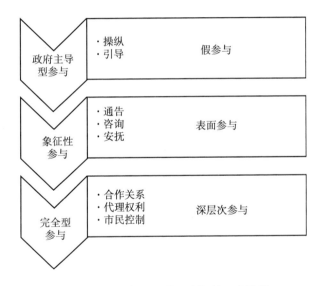

图1　"公民参与阶梯理论"的三个阶段

（三）社区公共服务供给

一般来说，社区公共服务是指城市社区公共服务的提供者通过一定组织和形式，向社区成员提供的在一定程度上具有非排他性、非竞争性和福利性的物品和服务，以满足社区居民生活和工作的各种需求。公共服务供给是政府作为公共部门分内的职责，但政府不再唱独角戏，而是通过深化投融资改革，吸引社会资金，采取和民营企业合作及政府购买服务等方式来放大投资的效益，通过与市场和社会等公共服务供给主体之间合作互动，建立多元化的公共服务运行机制。

一般来讲，按照供给责任主体划分，社区公共服务分为行政性、自治性、互助性和市场性四类。社区行政性公共服务是行政法规和政策所确立的社区最基本的公共服务，其责任主体是街道办事处或由政府主导设立的社区服务站；社区自治性公共服务是在政府指导下按社区居民意愿所确立的社区公共服务，其责任主体是社区自治性组织，即社区居委会；社区互助性公共服务是由社区民间互助组织和慈善组织自愿提供的社区公共服务，其责任主体是社区内各类社会组织；社区市场性或准市场性公共服务是由非营利部门或私人部门通过市场机制采取用者付费的方式有偿提供的，其责任主体是公营事业部门和物业管理部门、社会单位等。按照责任主体划分，本文所探讨的社会单位资源开放共享应属于最后一种类型。

二 什刹海街道积极推进社会单位资源开放共享

（一）社会单位资源开放面向六类单位七项内容

社会单位资源开放是扩大社区公共服务供给水平的重要途径。西城区中央国家机关多、部队机关多、企事业单位多，活动场地、文体教育、便民服务、就餐、医疗、停车等资源较为充足，但这些资源都以封闭式小区和单位大院存在，不对外开放，资源利用率不高。与此同时，周边居民对停车、活动场地、运动场所等社区公共服务需求还是短板，改善社区居民身心健康类服务略显不足。因此，鼓励引导驻区单位资源向社区居民开放，由内部使用变为开放利用、由浪费闲置变为合理配置，既可提高资源利用效率，又能提高公共服务供给，对推动社会责任体系建设，形成社会密切协同、公众有序参与、多元主体共建共享的社会治理格局具有重要的现实意义。

西城区从2009年开始大力推动驻区单位对居民或其他单位开放资源，

区域共建共享工作，还在区社会建设专项资金中专门设立了资源开放共享的奖励项目，先后对151家在资源开放上做出突出成绩的中央、市、区各类单位组织进行奖励，撬动了为老就餐、停车、便民服务等各类紧缺资源的开放共享，取得较好的社会效应。截至2013年，相继已有353家社会单位参与到资源开放共享工作中。以无偿或低偿的形式为社区居民提供活动场地、文体教育、便民服务、就餐、医疗、停车、综合等资源，调动了驻区单位服务社区、履行社会责任的积极性和主动性，弥补了区域内公共服务供给的不足。此后，为进一步建立引导社会单位资源开放推进区域共建共享的长效工作机制，制定《西城区关于进一步引导社会单位资源开放推进区域共建共享的指导意见》《西城区社会单位资源开放共享奖励办法》和《西城区资源开放共享评价指标》，将社会单位资源开放共享纳入制度轨道。

社会单位资源开放共享是指区域内的各级各类党政机关、企事业单位、驻区部队、学校（具备开放条件的学校）、非公有制经济组织、社会组织等单位，根据群众需求，承担超出单位自身运行或生产经营目标的社会责任，以有偿或无偿方式向周边居民或其他单位开放内部拥有的各类资源，服务民生的公益行为。资源开放共享的内容包括：停车场、礼堂、会议室、休闲广场等场地资源；食堂、浴池等生活服务资源；图书馆（阅览室）、陈列馆、培训教室、多功能厅等科普、教育、文化娱乐资源；球（操）场、游泳池（馆）、健身房等体育资源；医疗室、健康咨询等卫生服务资源；可用于服务民生的技术、人才、信息等资源；其他可满足居民需求的资源。

（二）建设多元共治的社会资源共享服务平台

什刹海街道是较早探索实践社会单位资源开放共享的地区，街道提出以"整合社区服务资源，打造供需对接平台"为核心，建设什刹海街道社会资源共享服务平台，实现区域社会资源的合理配置和充分利用。主要出发点有两方面：首先是有利于创新区域资源开发利用格局。在梳理利用社区已有资源的同时，挖掘驻区单位资源，让有限的资源最大限度地发挥出使用价值，从而也最大限度地避免了资源的搁置与浪费。其次是有利于将有形资源共享上升到智力资源的共享，更好地发挥资源价值。这样基层单位有更多的机会得到上层精英的智力支援，众多专家、教授通过多层级的服务平台体系向下层提供服务。大学教授在社区学院讲课、高级医师在街道医院开诊都可以成为常态。

一是服务平台。服务平台主要面向街道内企事业单位、社会组织提供区域内的各类服务资源的发布、查询、预订、反馈等服务，是什刹海街道将社区各类资源面向社会开放、提供供需对接的平台。服务平台以会员制的方式，将街道内企事业单位和社会组织的服务资源纳入平台服务范围，通过提供资源的市场价值确定会员星级；提供在线的服务资源查看、预订和使用后评价等功能，并将提供资源、事后评价与会员星级评定结合起来，形成对社区服务资源的综合考评，并将科学、直观的考评结果发布到互联网上，供资源使用者和需求对象查看。

二是管理平台。管理系统面向街道全响应指挥中心工作人员搭建业务处理平台，提供资源管理、服务预订审核、资源分配管理、资源监督、资源反馈、绩效评价等功能，快速响应企事业单位、社会组织的资源使用需求，根据已有资源和需求汇总，进行资源的合理配置。

三是资源数据库。资源数据库将区域内各类服务资源均纳入存储范围，并与街道全响应数据中心对接，实现数据中心服务资源与系统服务资源的有效共享和实时同步，保障服务资源的准确性、全面性和一致性。资源数据库是开展社区资源共享服务的基础性应用，数据库内不仅存储了社会服务资源及服务资源的所属单位、联络人员、资源简介（包括了文字和图片）等信息，还存储了服务资源的审核信息、使用记录、评价信息、监督情况、资源价值等，为开展科学服务、规范管理、客观评价提供了数据支撑。

（三）建立合作多赢的社会单位资源开放共享机制

一是沟通互动机制。什刹海街道结合"为民、务实、清廉"党的群众路线教育活动和"访民情、听民意、解民难"工作，政府做好为驻区单位服务，深入到驻区单位了解困难、解决问题。政府密切与驻区部委和重点企业沟通联系，用热情的服务为单位和企业创造良好的发展环境和工作生活环境，提升资源共享的质量和水平。不断地畅通驻区单位资源与居民需求的对接渠道，并利用西城公益文化节的平台，宣传社会资源开放共享的重要意义，发布全区居民公共服务需求目录，对接社会单位开放资源。通过网站、微博、报纸等渠道定期发布居民需求，引导驻区单位内部资源开放。

二是资金奖励机制。街道社区发挥社会建设专项资金的引领激励作用，持续开展社会资源开放共享奖励项目，根据社会单位开放类型给予不同的奖励额度（见表2）。建立资源共享评价指标体系，从单位贡献度、居民满意度、社会效益等维度和开放资源与居民需求匹配度、成本投入、单位性质、公益性、覆盖面等方面，对资源共享单位的共享效果进行科学的综合评价（见表3）。西城区建立区、街两级分层奖励的机制，区级层面对共享程度较高、惠及群众较多、对政府公共资源能够提供补充的各级各类驻区资源共享先进单位予以资金奖励，激发驻区单位的社会责任意识，撬动资源共享。街道重点奖励区级层面覆盖不到的规模较小的资源共享先进单位，加强统筹辖区资源和发展的作用。街道按照对接民需、先市属单位后区属单位、注重发挥社会单位作用的原则不断扩大资源共享的范围。主要评定标准为以下几方面。

（1）积极履行社会责任，低偿或无偿开放共享内部优质资源对接社区需求，实现互利互惠、优势互补、服务社区居民群众的各级各类社会单位。

（2）有效参与社会服务管理，提供服务资源，解决民生问题的各级各类社会单位。

（3）通过资源开放共享方式，有效弥补政府公共服务资源不足，完善服务功能的各级各类社会单位。

（4）主动配合、支持所在社区及街道开展工作，关心、参与地区建设，具有资源开放、共建共享示范带动作用的各级各类社会单位。

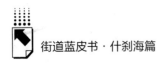

表 2　社会单位资源奖励标准

资源开放类型	奖励额度 / 年
停车类资源	≤10 万
老年就餐及医疗服务类资源	≤10 万
综合类服务资源	≤8 万
便民服务类资源	≤5 万
文体教育及活动场地类资源	≤5 万

表 3　社会资源开放共享评价指标

一级指标	权重	二级指标	权重	三级指标	分数
单位贡献度	50%	开放资源与居民需求匹配度	15%	是否是社区紧缺的资源	1. 非常紧缺 8 分 2. 比较紧缺 6 分 3. 一般 4 分
				是否贴近居民的需求	1. 非常贴近 8 分 2. 比较贴近 6 分 3. 一般 4 分
		管理	10%	资源使用是否有专人管理	1. 是 2 分 2. 否 0 分
				资源使用是否有相关使用或管理制度	1. 是 2 分 2. 否 0 分
		宣传	5%	是否向居民宣传单位资源开放的安排	1. 是 2 分 2. 否 0 分
				是否积极与社区在资源共享方面进行沟通	1. 是 2 分 2. 否 0 分
		成本投入	10%	场地及设施等硬件投入及人力、时间软件投入	1. >10 万 8 分 2. 5 万 ~ 10 万 7 分 3. 1 万 ~ 5 万 6 分 4. 5000 ~ 1 万 5 分 5. <1 万 4 分
		单位性质	10%	单位的级别与性质	1. 央属单位、市属单位、民企 8 分 2. 区属单位 4 分

续表

一级指标	权重	二级指标	权重	三级指标	分数
居民满意度	30%	惠民性	15%	单位设施/服务开放的主要对象	1. 周边居民或单位、街道和社区 8 分 2. 周边居民或单位 6 分 3. 街道和社区 4 分
		公益性	10%	单位设施/服务的收费	1. 不收费 8 分 2. 一定费用，远低于市场价 6 分 3. 一定费用与市场价接近 4 分
		便利性	5%	居民是否能便利地享受到资源	1. 非常便利 4 分 2. 比较便利 3 分 3. 一般 2 分
社会效益	20%	覆盖面	20%	年服务人次（累计）（单位：人次）	1. ＞10000 人 8 分 2. 1001~10000 人 7 分 3. 501~1000 人 6 分 4. 101~500 人 5 分 5. ≤100 人 4 分
				年开放时间（累计）	1. ＞9 个月 8 分 2. 6~9 个月 7 分 3. 3~6 个月 6 分 4. 1~3 个月 5 分 5. ＜1 个月 4 分

什刹海街道同时还实行荣誉激励机制，开展"好邻居行动"，加大对驻区单位在本地区服务居民、共建社区实践的宣传力度，以宣传栏、报纸、网络媒体等形式，宣传驻区单位履责行为，扩大驻区单位履责的社会效果，树立良好的社会形象，营造促进单位积极参与社会治理的舆论氛围。

三是互惠共赢机制。什刹海街道支持鼓励驻区单位履行社会责任，以民需菜单的形式为驻区单位履行社会责任设计、提供载体，引导驻区单位围绕地区民生事业发展履行职责。在政府的推动下，企业或者其他单位在把自己的闲置资源对外开放的同时，本身也会得到其他社会单位提供的服务，达到了资源的整合和共享，单位间的资源优势互补实现资源互换共享机制，满足

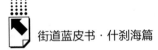

社会单位各自不同的资源需求，提高资源使用效率，更加有效地激发驻区单位共享资源的积极性。

四是合作交流机制。街道与资源开放潜力较大的驻区集团单位建立长期性的开放共享互助合作机制，发挥龙头带动作用，凝聚同系统、同行业驻区单位力量，扩大共驻、共建效应，实现驻区单位和辖区居民的互惠共赢。建立资源共享交流促进机制。依托社会资源开放共享联席会平台，以定期召开座谈会、现场会、外出考察学访等形式，促进资源共享先进单位之间加强交流，分享先进经验，搭建沟通联络平台，共同促进和推动资源共享工作开展。

五是社会保障机制。街道统筹发挥相关职能部门优势，积极为资源开放单位在生产、经营等过程中给予政策方面的服务和支持，创造有利于资源开放和单位自身发展的良好环境。健全资源开放后的各项管理机制，按照谁使用谁负责的原则，制定资源开放共享的相关管理制度和资源使用细则，对资源开放后的安全、维护以及由于资源开放所带来的其他方面的管理问题进行探索。

三 各街道社会单位资源开放共享存在三大问题

截至 2014 年底，西城区各级各类驻区单位的总数量为 31442 个。按隶属关系分，中央单位有 2430 个，市属单位有 1474 个，区属单位有 1620 个，其他单位共 25918 个；按机构类型分，机关单位、事业单位有 1727 个，企业有 27807 个，其他机构组织共 1908 个。截至 2013 年，西城区相继已有 353 家社会单位参与到资源开放共享工作中，主要包括机关、事业单位、企业和其他机构组织。其中什刹海街道在 15 个街道中居首位，有 46 家社会单位参与到社会资源共享中来（见图 2）。这些社会单位都以无偿或低偿的形式为社区居民提供活动场地、文体教育、便民服务、就餐、医疗、停车、综合七大类资源，调动了驻区单位服务社区、履行社会责任的积极性和主动性，但也存在一些问题。

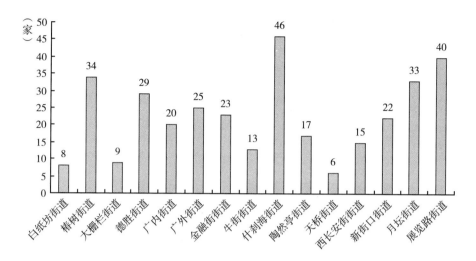

图2　各街道资源开放共享单位情况

（一）资源开放共享供需矛盾突出

近年来，随着"全响应"社会服务管理创新工作的推进，越来越多的社会单位参与到资源开放共享中来，主动服务周边居民。资源开放共享单位呈现逐年递增趋势，但群众对优质公共服务资源的需求和已开放资源之间的矛盾依然突出。这种矛盾既表现在总量上也表现在结构上。从总量上看，资源共享开放率较低，353家开放单位相对全区31442家单位的总数而言只占1.1%，且开放资源惠及范围仅限于周边社区居民，远远不能满足需求。从结构上看，资源开放单位集中在文体、场地类资源，居民急需的停车、便民服务等资源的开放程度不高，资源开放供给与需求之间存在一定错位和结构性矛盾。

（二）供需双方对社会资源开放认知度不高

一是公众对资源开放的认知度不高。在调研走访的过程中，发现由于缺乏资源开放共享的舆论导向和社会氛围，公众对资源开放共享理解也不准确、不深入，缺乏依靠资源共享解决民需问题的意识。二是社会单位对资源开放的认知度不高。一些社会单位不清楚哪些资源属于资源开放共享范畴，经常把单位本身的工作职责等同于资源开放共享，尽管自己有着丰富的资源，但并没有开放的意识。三是开放程度较低。辖区单位一般对资源共享存在一定的顾虑，会考虑到工作量和成本的问题，如使用期间产生的维护费、安全责任等。所以资源开放共享往往就简单地提供一些会议室、活动场地等一般性资源，资源开放的层次比较低。

（三）社会资源开放机制不健全

一是政策性依据缺乏操作性。民政部早在 2000 年出台了《民政部关于在全国推进城市社区建设的意见》（中办发〔2000〕23 号），北京市在《关于学校体育设施向社会开放的指导意见》（2007）、《北京市社区管理办法（试行）》（2009）中也提出了建立健全资源共享机制，但缺乏实施细则和可操作性文件，使社会资源开放共享工作的可操作性不高。二是职责设置不明确，缺乏系统推进。资源开放共享是一项需要政策、资金、宣传等全方位扶持、多部门整体推进的工作，是社会动员的一部分。目前，西城区没有专门负责推进这项工作的部门，相关委办局和街道也没有专门负责此项工作的科室。西城区资源开放共享工作虽然已经取得了一些进展，但由于缺乏整体工作统筹、政府各单位认识不统一，导致部分资源开放共享工作存在形式化、碎片化，社会资源服务民生的质量和可持续性难以令群众满意。三是对社会资源长期开放缺乏风险管理机制和有效的激励机制。一方面，资源开放会给管理上带来压力。例如，学校担心开放操场影响学生的安全，分散学生的注意力，影响学习；担心周边居民在操场上发生跌伤等意外伤害后难以划分责任。另一方面，开放资源会增加单位的运营成本。例如，某餐饮企业表示，以前曾给老年人提供送餐上门服务，但由于送餐需要专门增派人手，而餐馆在营业高峰期时本来人手就不足，再另外雇人增加了企业运营成本，于是停止了给老年人送餐的服务。再如，某些场地资源开放单位反映，由于资源开放增加了场地维护保养、设施维护及人力费用，因此不愿意开放。社会责任感是推动社会资源开放共享工作长期性和可持续性的原动力。西城区通过社会建设专项资金奖励主动开放资源单位的做法取得了一定的成效，但毕竟不是长久之计，还需要通过更多的途径激发驻区单位社会责任感和参与热情。

需要指出的是，在社会主义初级阶段，社会资源共享也并非是绝对的共享，更不是无序的共享，这是法治为基础的多主体共同治理实践所形成的社会资源优化配置新常态。

四　以提升供给效能为目标　推进
社会单位资源开放共享

（一）加强资源开放共享的政策引导和支持

一方面，尽快建立健全区、街、社区三级资源开放共享工作体系，明晰各个层面在资源共享工作中的职责定位。区级层面整体统筹协调区域内资源开放共享工作，研究整体推进的政策和方法，相关部门要研究专业领域的资源开发利用问题。街道层面成立专门推进的机构，挖掘资源做好服务，充分发挥街道统筹辖区发展的基础性作用。社区层面发挥纽带桥梁作用，加强对居民的宣传教育。另一方面，健全资源开放共享的各项工作机制。在民需对接机制上，及时有效地把握全区的社情民意，了解老百姓最迫切、最直接的需求，把各类资源与居民需求有效对接，减少资源共享供需结构上的错位；在服务动员机制上，各单位都要树立资源共享和共建双赢的意识，在做好本职工作的基础上，积极动员各自服务对象开放资源、服务民生；在激励机制上，要积极创新、激发驻区单位的社会责任感和参与热情；在交流促进机制上，促进社区、单位、居民之间的沟通交流，同时促进成员单位间互相学习先进做法与管理经验。

（二）加大对资源开放共享的宣传力度

一是加强对资源开放共享理念的宣传。通过制作播放公益短片和发放宣传材料，对资源开放共享的内容、方式、政府支持政策等内容进行广泛宣传，凝聚驻区单位的广泛认同，扩大资源开放的社会影响力和参与度。让更多领域的单位了解资源开放共享，认识到资源开放共享的重要意义，营造人人参与的社会氛围。二是加强对资源共享先进单位的宣传。相关职能部门和各街道也要积极挖掘资源开放共享单位的典型，并加以引导、扶持。注重对这些单位优秀经验成果的宣传报道，通过报纸、网站、微博等形式宣传，主动开放资源、积极参与社会建设的社会单位的先进事迹，树立驻区单位良好的社会形象。

（三）探索资源开放共享的创新模式

一方面，政府部门要转变原有固化的指令性工作方法。要通过服务为先、合作共赢的方式，逐步宣传和渗透资源开放共享理念，推动和激发这些驻区单位的社会责任感，动员他们主动参与到资源共享当中来。另一方面，在实践上要积极探索资源共享的新模式。资源开放势必会增加管理成本，如果不能科学有效地管理，肯定会影响参与的积极性。因此要探索一个即能共享资源又不损失驻区单位利益的方法。可以借鉴资源共享较成熟地区凭单制、非营利组织无偿或低偿供给等多种方式。目前，有一些单位在这方面做了积极的探索，如北京市第七中学设立专门的体育俱乐部，运作文体活动资源的共享，以低偿或无偿的形式向社会提供服务。这样既减小了资源共享给开放单位管理上带来的负担，也更方便周边居民使用。

参考文献

夏志强、王建军：《论社区公共服务的有效供给》，《社会科学研究》2012 年第 2 期。

胡税根：《公共治理中公民参与的多样化实践》，《人民论坛》2014 年第 13 期。

俞可平：《治理与善治》，社会科学文献出版社，2004。

俞可平：《中国公民社会的兴起与治理的变迁》，社会科学文献出版社，2002。

王名：《社会共治：多元主体共同治理的实践探索与制度创新》，《中国行政管理》2014 年第 12 期。

吴光芸：《论民间组织在公共治理中的作用》，《学会》2009 年第 7 期。

裴阿梅：《南京市政府在区域创新资源共享机制构建中的作用研究》，南京理工大学硕士学位论文，2013。

孙树仁：《论社区建设中的"资源共享、共驻共建"济南槐荫区社区个案研究》，《社会福利》2003 年第 7 期。

巩峥：《北京西城区内中央市属单位内部资源向社区开放》，《北京日报》2011 年 4 月 23 日。

B.6
超大城市基层党建格局研究

——以北京什刹海街道为例

摘　要：　随着社会生活与社会结构的变化，超大城市基层党建格局也
　　　　　在发生着变化，区域化党建成为新时期超大城市基层党建的
　　　　　基本模式。什刹海街道坚持发挥统筹协调主体作用，以"四
　　　　　个服务"为切入点，强化区域综合资源的整合、盘活及利用，
　　　　　持续推进区域化党建工作，初步形成"三模式、三机制、三
　　　　　平台"区域化党建工作新格局，使区域资源使用更加高效，
　　　　　驻区单位、居民群众满意度不断提升，区域化党建工作成效
　　　　　明显。什刹海街道的实践对于探索超大城市的基层党建格局
　　　　　创新具有重要意义。

关键词：　区域化党建模式　基层党建　什刹海街道

近年来，随着改革的不断深入和经济的快速发展，社会生活和社会结构都在悄然发生着变化，但与之相适应的基层党建格局体系尚未健全，党建工作面临复杂的形势。一方面，党的基层组织站在党领导带领群众贯彻理论方针政策的最前沿，基层党建工作的研究更具实践效用；另一方面，随着城市化进程的加快，城市规模不断膨胀，超大城市党建工作任务更加紧迫，责任更加重大。在新形势下，加强党的基层党建工作，推动基层党组织的全面发展，为建设现代化国际大都市提供坚强的组织保障，成为党的建设的重要任务。

一 超大城市基层党建格局由传统向区域化转型

在新形势下，伴随着城乡一体化进程的加快，城市人口剧增，城市的规模也在不断地扩大，截至 2014 年，我国已经有包括北京、上海在内的六座超大城市（即城市人口达 1000 万以上的城市）。随着城市规模的扩大，社会生活和社会机构也发生了深刻的变化，如何构建良性的社会秩序是当前党建工作的核心问题。

区域化党建是对传统单位党建的突破和超越，具有其显著的特点：由传统单位党建的封闭模式转变为开放模式；由传统单位党建的行政化逻辑转变为一种社会化的逻辑。对调整党内体制，实现政党内部的区域化整合有一定的促进作用，从而达到巩固政党、提升社会治理能力的目的。

（一）新形势下创新基层党建工作的重要性及紧迫性

第一，创新是党永葆活力和紧密联系人民群众的内在需求。数据显示，截至 2014 年底，中国共产党党员总数为 8779.3 万名，比 2013 年净增 110.7 万名，增幅为 1.3%（2013 年比 2012 年净增 155.9 万名，增幅为 1.8%）；党的基层组织 436 万个，比 2013 年增加 5.6 万个，增幅为 1.3%。党群队伍在不断扩大，但全国发展党员数量却是近十年来首次降低。这正是我党创新工作方式，主动调控党员队伍规模与结构，提高质量、优化结构的结果。基层党组织是我党组织中最贴近人民群众、与人民群众的联系最为紧密，最能及时、真实地听到人民群众心声的党组织。面对新常态下更复杂的基层情况，基层党组织必须坚持创新工作，才能使基层党组织的亲民优势得到充分发挥。

第二，创新是基层党组织发展的必经之路。改革开放 30 多年来，我国经济实现了从求生产向求发展的历史性跨越，经济总量已经超过十万亿美元，社会各项建设事业不断进步。伴随着经济的增长，社会经济成分、组织形式和就业形势等也发生了较大变化，新问题、新挑战不断涌现。基层党组织工作必须创新，才能及时地适应形势发展变化的需要，才能使党的建设与社会经济发展更好地融合、协调与适应。

第三，创新是基层党建发展的必然趋势。当今世界，林林总总有5000多个政党，分布于200多个国家和地区，随着信息化、经济全球化的发展，它们发挥的作用不可同日而语。塞缪尔·埃尔德斯威尔德在谈到美国政党体制改革的方向和目标时指出，政党地方组织亟待加强，并扩大同社会基层的联系。必须提高地方党组织在讨论和决定地方问题、选择地方公职候选人、向上与政党领导沟通、向下与民众沟通中的地位和作用。如果美国政党政治从基层开始都能对公众具有吸引力，与他们的生活和利益息息相关，那么，就能改变公众对政党的消极和冷漠态度，就能使政党体制的衰落得以扭转。又例如新加坡的人民行动党，在干部选拔方面有自己的一套规范化、程序化的工作制度，为政党的人才选拔奠定了非常好的基础。总之，我们应认真汲取国外政党发展的经验，创新基层党建工作，汲精华为己所用。

（二）超大城市基层党建的历史变迁与时代"命题"

从历史的角度看，中国共产党自1921年7月成立以后，先在县级建立党的基层组织、地方组织，然后才组建中央组织，最终组成全国性政党。党的根扎在人民群众里，从建党之初就着力于建立很好的群众基础。

随着时代的发展，互联网产业得到了前所未有的发展，特别是在人口众多、经济发展较快的超大城市。网络让空间距离被淡化，国与国之间联系越来越紧密。在国际化的网络环境中，党的党建工作面临着新的机遇与挑战。

1. 互联网为基层党建工作带来新的机遇

第一，互联网使得基层党建工作信息的传递具有时效性。互联网时代以前，基层党建工作信息的上传反馈和决策层信息的下达都是通过书面材料来完成。书面传达不仅需要的时间长，花费的人力财力成本也较高。而且传达环节较多，时效性较差，也难免会出现信息失真与政策理解偏差的情况。而互联网产业的发展成熟，使党建工作不再受空间的限制，大大缩短了信息上传下达的时间，提高了基层党组织人员工作的效率，并且打破了各地区各层党务部门之间的壁垒，增强了党组织之间的互动交流。

第二，互联网提高了基层党建工作水平与效率。在传统的基层党建工作中，各基层党组织的学习与工作的材料文件，采用的都是纸质版材料，浪费资源较多且效率较低，传统的学习与工作方式与信息时代带来的海量的数据不相适应。当今人们可以通过互联网发送电子邮件，撰写博客表达自己的观点，甚至可以直接在网上视频对话，沟通交流不再仅仅是面对面。多渠道的沟通交流方式，使得基层党员和群众之间的互动更加频繁。网络技术的推广，对党建知识的宣传与党规、党纪的教育工作更为有效，大大提高了基层党建工作的水平。同时，基层党员可以直接在网络上查阅到党中央和其他上级党组织下达的政策，也可以通过网络，直接向上级党组织反馈基层工作信息，大大提高了基层党员学习与工作的效率。

第三，互联网为基层党员监督党建工作提供了新手段。党建工作中一直强调的是党内民主，在我国现有国情条件下，扩大党内民主更应侧重于基层党员的知情权、表达权和参与权。随着网络应用的推广，开放式的电子党建平台，让更多的基层党员选择在网络上来监督政府党员的工作。中央纪委信访室的消息称，近年来，网络举报数量逐年攀升，如今网络举报的数量已经占总举报量的一半。十八大以来，举报量持续增多，受到实名举报"优先办理、及时回复"的鼓舞，署名举报比例大幅提升。单就广东省纪委监察厅网络举报网站在 2013 年 9 月和 10 月份收到网络举报数量，就分别达到 2413 件和 2337 件，比 2012 年同期收到的网络举报数量分别增加了 103% 和 57.7%。而党员干部网络测评系统的推广，更是让基层的党员参与到对党员干部工作的监督测评中来，充分保证了测评的公平、公正和公开，有效实现了普通基层党员的知情权、表达权和参与权。

2. 互联网为基层党建工作带来新的挑战

第一，互联网的运用对基层党员教育及工作水平提出了更高的要求。互联网的发展使得党务办公网络化成为新常态，上级政策的下达，基层组织信息上传反馈，都可以第一时间通过网络处理。如此常态化网络的运用，对我党基层工作人员工作水平提出了更高的要求。数据显示，截至 2013 年底，

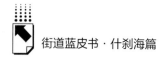

我党大专以下学历的党员数量为5061.8万名，占党员总数的58.4%，这部分党员中，绝大多数来自基层党组织。这部分党员或是地处偏远，接触网络的机会不多；或是所受教育较少，网络操作能力较差。在新形势下，互联网的推广对我党基层党员的素质教育水平和工作水平都提出了更高的要求。

第二，网络时代的到来迫使基层党员思想与时俱进。网络时代的到来不仅对基层党员的互联网操作提出了要求，也对党员思想的转变提出了更高的要求。毛泽东曾说过"流水不腐，户枢不蠹"，在思想的发展过程中，只有不断对自我现有思想进行反思、批判，才能保证思想不僵化，保持其活力和先进性。党的领导人自建党以来，就一直秉承"与时俱进"的思想路线精髓。新时期，网络浪潮的冲击也迫使着党员尤其是基层党员的思想要与时俱进。与时俱进的政党才能永葆生机和活力，才能蓬勃向上健康发展。

第三，用网络这把双刃剑保证基层民众思想政治的稳定。在互联网兴起之前，报纸等纸质文件是人们了解党务工作的主要信息来源，信息传播具有单向性，且成本较高。自1994年美国政党建立第一个网站起，至今全球已经有1200多个政党拥有自己的网站。网络信息容量超大，传播速度快、范围广、成本低、声图并茂且具有时效性，世界各国的网民可以随时随地与其他国家网民取得联系，网络信息的传播已占据信息传播的主导地位。海量的信息在通过开放的网络平台传播到千万网络终端的同时也在潜移默化地影响着人们的意识形态，国人传统的道德观、价值观都在悄然发生着变化。与此同时，西方一些别有用心的国家，正通过网络信息的传播，企图消解基层民众的社会主义、共产主义价值观，这对基层党建产生了非常不利的影响。

（三）超大城市基层党建新格局的模式选择——区域化党建

传统的基层党建模式有社区党建、单位党建和非公党建等。随着社会组织结构中单位制的削弱、社区组织地位的上升和非公有制经济在市场中占据重要地位，党建工作出现了单位党建、社区党建和非公企业党建并存的局面。

随着传统单位转制，新经济、新社会组织的涌现，党员结构发生变迁，原有垂直、单一和封闭的组织体系与运作机制已经不利于党建工作的开展，单位党建和社区党建的时代局限性凸显：单位在职党员活动空间小，党员教育管理功能较弱；就业形势的改变使得流动党员增多，单位党组织无法承载这部分党建资源；单位功能的溢出使得单位党组织影响力下降，很难有效履行自己的职能。由于社区的垂直管理，社区党组织的影响范围有限，对组织关系不在社区的在职党员影响力很小；社区内单位党组织对社区党建积极性较差。同样，由于非公有制经济组织是以经济利益为目标，使得正常的党建工作难以开展，非公有制企业党组织发挥的作用也存在局限性。

随着社会转型和结构的变迁，传统的党建工作由"垂直管理"向"区域整合"转变，由"条块分割"向条块结合（以块为主）转变，党建工作区域化。为顺应时代潮流，2009年11月，李源潮在全国街道、社区党建的建设工作交流会中，首次提出要"构建城市基层区域化党建格局"。区域化党建作为传统党建模式的延伸与拓展，日渐成为基层党建谋求转型发展的重要趋势。

1. 区域化党建的内涵与方法

区域化党建的概念。"区域"语出《周礼·地官·序官》"廛人"汉郑玄注："廛，民居区域之称"，原意指土地的界划，引申为界限、范围，后发展成为比较丰富、复杂、具有多样性的空间概念。"区域化"一词最初出现于经济领域，而后缀"化"是用来表示某种性质与状态。所谓"区域化党建"就是指在城乡经济与社会结构转型、统筹一体化的背景下，按照区域统筹的理念，运用现代管理科学和信息科技手段，在一定的区域范围内，统筹设置基层党组织，统一管理党员队伍，通盘使用党建阵地，形成以街道党工委为核心、社区党组织为基础、其他基层党组织为结点的网络化体系。区域化党建是顺应社会转型与社会结构变迁，以区域化为单元，以区域统筹为原则，以信息技术为手段，科学合理设置的基层党建工作新模式。

区域化党建的主要方法是统筹。新时期基层党建的工作重心不应再局限于街道、社区与单位，而应向更大的范围延伸。传统的单位党建、社区党建以及非公党建是分散的点，而区域化党建就像是一张网，将这些点统筹起来，整合资源，拓展延伸，在更高的维度引领基层党建工作的开展。区域化党建既要巩固原有以"条"为主的纵向党建，又要拓展以"块"为主的横向党建。区域化统筹既是区域化党建的方法，也是原则，更是一种凝聚的力量。

2.区域化党建的理论及现实依据

区域化党建主要的理论依据如下。第一，区域化党建是社会学功能主义理论在党建领域的应用与发展。根据功能主义理论的表述，社会是由相互联系的不同部分所组成，其中的任何部分又不能独立于整体而存在。社会任何一部分发生变化就会导致不平衡，致使其他部分也会发生相应变化，最终整个系统需要一定程度的重组。区域化党建是由各单位党建元素构成的整体系统，其中某些元素的变化，都会影响整个区域内党建的工作。区域化党建在共同参与、资源共享和管理统筹中存在和保持有效的运转。第二，区域化党建是政党学关于政党作用在基层党建领域的应用和发展。政党学指出党的作用是沟通民众与公共权力联系的桥梁。在党建工作中，基层党组织就是联系党和人民群众的桥梁。一方面，基层党组织将党的方针政策传达给基层党员，传达给人民群众；另一方面，辖区内的党员也可以通过基层党组织向上级党组织反馈自己的意愿和主张。区域化党建很好地发挥了基层党组织的桥梁纽带作用。第三，区域化党建是政治学民主理论在党建领域的应用和发展。民主理论是当代政治学中较为重要的理论，它强调公众个体与单位的民主权利。区域化党建更是以人民民主为前提，保障在一定的区域内，人人享有民主的权力，人人都是区域的主人。区域化党组织管理的目的就是进一步推进基层人民群众实现自己的民主，是对民主理论的应用和发展。

区域化党建的现实依据如下。第一，单位制解体催生区域化党建。市场经济的发展使得单位制解体，资源与权力分散开来，传统的党建工作模式已经不能适应社会结构的变化，这就要求基层党组织与时俱进，探索出一种不同于以往的党建模式以适应覆盖面广、纵横交错的网络化组织结构。第二，传统党建工作空白点亟待区域化党建夯实。改革开放以来，单位、社区、企业等基层党组织的工作领域相互交叉，其中流动性党员工作无法得到有效开展。由于就业形势的复杂，众多"单位人"转变成"社会人"，空挂、流动党员增多。党员的频繁流动使得他们的居住圈与生活圈分离，党建工作出现了一定空白区域与管理的盲区。此类相当程度的"空白点"急需一个覆盖面较全的党建服务平台。第三，党建投入差异化需要区域化统筹党建。当前我国经济实力迅速提升，社会发展却很不平衡。经济与社会发展的不平衡在党建领域体现出来，最明显的就是党建投入的差异化。据有关数据显示，我国较发达地区的党建投入能达到欠发达地区党建投入的几倍、几十倍甚至几百倍。欠发达地区党建投入日益边缘化，合理健康的党建投入有助于整个党建工作的开展。因此区域化党建统筹工作是大势所趋。

3. 区域化党建的特点及基本框架

区域化党建的特点有四个。第一，区域化党建具有整合性。区域化党建将"区域化"引入到党建工作领域，从区域的视角通盘考虑、统筹规划，打破了地域、行业、单位组织等限制，跳出原有党建圈，在区域内进行资源等的整合与管理。第二，区域化党建具有网络性。区域化党建是在原有的单位党建、社区党建与非公党建基础上的延伸与拓展。原有的党建工作无法做到有效全方位覆盖，出现一定程度的"空白点"。区域化党建发挥统筹作用，将原有的党建单位拓展延伸，实现有效覆盖，并形成网格化管理模式。第三，区域化党建具有多元性。传统的党建工作中，一个个具体的单位、企业和社区是点，党建工作的方式采取的是点状推进，而区域化党建将区域看作一个集合，将传统的党建对象看成若干单元，统筹规划建设，区域化党建显现多元特征。第四，区域化党建具有开放性。传统的单位党建、区域党建与非公党建等，它们强调的都是某个特点范围内的党建工作，工作范围局限，党建资源得不到充分有效的利用。而区域化党建工作强调在区域内开放统筹，这一开放式的做法使得党建资源利用率大大提高。

区域化党建的框架包括五个方面的内容。第一，在组织架构方面，在区域内进行整合，建成多维度、全覆盖的组织体系。区域化党建需要从传统的单位、社区或非公党建体系中突破，从纵向和横向两个方面，积极有效的组织整合，构建起单位党组织和社区党组织共同参与的多维度、全覆盖且开放的区域性党建网络体系，这种组织架构充分体现社会代表性。第二，在资源配置方面，按照区域统筹、集中配置、资源共享的原则，对区域内资源进行有效合理配置。梳理区域内党建活动平台资源，如休闲健身中心、阅览室和其他活动场所，免费向党建联席单位开放；充分利用党建活动平台资源；摸清区域内专业人才的基本情况，突破以往的社区与单位等限制，建立人才资源共享机制；有效整合区域内的信息资源，将党校、学校和政府作为教育基础平台，开展现场或者远程平台教育，各区、各街道建立门户网站党建专栏，及时发布党建信息，同时也为居民提供党建网络服务，实现区域内信息资源共享。第三，在运作方式方面，以群众利益为出发点，采用跨地区、跨行业、跨体制的共商运作方式，实现区域联动和区域共治。区域化党建工作的主体应平等合作，拥有相同的区域共建目标，在区域化组织管理的框架之下，确保区域化党建工作良性开展。第四，在平台建设方面，以服务为导向，集中整合财力与资源，搭建平等互助的党建平台。党建平台坚持服务为先，同步建设党员服务中心、远程教育站点和党员咨询服务热线，加强与其他各类服务机构的资源整合与共享，强化党员对党组织的认同感。积极推动基层党组织以人民群众的需求为导向，努力做好工作，使区域化党建获得人民群众的一致认同。第五，在服务体系方面，建立整个区域的党员服务系统，推进党员志愿者队伍建设，在各自网格内开展服务工作，为人民群众提供方便，让居民充分感受到党的温暖，体验和谐社会生活的美好。

二 什刹海街道构建"三模式、三机制、三平台"基层党建格局

北京是我国的首都，是全国的政治中心、文化中心、科技创新中心和国际交往中心，人口众多，党建工作形势尤为复杂。近年来，北京市在区域化党建模式探索方面做了大量工作，取得了初步成效，区域化党建格局初步形成。

什刹海街道依托基层党组织体系，在区域化党建工作中创出了特色。什

什刹海街道工委下辖 1 个社会工作党委、23 个社区党委、4 个党总支（其中机关党总支 1 个、社区党总支 2 个、非公企业党总支 1 个）和 102 个党支部（其中机关直属党支部 12 个、社区党支部 71 个、非公企业党支部 19 个），全街共有党员 4597 人。以社区党建协调委员会为组织平台，25 个社区均组织建立党建协调委员会分会，现分别拥有 22 个和 146 个成员单位。街道工委坚持发挥统筹协调主体作用，以"三个服务"（服务群众、服务部队、服务区域社会单位）为切入口，强化区域综合资源的整合、盘活及利用，持续推进区域化党建工作，初步形成"三模式、三机制、三平台"区域化党建工作新格局，使区域资源使用更加高效，驻区单位、居民群众满意度不断提升，区域化党建工作成效明显。

（一）理念创新，多元结合，区域化党建工作"三模式"初步形成

近年来，什刹海街道围绕"共同需求、共同目标、共同利益"，在社区、商务楼宇、市场地域积极构筑起开放式、覆盖面广、相对稳定的党组织网络，形成了由机关党建、非公党建、社区党建、社会党建共同参与的多维度、全覆盖的区域化党建联合体。

第一，构建"1 + N"组织模式。什刹海街道在区域化党建过程中，打破了传统行政隶属关系的界限和壁垒，树立了"党建工作无边界，各方力量齐参与"的理念，发挥出党组织的核心领导作用，构建了"1 + N"区域化党建组织设置模式，形成以街道党工委为核心的"大党委"、N 个党建工作联席会为纽带的基层党建工作模式。街道以地缘关系为基础，将党组织的设置链条向社区院落、驻区单位、商务楼宇、商业街区、行业协会等延伸，将不同来源的党员紧密团结在街道党工委周围，统筹整合地区人、财、物等优势资源，共同推动区域重点工作，积极打造共驻共建局面，在全街道基本实现了党工作的全覆盖。

第二，构建"社区 + 单位"统筹模式。通过对区域内基层党组织设置、党的活动和党员发展、教育管理工作进行通盘考虑，什刹海街道党建工作形

成了"统筹谋划、成片推进"的工作思路。街道在驻区单位多的社区建立起覆盖广泛、功能互补的共建组织：兴华社区党委与当代中国研究所、松树街社区党委与林业出版社、前海北沿社区党委与西城西杰清洁公司签订区域化党建联创活动公约，成立党建联创工作领导小组；按照"协会＋党组织""商会＋党组织"等工作推进模式，组织地区单位积极参与到区域化党建中来，使基层党建工作与行业、产业发展紧密结合，逐步实现区域化党建"资源共享、优势互补"。在什刹海茶艺酒吧特色街、地安门商业街成立"茶艺酒吧联合党支部""地安门西大街商户联合党支部"等，切实扩大了区域非公党建覆盖面。

第三，构建"站点＋激励"服务模式。近年来，什刹海街道完善了社会领域党员服务站、公共服务大厅、便民服务中心等服务，丰富服务内容，拓展了基层党组织社会化工作载体，构建出多样化组织形式，使党在社会的组织联系成为有机整体，共同承担起关怀社会、服务社会和保障社会等功能；开展"创先争优"、"党员服务承诺"、"争先锋创一流"党员先锋岗、区域化党建优秀党务工作者、区域化党建之友、社企联建好书记评选等活动，激发区域党组织服务党员、党员服务群众的主动性和积极性；逐步健全党员志愿者注册招募、活动组织、教育培训、管理激励等制度，推进党内服务、公共服务、社会服务、志愿服务的有机融合。"柳荫连心便民服务队"等社区党员组织积极行动，开展小钳电、小土木、小水暖、小拆洗等"四小"服务，每年为地区空巢、孤老等提供"一助一"定向服务1500余次、共计3000多小时，退休党员不忘发挥模范带头作用，展示形象、服务群众，受到居民群众的欢迎。

（二）整合资源，优化服务，区域化党建工作"三机制"逐步完善

什刹海街道坚持以区域服务为导向，通过社会服务管理"全响应"链，整合区域各方力量，致力解决群众反映的热点、难点问题，及时反馈处理结果，通过构建多元化的社会公共事业服务平台，坚持逐步推进地区城市管理

精细化。

第一，依托"共建协作"联合机制，服务社会管理，凝心聚力。在什刹海街道区域化党建工作中，区域共建党建组织注重横向联合，纵向联系，推动跨部门、跨系统的区域联系。以什刹海特色区域文化为号召，增强区域影响力和凝聚力，促进区域发展"共同共识"，主动协调解决驻区单位生产、生活中的实际困难，助推驻区单位科学发展；邀请区域内单位党组织加入社区"大党委"，成立党建工作联席会，使基层党建工作触角不断向社会延伸，给基层组织注入活力，实现"组织共建、队伍共育、活动共联、资源共享"，推动政府职能转变，为社会服务管理精细化提供保障；充分发挥地区双拥共建"旗帜"作用，依托双拥工作连片共建机制及13个军民共建点，积极弘扬"柳荫精神"，建立起"统筹资源一起用、统筹党建一起抓、统筹工作一起推"联建共建新机制，以纪念柳荫街军民共建三十周年系列活动为契机，深入推进军地文化融合式发展，形成特色鲜明的什刹海双拥文化。

第二，建立"惠民领办"响应机制，对接群众需求，惠民利民。什刹海街道区域化党建工作在惠民利民方面，要求党员干部树立起"需求全响应，服务零距离"意识。依托"访、听、解"工作，"处级领导进社区，党员干部进网格"，拓宽党员联系服务群众渠道，充分挖掘地区党代表、人大代表、政协委员、离退休党员等人才优势，积极联系工、青、妇等群团组织，围绕居民群众关心关注的热点、难点问题广泛征询意见，广泛开展收集民情、建言献策等活动，归纳梳理，动态跟进，与群众工作有效对接；动员号召驻区单位党组织自主认领"惠民项目""公益项目"等公益性、社会性、群众性工作，逐步将文化、教育、体育等活动设施向社区居民开放；全面开展"在职党员亮身份"活动，鼓励在职党员认领"党员志愿服务岗"，推进党员志愿者服务队建设。目前街道共成立各类党员志愿者服务队120多支，发展队员1500余人，其中200多名在职党员填写了联系卡，推出医疗、助残、助学等各类服务项目100多个，实现了街道机关党员干部与社区党组织"挂钩"，进一步提高了机关为民服务能力。

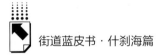

第三，完善"互联互评"监督机制，规范工作流程，提升服务。在监督机制方面，什刹海街道以区域共治为目标，充分发挥评价考核激励作用，按照"以考促建、全面推进"原则，结合社区党建"三级联创"和"三评一考"工作，定期对区域性党员志愿服务活动的开展、区域化党建工作体系的运行等方面的情况进行检查考核，并将存在的问题以书面形式通报各成员单位，抓好整改落实；邀请地区党代表、人大代表、政协委员、党风廉政监督员参政议政、监督落实，促进党务政务公开；利用工作总结和民主生活会等契机，组织社区"大党委"客观公正地测评成员单位党组织工作任务完成情况，有效提升区域化党建共建工作的水平。

（三）拓宽渠道，互动参与，区域化党建"三平台"建设稳步推进

什刹海街道坚持以"以人为本、服务为先"为导向，依托"全响应"网格化管理信息平台，统筹区域闲置、优质公共服务资源，对接社会单位及居民群众实际需求，加大培育、扶持、发展服务性和公益性社会组织力度，以网络信息技术助推基层党组织服务创新，积极构建区域化党建工作一体化动态管理体系。

第一，搭建资源统筹平台，聚群力解民忧，提高党建工作认同度。什刹海街道推动区域党建工作的统筹职能与"全响应"系统充分融合，搭建区域资源共享服务系统，按照"整合社会服务资源，打造供需对接平台"的思路，依托信息化手段，将地区医疗、教育、文化等优势资源整合到信息平台，将中央市区属单位、部队机关、"两新"组织、社会团体等优质资源整合到信息平台，将驻区单位和地区居民的需求对接到信息平台，将部门及个人手中掌握的资源转化为共享资源，实现区域社会资源的合理配置和充分利用，创新区域资源开发利用格局，更多、更好、更智能地服务驻区单位和居民群众，提高地区党建工作满意度及认同度。

第二，搭建学习交流平台，重特色抓成效，深化党建工作影响力。什刹海街道依托《什刹海》杂志、"什刹海热线"微博、什刹海《组织工作》

等平台，宣扬组工文化、刊发党建经验、推介先进典型、服务地区发展；开设党建QQ群、党建咨询热线、人民网党建微博、党员干部手机信息系统等，充分发挥信息平台汇民意、聚民智的重要作用；依托远程教育网络，常抓区域内党员干部、入党积极分子的学习教育，提高党员整体素质；依托"党员大课堂"，邀请驻区专家学者针对实际需求，开展个性化党员学习讨论活动，有效解决党员集中难、教育培训覆盖难等问题；制定"1+2+X"（精1、会2、促全能）联训目标，建立党员干部培训档案，依托中国社会科学院当代中国研究所、北京师范大学、西城区委党校等教育机构实施轮训，区域党员干部综合素质和业务能力得到有效提升，切实推进党员干部效能建设。

为提高区域化党建工作在群众中的影响力，街道倡导"党建搭台，文化唱戏"，通过推动区域特色文化传承与发展，挖掘地区非物质文化遗产、爱国主义教育基地等文化资源，将党建工作与文化工作相融合，依托什刹海"海之波艺术团"，各社区党组织搭建了自编自演歌颂党、歌颂生活的文化阵地，吸引群众亲近文化、品味文化、传承文化。

第三，搭建社会服务平台，推品牌助发展，推进党建工作精细化。什刹海街道深入开展"五联五创"活动，推进党建工作联促、党员教育联办、公共服务公共安全事务联做、街道服务管理职能连接、地区精神文明建设联创的实现，"和谐社区""服务型科室""双十佳"等争创活动成效明显；根据地理位置、党员类别、党组织设置、社区资源等状况，联合区域单位资源，形成西什库社区"科技放飞中国梦"、前海北沿社区"党员文明劝导队"和酒吧街党支部"彩虹行动"等一批区域化党建特色亮点品牌。统筹驻区单位、科站队所资源，以景山社区党委为试点，成立"六小门店自律协作组织"，向陟山门街30余家商户提供工商、城管、地税、卫生、法律等专业服务，引导鼓励其参与慈善捐助、慰问孤老、维护治安等社会公益活动，形成以精细化党建工作为润滑，政府—社区—自律组织—成员商户—居民多向互动运行体系，实现街道党建工作服务地区发展，政府服务向基层延伸。

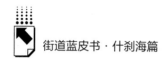

三 超大城市区域化党建工作需要 从六个方面进一步推进

什刹海街道紧紧围绕"组织全覆盖、需求全响应、服务零距离"的工作目标，以区域化党建为龙头，有力地推进了地区各项工作。但党组织体系的垂直管理模式和条块分割下的属地管理体制，造成街道与驻区单位在党的组织上互不隶属、行政上互不关联，制约着街道服务的优化发展，基层党建工作存在瓶颈。这为我国超大城市的基层党建创新提供一定的启示。

（一）需要进一步发挥区域内党员作用

区域党员发挥作用难。街道部分退休干部、离职党员、"两新"组织党员及流动党员对党建工作态度冷淡，宗旨意识薄弱、务实观念不强，加之机制体制约束，缺乏参与区域化建设的积极性和主动性，使得区域党员参与地区建设、服务地区居民的合力没有实现最大化。个别基层党组织区域化党建认同感有待加强，且双向服务意识模糊，致使区域化共建活动冷热不均。

（二）需要进一步统筹辖区资源

街道工委深层次统筹辖区资源难。随着部分城市管理职能的延伸，街道党组织所承担的工作日益繁重，受协调权的限制，所能整合掌握的组员与实际工作所需相差较大。这在一定程度上造成什刹海街道的场所资源、信息资源、帮扶资源等整合力度不够，手段不够丰富，效果不甚理想，离党建工作横向到边、纵向到底全覆盖的工作目标还有一定的差距。

（三）需要进一步完善长效机制

区域化党建长效机制完善难。什刹海街道现行的党建工作联席会议和"共筑共建"活动在区域化党建中发挥了一定的作用，但目前的运作形式大多还处于一种"联谊式""人情式"的发展状态。街道某个单位的领导跟社区的干部熟悉，支持社区工作的力度就更大一些。这种党建工作的发展模式缺乏稳定性，没能形成常态的共建载体，不利于工作的长久顺利开展。

（四）需要进一步强化服务能力和宗旨意识

作为一种新时期基层党建的组织形式，区域化党建的基本方法是统筹，那么，靠什么统筹？如何统筹？统筹什么？说到底还是靠宗旨意识和服务能力来统筹，统筹方法最基础的也是为统筹对象提供服务，所统筹的也是服务地方的各种资源，因此，服务能力和宗旨意识是区域化党建的核心。实施区域化党建，必须加强党员双向服务意识的教育，广泛开展区域内党组织与街道居民的结对，区域党组织与区域内单位的对接和基层党员与贫困居民的对接，实现资源的共享，发挥各自优势，互帮互助，实现双向服务；将区域化党建工作与群众路线教育有机融合，采取自我教育与组织督导相结合、开展活动与完善机制相结合、动员号召与考核奖惩相结合的方法，引导党员干部强化群众观点，站稳群众立场，提升群众工作水平，形成群众路线教育活动常态化机制。按照中央的要求和部署，贯彻"照镜子、正衣冠、洗洗澡、治治病"的总要求，把落实中央八项规定作为切入点，进一步突出作风建设，精心组织好党的群众路线教育实践活动，全面推进地区党的建设各项任务，切实解决存在问题，履行好党员干部的执政使命，实践好党的根本宗旨。

（五）需要进一步增强地区党建工作的凝聚力

在街道层面的区域化党建，街道工委、社区党委是实施区域化党建的主体。要成功地构建区域化街道格局，一是加强组织凝聚，要强化街道、社区党组织的自身建设，坚持舆论先行，增强党员与居民的区域化党建认同感，让基层群众与基层党员参与到街道的区域化党建当中来，积极创造良好的区域化党建舆论氛围。二是加强制度凝聚，要坚持以党建工作为牵引，完善社会服务功能，注重保障和改善民生，在服务民生、服务发展中强化与社会单位、科站队所、居民群众的联系，深入开展"党建联创、管理联动、服务联建、共创和谐"为主要内容的"三联一共"活动，不断增强地区管委会的凝聚力和影响力，共同维护地区稳定、优化地区管理、促进地区发展，提升区域化党建设水平。三是加强目标凝聚，要善于做好顶层设计，树立共同愿景，并把实现途径变成行动方案或计划落实到辖区各级党组织中。什刹海街道以学习贯彻党的十八届三中全会精神为契机，编制《什刹海街道发展建设三年行动计划（2014~2017）》构建美丽什刹海，扎实抓好八项工程：以学习型党组织建设为核心的理论内化工程，以党内民主建设为核心的民主合力工程，以履职尽责能力建设为核心的素质能力工程，以基层党组织建设为核心的基础夯实工程，以社会主义核心价值体系建设为核心的弘德扬善工程，以党的纯洁性建设为核心的党风带动工程，以和谐什刹海建设为核心的和谐民生工程，以活力、魅力什刹海建设为核心的文化培育工程。通过不断提升区域化党建科学化水平，在地区上下形成"集思广益谋发展、凝心聚力干事业"的强大合力。

（六）需要进一步利用现代信息技术来提高党建科学化水平

随着互联网的发展，"大数据"与"云平台"已经成为时下最热门的IT词汇，大数据产业与云计算技术对传统党建方法产生了巨大的冲击。党的十八大报告中明确指出"创新基层党建工作，夯实党执政的组织基础""全面提高党的建设科学化水平"。这就需要我们充分利用信息化手段加强和改进党内管理、发展党内民主、拓宽党群联系渠道，提高基层党建科学化水平。什刹海街道应充分发挥"全响应"网格化服务管理指挥中心平台的作用，利用大数据与云计算技术，以街道各基层党建单位为站点，搭建集党务管理、群众路线、党务公开、党员教育、党员服务、网上支部、党建交流、考核评价、信息综合管理、互联网与新媒体应用、舆情搜集和互动交流等栏目为一体的综合性信息网络平台，实现党建宣传的数字化、信息化和智能化，宣传展示区域化党建典型经验，推动基层服务网络化。

参考文献

郭定平：《美国政党体制的衰落与改革》，《复旦大学学报》1992 年第 2 期。

刘冀瑗：《构建城市和谐社会与基层党建格局创新》，《长白学刊》2006 年第 3 期。

梁妍慧：《区域化党建是党建的新课题》，《理论学刊》2010 年第 10 期。

阴群：《什么是区域化党建》，《学习时报》2011 年 10 月 13 日。

冯小敏：《中国共产党基层建设新论》，上海教育出版社，2003。

张晓颖：《基层党建与网格化管理》，《通信企业管理》2015 年第 1 期。

蔡伟：《区域化党建模式探析》，《中共南京委党校学报》2009 年第 1 期。

谢方意：《融入社会化：基层党建格局的调试与转型》，《领导科学》2013 年第 8 期。

杭勇敏、陶维兵：《社区治理视阈下的区域化党建模式创新》，《学习与实践》2014 年第 3 期。

袁海晗、杨世映：《在"社区复合共治"社会管理模式下推进区域化党建工作的创新研究》，《中共成都市委党校学报》2014 年第 3 期。

欧明华：《清远市区域化党建的动力和路径探索》，《清远职业技术学院学报》2014 年第 8 期。

调 研 报 告

B.7

什刹海地区综合减灾示范街道创建

——西什库社区安全防灾减灾救助体系建设的实践与思考

摘　要：　随着我国经济的发展和社会的不断转型，社区已经成为各种
社会问题的聚集点。大多数社区建筑物密集、弱势群体多，
隐患因素较多。一旦灾害发生，外援无法及时救助，主要依
靠社区居民的自救和互救，建立社区防灾减灾救助体系对保
障社区居民人身和财产安全来说至关重要。为此，什刹海街
道成立了综合防灾减灾示范街道领导小组，加强对街道防灾
减灾工作的组织与领导，有效开展防灾减灾重点工作，加大
防灾减灾的科学知识普及力度，从预防与应对两方面着手，
全面提升地区综合减灾能力。

关键词：　安全社区　防灾减灾　什刹海街道

一 建立防灾减灾救助体系是时代发展的需要

（一）国家对社区减灾工作进行重要部署

当今世界巨灾事件频发、全球气候变化多端。我国作为世界上幅员辽阔的国家之一，各地气候类型多样，这也造成了我国的自然灾害类型多样化、分布地域广等特点，所以必须增强我国公民的忧患意识和防灾减灾能力。2008年5月12日，四川汶川发生了8.0级大地震，给全国人民带来了巨大的心理压力和难以愈合的心灵创伤。在这种背景下，国家层面对防灾减灾工作的重视也上升到空前的高度，为加强社会与公民的防灾减灾意识，提高防灾减灾工作的有效性，国务院批准将每年的5月12日确定为全国"防灾减灾日"。

社区是居民生活起居的重要场所，在自然灾害的应急管理中处于基础性作用。加强社区综合防灾减灾工作，是减少灾害风险、减轻灾害损失的迫切需要，也是强化阶层应急管理、提升政府公共服务水平、创新社会管理、构建和谐社区的重要举措。国家民政部、减灾委员会均对社区防灾减灾工作进行了重要部署，有效推进了防灾减灾工作的全面开展，为居民的生命财产安全提供了重要保障，也进一步促进了社会和谐与稳定。

（二）什刹海街道着力创建综合减灾示范街道

西城区什刹海街道从特殊的区情出发，立足当前实际，以创建防灾减灾社区为着力点，扎实推进社区应急救援基础建设，构建起处置有效、反应敏捷、运转高效的综合防灾减灾工作体系，满足首都基层及时应对自然灾害和突发事件的需要，促进社会应急管理体系的不断完善和发展。目前，街道在防灾减灾试点工作方面已经取得了一定成效，创建了2个全国防灾减灾示范社区和23个北京市防灾减灾示范社区，并拥有一支准专业化的救援队伍，减灾救援设备管理规范，组织机构健全，并作为综合减灾示范点，创建综合减灾示范街道，同时带动西城区综合减灾示范区创建工作，取得长足发展。

具体表现在五个方面。一是组建完善的创建机构。什刹海街道成立了综合减灾示范街道创建领导小组,工委书记和办事处主任任组长,下设 7 个工作组并明确责任分工,各相关副处级领导任组长,各相关科室及职能部门负责人为成员,办公室设在民政科。制订创建计划、相关工作制度和综合防灾减灾应急救助预案。各社区也相应成立了防灾减灾社区创建领导小组,同时设置各种执行小组,明确职责分工。二是组织定期交流学习。2014 年 3 月、5 月和 9 月街道三次组织办公室成员和社区居委会主任参加亚洲社区综合减灾经验交流会,与众多社区干部、专家进行了减灾交流,不仅开阔了视野,同时也提高了认识。三是提高风险排查能力,完善应急预案。聘请联合国开发计划署驻华代表处项目团队为 25 个社区的居委会主任、站长、民政专干进行社区灾害风险点排查地图绘制培训,各社区结合各自特点查找风险源,绘制风险地图,修改社区应急预案。街道与亚洲减灾课题组专家共同对米粮库、前海北沿、西什库、景山四个社区进行居民参与风险排查的试点,发动群众找出本社区的风险点,同时对社区居民进行防灾减灾的宣传教育,效果显著。四是完成专业救援培训。民政科组织完成了初级社区救援员取证培训工作,与紧急救援基金会合作在护国寺社区开展了老年人防跌倒培训,组织社区干部参加初级紧急救援培训,增强地区紧急救援力量。五是加强社区宣传和演练培训。2014 年 5 月 12 日是全国第六个防灾减灾日,在什刹海街道办事处、荷花市场和前海小广场成功举办了"5·12 全国防灾减灾日宣传演练活动"。活动以地震为背景,模拟人员疏散、火灾扑救、落水营救等场景,同时实现了通过高清监控探头进行远程观摩。国务委员、国家减灾委主任王勇亲临演练现场观摩,对演练效果给予了充分肯定。

二 西什库社区高标准创建综合防灾减灾社区

随着我国经济社会的不断发展,社区安全工作的难度也不断加大。一方面,随着城市化的不断推进,社区的数量越来越多,这也加大了社区安全工作的强度;另一方面,社区结构的复杂化与不稳定因素的增多,也加剧了社区安全工作的难度。社区作为社会构成的基本单元，是保证国家安全稳定的重要基石，其安全稳定也与居民的切身利益密切相关。西什库社区注重与时俱进，加快推进安全社区建设，从创新理念、聚焦重点、强化机制、加强宣传四个方面着手，取得了良好成效。

（一）创新建设理念，推进安全社区建设

社区的安全稳定是社区建设和发展的前提和保障，也是街道一项重要的基础性工作，关系着百姓的切身利益。"安全社区"概念是 1989 年在瑞典的斯德哥尔摩第一届预防事故和伤害世界大会上首次提出，即"任何人都平等享有健康及安全的权利"。建立安全社区有着重要的意义。一是维护人类生存健康权的需要。安全社区的建立能够有效预防控制居民伤害的发生，保证居民的健康。创建安全社区，以预防为主，重点在于强化居民的安全意识，提高居民应对灾害、突发安全事件的能力，为居民的人身、财产安全提供必要的保障。二是构建和谐社区的需要。安全社区的构建不仅仅是防范灾害，更需要强化对突发安全事件的预防与应对，加强社区安全保障，促进和谐社区建设。因此，构建安全社区，需要充分利用好现有的资源，进一步强化社区管理，从而提高社区综合管理水平。

什刹海街道一直把防灾减灾和社区安全作为创建"安全社区"的重要内容进行推进。西什库社区位于北海公园西侧，占地面积 0.14 平方千米。社区内有楼房 27 幢，楼门 88 个，平房院 7 个，常住户 1351 户，常住居民 3352 人，流动人口 1400 余人。西什库社区在防灾减灾建设过程中，把"以防为主"作为理念，力争做到"预防在先"，不断加强社区居民的减灾防灾意识、自救互助和自我的防护能力。

（二）完善评估体系，聚焦重点隐患领域

西什库社区注重利用"风险评估"的信息化手段对社区内进行科学有效的评估，主要针对该社区的重点人群、重点区域、重点建筑进行评估与排查。该社区在 2006~2013 年被评为首都的"平安社区"，2013 年被民政部

命名为"全国综合减灾示范社区"。

一是评估脆弱群体。西什库社区坚持以人为本、以防为主的理念，采用防、抗、救相结合的救助方针。目前，关注弱势群体的需求特别是在灾害来临时的需求是国内、外社会学者关心的一个领域，也是基于社区安全的需求。西什库社区人口的密集程度高且弱势群体较多，主要是高龄老人、婴幼儿和残疾人士等。这些人群在灾害发生的时候会面临更大的风险，西什库社区在制定有关的救助方案时考虑周全，专门制定针对这些弱势群体的规避方案，并通过理论与实际相结合的办法，加强这些人群的演练。

二是评估社区脆弱建筑。位于什刹海街道北边的西什库社区主要是以楼房为主的老的混合型社区，楼房与平房院落并存，建筑物错综复杂、疏于修缮，存在较大的安全隐患。西什库社区工作人员根据不同季节的自然灾害特点，坚持预防为主的理念与房屋管理部门相互合作，及时对房屋进行检查并科学评估，防患于未然。通过科学的评估，西什库社区防灾减灾主要负责人对社区危房的坐落位置和危险程度有比较清晰的了解，这样不仅方便在日常生活中有针对性地进行安全意识宣传，也能够使工作人员在灾害来临时准确定位。将工作重心放到这些地方来，起到更好的预防与减灾作用。

三是排查家用煤气管道隐患。西什库社区经过前期调查研究，发现煤气管道是社区居民安全的重要隐患，或者说，西什库社区的煤气管道是否安全决定着防灾减灾工作的成败。针对这些情况，西什库社区充分发挥驻区资源优势，在2010年成立了"和谐促进志愿者协会"，并吸收了北京燃气集团的专业力量为地区安全服务。这支队伍具有较强的专业性和良好的职业素质，他们不仅定期对楼房内的居民进行安全隐患排查，同时还为社区的居民讲解正确使用燃气的方法，增强了居民的安全意识，使西什库社区燃气管道的潜在危险降到了最低。

（三）强化制度建设，完善救助工作机制

一是健全制度建设。西什库社区结合社区的实际情况，制定《社区应急救援物资装备管理制度》《社区应急救援物资装备使用办法》《志愿者防

灾减灾活动制度》以及针对相关工作人员的《工作职责》，不断完善管理制度建设。通过队伍建设、装备配备和宣教培训，社区综合防灾减灾能力有了较大程度的提高。社区还专门成立了以社区的党委书记为组长的领导小组，社区的工作人员、社区民警、社区居民代表和企事业单位内部人员都参与到小组中来。这种社区与辖区单位联合互动的方式有利于西什库社区利用单位资源广泛开展防灾减灾活动，完善组织层面的防灾减灾工作。

二是提高灾害应对水平。西什库社区的救灾工作小组主要分为疏散安置组、治安保卫组、生活物资保障组、宣传教育组、抢险恢复组、医疗卫生防疫六个工作组，各小组做到职责清楚、关系明确。社区小组的成员保持全天通信畅通，并确保一旦发生紧急情况救援人员在十分钟之内到达事故现场，各小组的工作人员及时与不同的职能部门配合第一时间实施救援。事故消灭之后，社区工作人员及时安排群众的食宿，对灾害造成的损失进行统计，全面掌握情况，及时解决居民的生活困难。

三是完善安全设施建设。什刹海街道不断加大对社区防灾减灾的基础设施建设，在 25 个社区设立防灾减灾宣传站，并广泛宣传防灾减灾技能。街道在成立应急抢险救援队的基础上，积极联系北京市救援基金会为街道配备社区应急救援物资装备。街道还专门定做个人装备储备柜，用于存放个人应急抢险救援装备。西什库社区自 2011 年起建设灾害应急避难场所，社区因地制宜合理划分了四处室内居民避难安置点和四处室外避难安置点。绘制"居民紧急疏散地形示意图"并设置警示牌、逃生导向标志牌和避难场所标识，场所内配备了救生绳索、棉被、消防斧、雨伞、食品、饮用水、急救用品及药品等一系列救援物品。社区工作人员还制定了避难场所的应急工作程序，明确相关工作人员的职责范围，增强防灾减灾设施功能。

（四）强化宣传教育，提高综合防灾意识

一是全面宣传教育。什刹海街道每年都结合世界防灾减灾宣传活动日，通过给居民发放扑克、台历、购物袋等防灾减灾宣传品，增强地区居民的防灾减灾意识。西什库社区还利用各种载体进行经常性宣传，如利用黑板、电子显示屏、板报、橱窗、彩色印刷品、宣传海报、宣传展板、致居民的一封信等形式，除此之外还引入了视频媒体，使防灾减灾意识深深扎根在社区居民的脑海中。西什库社区还注重利用社会力量加强对居民的防灾减灾培训，定期开展知识讲座，与北京市红十字会合作向培训合格人员颁发《自救互救培训合格证》，积极开展安全意识进部队、进社区、进家庭活动。

二是适时实战演练。结合"5·12"第五个全国防灾减灾日，街道以"识别灾害风险，掌握减灾技能"为主题开展了防灾减灾宣传教育、培训演练等系列活动，组织28人参加了灾害信息员培训及考核，为各社区培训了250名应急救援志愿者，各社区根据所学内容在景区、学校、平房区等人口流动大、安全隐患多的地方开展了应急救援演练。完成了25个社区的风险隐患排查。西什库社区针对该地区可能发生的重大事故和紧急事件，围绕火灾、水灾、自然灾害等灾害制定相应的事故应急救援方案，配置必要的应急救援设施和器材，并进行实战演练。实战演练主要分为现场观摩、工作介绍与启动演练、视频观摩三个环节，模拟发生地震灾害、智能报警疏散及火灾扑救、落水营救等场景，从街道层面全方位展现了基层应急救助工作和防灾减灾工作。2013年4月，西什库社区与顺天府超市联合开展"安全生产事故应急救援演练"活动。在前期充分沟通的基础上，于活动前制订了详细的演练方案，由社区的居民扮演正在超市购物的顾客。演练实施了灾害预警、转移安置和应急救助等工作流程，节奏紧凑，组织有序，注重实效，取得了很好的效果。西什库社区在推进防灾减灾的工作中，坚持以预防为主的理念，通过开展各种演练活动，提高居民的参与程度，使学校学生、辖区居民掌握必要的消防灭火、紧急疏散、自救互助等技能，提高社区居民的预防、应急和自救能力。

三　防灾减灾救助体系建设的核心
是安全、参与、依法

西什库社区一直坚持"安全第一、多元参与、预防为主"的理念，通

过建设安全社区，利用社区资源，运用科学手段对高风险环境、弱势群体、建筑物等进行评估及危险性对比，分类采取控制措施，不断强化社区安全功能，完善社区减灾防灾救助体系，其创新实践对构建特大城市基层安全治理体系具有重要的现实意义。

（一）安全的环境是社区建设的关键

西什库社区综合考虑周围环境之间的联系性，加强各要素之间相互配合，通过建立和完善社区的防灾设施与避灾场所，确保社区的防灾设施齐全和保证社区具备足够的避险、疏散空间，为社区安全提供基础保障。加强对社区周边的商店、工厂以及公共场所、大型地下空间等重点区域的排查与评估，合理推进社区周边环境的改造，确保社区安全。这些措施有效地维护和保障了社区安全，是社区防灾减灾救助体系的源头活水。

（二）多元参与是提高防灾减灾能力的保障

多元主体的参与要有一个载体，西什库社区是防灾减灾多元参与的平台。西什库社区有效地发挥其平台作用，加强组织协调能力，探讨多方单位参与的有效途径和渠道。一方面，加强社区自救力量建设，在社区成立志愿救援队或义务救援组织对灾害发生时进行小范围的救援，不断扩大社会力量参与社区安全建设；另一方面，加强社区安全的专业队伍建设，社会相关部门、单位在组建自己的专业救援队的基础上依托公安消防部队组建综合应急救援队，实现救援资源的大整合。

（三）健全的制度体系是防灾减灾救助的依据

目前，国家层面关于防灾减灾工作的法律法规也有很多，但是还不健全。西什库社区在充分运用相关法律法规的基础上，不断完善社区防灾减灾救助体系。一方面，强化应急预案处理制度。西什库社区加强与物业公司的沟通协调，共同制定社区应急预案，明确各自职责，提高应急安全事件处理能力，不断总结经验教训、查找薄弱环节、改进工作过程，以预案制度保证

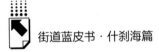

防灾救灾有依据、有保障；另一方面，建立安全评估体系。西什库社区坚持"以预防为先"的理念，加强对重点人群、重点区域、重点建筑的安全评估，以安全标准为依据，加强安全预防，为地区安全提供保障。

参考文献

顾林生：《日本大城市防灾应急管理体系及其政府能力建设》，《城市与减灾》2004年第6期。

北京市西城区什刹海街道西什库社区：《以防为主社会参与——北京市西城区什刹海街道西什库社区防灾减灾工作纪实》，《中国减灾》2014年第7期。

刘丽：《安全社区创建的思考与实践》，第十四届海峡两岸及香港、澳门地区职业安全健康学术研讨会暨中国职业安全健康协会2006年学术年会论文集，2006。

应松年、林鸿潮：《国家综合防灾减灾的体制性障碍与改革取向》，《教学与研究》2012年第6期。

文蕾：《关于在社区开展环境安全与防灾减灾体系建设的思考》，第五届亚洲安全社区会议，2009。

齐颖：《西城什刹海街道举行防灾减灾宣传演练活动》，首都政法综治网，http://www.bj148.org/chuangxin/cxpajs/201405/t20140513_559973.html。

B.8
什刹海街道智慧景区建设的实践与思考

摘　要：　随着网络技术的快速发展，智慧景区成为当前景区的发展趋势。通过对什刹海街道的实地调查，了解什刹海街道通过对景区营销体系、公共服务体系、管理体系和综合决策体系的信息化建设，对原景区系统构架进行了完善与升级，并提出具体运营方案，完成了愿景规划。智慧景区的建设尚处于探索阶段，难免会存在一些问题，但通过不断的改进和完善，智慧景区的推广势必会为景区发展带来强大动力。

关键词：　智慧景区　旅游　什刹海街道

一　现代旅游景区发展的趋势选择——智慧景区

（一）智慧景区是智慧旅游建设的重要内容

1998 年 1 月，时任美国副总统的戈尔在加利福尼亚科学中心开幕典礼上发表了题为《数字地球：认识二十一世纪我们所居住的星球》演说，第一次提出"数字地球"的概念。随后我国根据风景区的规划管理、保护与发展的需要延伸出"数字景区"的概念。但随着我国旅游业的快速发展，数字景区的发展问题涌现，举步维艰。2008 年 IBM 总裁彭明盛又提出"智慧地球"的概念，强调了新信息和通信技术的运用带来的巨大改变，不久 IBM 又推出了建设"智慧城市"的方案。在"智慧地球"和"智慧城市"的基础上，结合景区特性，衍生出"智慧景区"的概念。由于采用了物联网、移动客户端和云计算等新信息技术，智慧景区为新一轮景区的发展带来强大的动力。

"智慧景区"是"智慧旅游"建设的重要内容。根据国家旅游局的提法，"智慧景区"可以从广义和狭义两个方面来定义。在科学管理理论同现代信息技术高度集成的背景下，广义的"智慧景区"不仅强调技术因素，还强调管理因素；狭义的"智慧景区"强调技术因素。

（二）智慧景区是我国旅游业发展的新趋势

1. 旅游业发展需要智慧景区建设

第一，智慧景区的建设是对景区软实力和硬实力的全面提升，使景区与外部信息不对称的问题得到有效解决，优化整合现有旅游资源，淡季旺季游客失衡的问题也能得到一定改善；第二，智慧景区建设中网络的运用，使得整个旅游经营模式、流程和运作得到透明化监管，游客的权益得到更好的保障；第三，智慧景区建设中远程监控管理的运用，可实时可视化地维护景区的安全秩序，预防和应对突发事件的发生；第四，智慧景区建设是传统旅游概念的新拓展，为传统旅游业注入新鲜血液、提供更科学化的管理平台，促进旅游业的跨越式发展。

2. 政策支持推动智慧景区建设

2011年9月，国家旅游局发布了《中国旅游业"十二五"发展规划纲要》，指出我国将在10年左右的时间初步实现"智慧旅游"。2011年10月，北京市旅游发展委员会启动北京"智慧旅游"城市基础设施建设，与中国移动北京公司签署战略合作协议，率先开展城市无线宽带覆盖、旅游信息整合等项目。2012年5月，北京市旅游发展委员会发布《北京智慧旅游行动计划纲要（2012～2015年）》、"智慧景区""智慧饭店""智慧旅行社""智慧旅游乡村"4个建设规范。规划纲要的提出，为智慧景区的建设提供了有力的政策支持。同时，智慧景区也是对贯彻和落实科学发展观的具体体现。

3. 智慧景区建设顺应了时代发展的浪潮

随着经济的快速发展，特别是"以发展内需为主，加快转变经济增长发展方式"的国家战略确定以来，旅游业发展对经济拉动作用不断增强。而在网络信息技术如此发达的今天，旅游业将不只是承担着产业创新、促进产业结构升级的功能，智慧旅游也将越发成为趋势，以游客为本、以网络为支撑，实现感知互动和高效服务，更将成为未来景区的核心竞争力。因而，如何通过信息技术与旅游服务、旅游管理、旅游营销融合发展，使得景区的建设与综合管理实现网络化、智能化，使得旅游资源与社会资源得到系统化整合和深度开发应用，以更强的服务能力提升游客互动体验，将是未来景区转型的潮流，即智慧景区建设是未来景区发展的必由之路。

二　什刹海智慧景区建设明确规划路线图

（一）什刹海景区是什刹海历史文化保护区的组成部分

什刹海街道位于北京城区中轴线的西北部，面积 323 公顷，其中水域面积约有 33.6 公顷，环湖岸线 6400 延米。辖区有各级文物保护单位 40 余处，街巷 144 条，社区 22 个。地区现有各类酒吧 82 家，餐饮 76 家。1999 年被北京市划定为历史文化保护区。

什刹海景区是指什刹海地区的前海、后海和西海三个水域及其邻近地区和护国寺街地区的共 146.7 公顷的区域，约占什刹海地区总面积的 45%；什刹海景区中"三海"水体面积达 33.6 公顷，约占景区总面积的 23%。景区以什刹海命名，其主体为环"三海"区域。范围大体东起地安门外大街北侧；南自地安门西大街向西至龙头井向西北接柳荫街、羊房胡同、新街口东街到新街口北大街；西自新街口北大街向北到新街口豁口；北自新街口豁口向东到德胜门，由德胜门沿鼓楼西大街到钟、鼓楼。

什刹海历史文化保护区是集传统生活居住、特色商业服务和文化风景旅游功能于一体，历史遗迹丰富、风貌特色鲜明、人文气息浓厚的人文生态保护区。什刹海景区作为什刹海保护区的一部分，是典型的开放式景区。基于什刹海景区开放式、三区合一（居民区、景区和商业区）的特性，什刹海智慧景区建设不能局限于景区管理的信息化，还要兼顾旅游观光、休闲娱乐、特色商业和社区构建等多方面的协调发展。在此情况下，什刹海要建设智慧景区还面临着许多困难和不足。

（二）什刹海景区提出建设智慧旅游综合服务区目标

1. 以智慧旅游综合服务区为建设目标

什刹海智慧景区建设的总体目标是：通过充分整合什刹海旅游资源、旅游经济、旅游活动及旅游者、居民信息，运用物联网、大数据、虚拟现实、移动互联网等技术，以小而美的智慧化平台理念，激发中小企业的主动参与和自主创新，最终将什刹海建设成为融合历史人文的数字化文化体验主题和京派休闲的智慧化乐享体验主题于一体的智慧旅游综合服务区。

另有五个辅助目标：其一，提升景区管理。规范现有景区管理流程，实现对管理对象的可视化、数据化和模型化管理；其二，提高游客服务质量。提供丰富旅游路线，便利的餐饮、住宿、购物等全方位旅游信息服务，以及游客应急服务等；其三，加强景区信息化队伍建设。培养、建立一支信息化管理人才队伍；其四，改善景区民生。建立数字化社区，建立什刹海网络营销平台，统一设计标识，打造地区品牌，优先让区内低收入群体参与网络营销，增加收入；其五，为城市管理提供基础数据。提供游客来源、消费倾向的数据，为北京市合理配置旅游服务资源提供数据信息。

2. "三平台一系统"的建设思路

什刹海智慧景区的规划建设要综合考虑到前瞻性、整体性、科学性及可操作性。即站在北京智慧旅游的长远视角研究什刹海智慧化的策略，站在旅游产业、现代服务业、文化产业和社区稳定和谐发展的高度制定什刹海智慧化规划，以保障产业安全和实现可持续发展为目的展开什刹海智慧旅游景区建设，以人为本、以产业为先、以科学管理为理念，推进什刹海智慧景区的建设。

从地域上讲，根据智慧景区系统硬件设置的密度和系统功能覆盖范围，将智慧景区的范围分为三个依次扩大的同心圆，即什刹海智慧景区核心区、整合区和辐射区。核心区是什刹海智慧景区建设的核心部分，指智慧景区各个系统的固定硬件设施的主要设置区域，所有的智慧功能都要在本区域内得以体现，从地理区域上等同于什刹海风景区管理处的管理范围。整合区指通过智慧景区建设将某一区域的旅游资源衔接组合，成为一个有价值的旅游区域体，包括什刹海景区在内的什刹海历史文化保护区。辐射区指通过 IT 技术建立的与核心旅游业务有关的智慧旅游手段所辐射的区域，地理范围包括什刹海景区，什刹海历史文化保护区，为什刹海提供交通、餐饮、购物、住宿等深度游服务的周边地区，外国游客进出口岸，游客来源地客流聚集点等，如交通口岸、商贸中心、休闲娱乐场所。同时，辐射区也可指通过互联网技术建立的虚拟区域，如移动互联网用户的 APP 应用入口、加载在国外主要旅游类网站上的链接和在线虚拟景区等。

从具体任务来讲，什刹海智慧景区至少要建立"三平台一系统"，即北京地区第一个开放式旅游区域标准化旅游信息服务平台、第一个"智慧旅游大数据"平台、第一个标准化智慧化的深度文化导游信息系统、第一个面向小微型休闲旅游商家的云分销服务平台。

从业务逻辑来看，什刹海智慧景区建设思路可表述如图 1。

3. "3 + 4 + 7"的总体架构

什刹海智慧景区总体框架包括 3 个平台、4 大体系和 7 项保障。3 个平台指旅游服务感知服务平台、数据中心管理平台、信息共享服务平台。其中旅游服务感知服务平台包括信息自动获取与高效传输两个方面；数据中心管理平台包括集成管理与计算服务；信息共享服务平台则是借助信息基础设施和数据基础设施，面向六大应用体系提供信息服务与流程服务。4 大体系即基于什刹海景区的资源特点和应用系统功能、系统服务对象、系统使用部门等因素考虑划分的，包括智慧景区营销体系、智慧景区管理体系、智慧景区服务体系和综合决策体系，共同构成智慧什刹海的应用服务系统。7 项保障即指管理决策、运行机制、资金投入、信息技术、规范标准、人才队伍、安全保障。

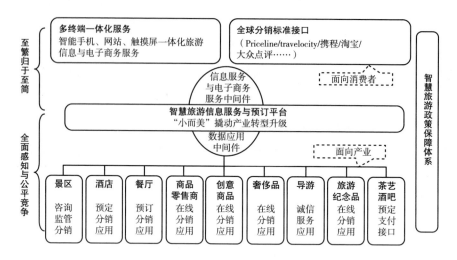

图1 什刹海智慧景区建设思路及业务逻辑

（二）什刹海智慧景区的基础设施和信息化建设

1. 智慧景区基础设施建设

（1）公用电话系统。建设之初，什刹海公共电话网建设薄弱，只有在前海北岸有一部24小时的公用电话，根本无法满足智慧景区建设规范的要求。什刹海街道的解决方式是，通过建设具有复合功能的公用电话网，将公用电话和网络应用功能结合起来。例如，景区可考虑多功能公共电话亭，该设施既包括普通的电话机，也包括为游客提供上网服务的固定触摸屏终端，为游客提供拨打公共电话以及查询旅游信息、在线购物、虚拟旅游等服务。这类设施方便没有移动终端但有上网需求的游客，如外国游客、老年游客和手机出现问题的游客等。

（2）无线通信网。主要是指手机移动通信网。什刹海景区处于北京城区的核心区域，移动电话信号良好。

（3）无线宽带网。什刹海计划从烟袋斜街和护国寺街特色街开始，视景区实际情况逐步建设无线宽带网。具体做法是，通过增强现有基站功率或增加基站，分步骤地推进无线宽带网的覆盖面积，先期建设覆盖主要入口地区和游客集中地区，如什刹海荷花市场地区、前海西沿、前海北沿、金丝套地区和其他景区主要出入口，后期逐步扩展到整个景区直至整个什刹海地区。

2. 什刹海景区信息化系统

（1）视频监控。目前，什刹海景区已建立视频监控系统，基本实现了景区全覆盖，能够实时监控重要景点、客流集中地段、事故多发地段，并设有专门的视频监控室。对照《北京智慧景区评分细则》（以下简称《细则》），在监视界面建设方面，尚缺少"闯入告警"功能；在监控控制（画面、数人头）方面，还缺少"能实现 3G 物联网视频监控"功能。

（2）游客流量控制。目前，什刹海景区基本建有基于视频监控的游客流量控制系统，包括入口人流计数管理、出口人流计数管理、游客总量实时统计、游客滞留热点地区统计与监控和游客流量超限预警。但系统数据来源单一，架构简单，系统功能有进一步提升空间。

（3）景观资源管理。根据《细则》要求，智慧景区应建设景观资源管理系统，主要功能包括对自然资源环境进行监测或监控，对景区内各类遗产资源、文物资源、建筑景观、博物馆收藏等景观资源运用现代化科学管理手段进行信息化与数字化监测、监控、记录、记载、保护、保存、修缮、维护等，从而便于景观建筑文物数据的查询检索以及面向公众展示。目前，尚未建设景观资源管理系统。

（4）经营资源及财务管理。什刹海景区管理处为非营利性的管理机构，区内经营业务由旅游开发中心独立运作。

（5）办公自动化。根据《细则》要求，智慧景区应建设景区办公自动化系统，基本功能包括流程管理、电子邮件、文档管理、公文流转、审批管理、工作日历、人员动态展示、财务结算管理、公告、新闻、通知、个人信息维护、会议管理、考勤管理等。目前，什刹海景区尚未建设景区办公自动化系统。

（6）应急广播。什刹海景区已建有应急广播系统，基本为环湖地区。为满足《细则》的基本要求，即广播覆盖景区 1/2 以上地区，系统具备在

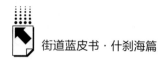

紧急情况下立刻转换为紧急广播的功能。

（7）应急处置响应系统。什刹海景区备有与西城区其他相关执法部门的应急预案《西城区什刹海地区客流风险管理总体防控方案》。在受理景区游客旅游咨询和投诉方面，景区管理处与游客之间的信息沟通渠道较少。

（8）指挥调度中心。什刹海景区在前海设有专门的办公室，可以按《细则》要求，对人员、车辆指挥调度进行应急指挥。在组织、协调、管理和控制应急资源和监控终端控制方面有进一步提高的空间。在获取区、市等各方面的旅游综合信息方面，目前主要以电话、文件方式为主。什刹海景区在发布有关的旅游信息方面，目前主要通过广播系统。

（9）电子门票和电子门禁。什刹海景区属于开放式景区，景区内的游船项目由独立的商业机构运作，不在景区的管辖范围内。

（10）门户网站。根据《细则》要求，景区建有以为游客服务为核心内容的门户网站，且上线正常运营。什刹海景区在西城区政府、政务网内建有网站，有景区基本信息浏览、景区信息查询、旅游线路推荐和行程规划、景区推介服务、交通导航五项内容，但不丰富且更新慢；有景区微博，但使用不稳定；无多语种服务；有下载服务，但无法使用。

（11）电子商务。景区为开放式景区，区内有许多收费的景点、餐饮、住宿、旅游纪念品交易等第三产业，电子商务需求潜力巨大。但目前什刹海景区尚未建设电子商务，无法提供景区门票网上预订和电话预定、景区门票网上支付和网上交易以及景区旅游产品、旅游纪念品等的网上预订和网上交易等服务。

（12）数字虚拟景区和虚拟旅游。目前，什刹海景区尚未建设数字虚拟景区，无法运用三维全景实景混杂现实技术、三维建模仿真技术、360实景照片或视频等技术建成数字虚拟景区，无法实现虚拟旅游。

（13）现代自助导游。目前，什刹海景区尚未建设建立在无线通信、全球定位系统、移动互联网、物联网等技术基础之上的现代自助导游系统。

（14）传统电子导游。根据《细则》要求，智慧景区需提供运用基于射频识别、红外、录音播放等技术的自助导游设备服务游客。目前，什刹海景区设有供三轮车乘客使用的无线导览机和有游客手持的无线导览机。该导览机基于射频识别技术，由激发器激发预存于导览机内的多媒体内容。景区在40个景区设有击发装置，导览机有五种语言切换。什刹海无线导览机有进一步升级的空间，如将激发器用无线网络连接，使其成为可接收实时信息的移动终端。

（15）旅游资讯信息发布。目前，什刹海景区在宋庆龄故居设有 LED 大屏一块；景区的游客自助导游终端机主要有三轮车导览机和无线导览机，但不能接收实时信息推送；景区内尚未设有旅游多媒体服务终端机；景区尚未开发手机 APP 应用软件。目前旅游资讯发布的有效手段是广播系统，但可能对景区内居民生活产生影响。景区网站发布有景区基本信息介绍，但内容有待丰富，对景区内实时信息发布工作需要提高；网站点击率不高，需要做网站推广工作。

（16）游客互动及投诉联动服务平台。街道欲将查询旅游相关信息、下载软件、打印路线信息、在线留言投诉以及触摸屏上的虚拟旅游功能等规划在旅游信息发布系统、手机 APP 应用和景区门户网站的功能中。针对游客投诉进行联动服务的电话投诉处置系统和网络投诉处置系统由什刹海景区上级部门管理规划。

（17）呼叫服务中心。在什刹海荷花市场地区设有游客服务中心，可以提供旅游产品查询、旅游资讯查询、景点介绍、票务预订等服务，但不能与12301 旅游热线平台对接。该中心咨询形式包括电话咨询、人员面对面咨询，对象主要是来什刹海地区旅游的外国游客。目前能够提供英语和韩语服务及相关的文本资料。该中心业务隶属于西城区旅委，属于公益项目，由独立机构进行运作。

（18）多媒体展示。目前，什刹海景区尚未进行多媒体展示建设。

（19）旅游故事。什刹海景区管理处以及其他相关机构已经编写了大量关于什刹海地区的旅游资料，在恭王府等景点有售。目前，什刹海景区的旅游故事编辑工作主要集中在纸媒传播阶段，需要加快旅游故事的多媒体化和多语种化，适应网络传播的需要。

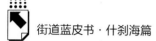

（20）景区游戏。目前，什刹海景区尚未进行景区游戏建设，未编写与北京城市、旅游景区有关的游戏，未与旅游营销结合起来形成商业化运作。

（21）创新项目。目前，什刹海景区尚没有创新项目，但欲针对什刹海三区合一的特点，设计景区居民的数字社区，加强景区管理处和景区居民的沟通，协调游客与景区居民的需求，进一步提升什刹海景区的游客服务质量。

可以说，什刹海智慧景区信息化基础建设已经初见成效，景区在信息化终端的配置、网络等基础设施的建设和信息化系统建设等方面已经具备进一步提升智慧化水平的基础，并积累了相当的经验和人才，但整体上缺乏系统性，尤其是在规划不足的情况下，各个应用系统分散运作，信息孤岛化严重，这是下一步需要着力打通的关键所在。

（三）什刹海智慧景区四大体系架构

1. 智慧景区营销体系

（1）景区门户网站和电子商务。未来，什刹海景区可在现有门户网站的基础上进行升级，同时增加多语种版本，着力拓展其功能：第一，景区展示功能，包括景区介绍、景区地图、周边环境、景区视频、友情链接、全文检索、RSS 订阅；第二，旅游服务功能，包括景区基本信息发布（天气状况、环境指数和客流流量等）、旅游线路推荐、游客行程规划、景区自助游线路订制、什刹海特色文化、旅游基础知识、在线咨询等；第三，电子商务功能，包括订票中心、餐饮预定、酒店预订、导游预订、什刹海商城、会展预定、停车位预定，在线烟袋斜街等；第四，互动交流功能，包括景区公告、领导信箱、游客留言、网上投诉、旅游论坛、什刹海微博、什刹海博客等。第五，推介拓展功能，包括什刹海手机 APP 应用下载专区、什刹海景区游戏、虚拟什刹海等。

（2）数字虚拟景区和虚拟旅游。用户可以通过（移动）互联网入口和终端设备应用使用虚拟旅游系统。用户在虚拟环境中，运用鼠标或键盘变换位置和观看角度，使用户通过交互式视景仿真产生身临其境的感觉，实现仿真旅游。系统提供给用户最直接和感官的体验，让用户通过体验虚拟景观，促使用户选择到景区旅游，或对景区进行口碑传播，扩大景的影响力。

（3）智慧旅游多媒体体验中心。智慧旅游多媒体体验中心是指借助地理信息系统、虚拟现实和现代多媒体等多种技术建立旅游观光体验平台，让游客体验到不同季节、不同视角下的景区风光，高效展示景区核心景观资源。根据《细则》，智慧旅游多媒体体验中心包括体验馆、多点触摸互动内投球和多点触摸互动桌。其做法主要是利用声光电来综合展示景观、自然文化遗产、生物等，重点打造景区多媒体可视化展示系统，给游客提供可视化查询工具，包括语音播放、视频查询等，能够更好地让游客在旅游计划决策、旅游产品预订支付、享受旅游和回顾评价旅游的整个过程中都感受到智慧旅游带来的全新服务体验。该中心可放置在景区出入口处、景区客源地的客流集中场所、游客进出交通口岸等。

（4）在线音乐厅。依托什刹海景区驻酒吧歌手，吸引海内外歌手，打造原创音乐的线上展示舞台，打造网络版中国好声音，进而扩大什刹海地区原创音乐的影响力，发掘音乐人才，提升什刹海地区文娱产业品质。采用视频播放、网络直播等形式，提供在线评论、文娱表演预订等辅助功能。

（5）景区互动教育娱乐平台。由于什刹海景区文化氛围的特性，景区游戏并不适合，但可以增设景区互动教育娱乐平台，至少实现三大功能：其一，文化教育与休闲娱乐功能；其二，广告嵌入功能；其三，品牌传播功能。

2. 智慧景区公共服务体系

（1）景区手机 APP 应用。一般来说，景区 APP 应用应覆盖游客的游前、游中和游后的旅游全过程。什刹海旅游手机 APP 应用突出的重点可包括北京旅游指南、什刹海特色美食、什刹海景区及附近地区酒店、特色线路、什刹海景区旅游指南、娱乐指南、什刹海购物指南、消息推送、一键呼叫、旅途分享、手机 APP 推广、分享推广、应用商店推广等。

（2）信息发布系统。利用多种现代通信渠道来实时动态发布各种旅游资讯信息，为旅游管理、旅游预警、旅游宣传提供资讯传播支撑。发布渠道主要有手机短信、APP 应用、景区广播、景区 LED 显示屏等（见图 2）。

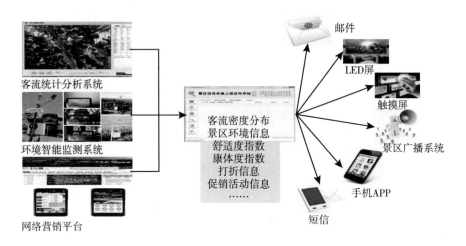

图2　什刹海智慧景区信息发布系统

（3）电子导览系统。景区电子导览系统主要由导游机、无线感应网络、语音播放系统和中央数据库等组成，通过电子导览设备和后台中央数据库所形成的网络控制系统，以语音播放和视频播放等方式将旅游景区的服务和景点内容传递或展现给游客。在景区游览时，游客可以不需要人工导游进行引导、讲解。智能导游系统可以根据游客的位置，自动提供对应景点的文字、图片、语音、视频讲解，除此之外，还可以实现实时信息接收等功能。

（4）智能停车场系统。什刹海智能停车场系统结合电子商务系统、一卡通系统为停车场管理提供全面、高效的管理手段，为增加停车场使用率，提高经营者经济效益，改善景区附近交通状况，加快驾驶人员停车效率、停车安全提供了有效的技术支持。智能停车场系统实现网上预定车位功能，游客可以自主选择车位位置，预定停车时间，可以实现停车计时付费及不停车收费等主要功能。

（5）公共交通系统。什刹海景区通过建设景区内部交通系统，解决景区机动、三轮车辆运行中违规操作无法监督控制、调度方式缺乏科学依据、运营成本过高、游客对景区交通满意度不高的问题。三轮车上配备GPS、摄像头、指挥中心调度系统，从而使每辆交通车实现定位、监控、调度、报警、信息沟通等服务。

（6）客流引导系统。针对什刹海景区的高峰客流，通过视频监控设备对客流信息采集，传输到中央数据库，由客流引导系统通过广播系统、LED屏幕和参观人员手机等终端发布客流预警信息，根据游客位置提供智慧路线，进行景区分流疏导。并能查询什刹海实时客流图像，从另一角度欣赏什刹海景观。

（7）大客流疏散系统。由什刹海景区管理部门合理确定景区的极限客容量、最佳客容量、舒适旅游客流量，细致到每一个景点，规范成文件，并制定针对不同游客容量的应急预案。

（8）公共广播系统。什刹海景区网络广播系统是集背景音乐广播、消防紧急广播、游客疏导于一体，采用以太网网络技术，利用媒体网络音频技术传输的一套数字化智能网络广播系统，包含日常广播（景区文化故事）、紧急广播、区域临时广播等功能。

（9）呼叫中心。建设什刹海景区呼叫中心，通过语音通话为游客提供公共资讯查询、预订、紧急求助、投诉等服务。

（10）信息收集与发布系统。什刹海旅游资讯发布内容包含景区基本情况介绍，景区内实时动态感知信息（温湿度、光照、紫外线、空气质量、水温水质等），景区内智能参考信息（景区景点内游客流量、车流拥挤程度、停车场空余位置等），景区管理部门发布的旅游即时相关信息等内容。

（11）游客投诉服务平台。建设什刹海游客投诉服务平台，使游客通过手机 App 及什刹海门户网站，对景区进行投诉，并且跟踪投诉处理情况。也可以与呼叫中心合并，游客电话投诉后，由电话服务人员在投诉平台上进行登记。

（12）超越时空之体验。如建设多种类型的虚拟体验馆，让游客有超越时空的体验，具体包括 3D 飞行屋、时光长廊、5D 影院、回到清朝当王爷等增强现实的幻镜、幻台等。

（13）无线景区。通过与运营商合作，建立旅游信息服务基础设施，实现景区内所有区域无线信号（WiFi）覆盖。考虑到成本、景区整体美观及山林地形信号强度等因素，可以建设信号有效覆盖范围为 1 公里的 WiFi 终

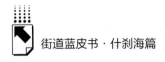
端信号基站，什刹海只需布设 10 台以内。

（14）室内无线。为了满足什刹海景区建筑内无导游式导航导览的需要，采用业内技术领先的主动式无线射频技术（RFID）和多媒体技术相结合，构建"最后一米"网格。同时，将手机 App 导游导览与 RFID 定位功能整合，使游客可以通过使用手机导游导览 App，就能实现对室内文化的全方位了解和游览。景区管理人员也可以根据 RFID 标签，在线统计室内游客所处位置、客流情况。

（15）立式触摸屏导览机。建设立式触摸屏导览机多媒体展示系统，目的是让无手机导览的游客也可更好地了解景点信息。具体展示信息包括：景点兴趣点基本信息查询，餐饮场所信息查询，游览路线查询，购物信息查询，应急信息查询，黄页查询，相关预订、支付、打印服务等。

（16）一体化信息亭。在什刹海主要片区游客较多的景点建设两至四个为游客提供公众性服务的一体化信息亭。其中放置 ATM 机、触摸式自助终端机、LED 显示屏等高科技设备。游客可以直接进行景区导游信息查询、金融服务、自助式购买汽车票、火车票、飞机票、呼叫出租车、可视电话及其他信息获取等。

（17）LED 显示屏。通过外包的方式，在景区内建立多块 LED 显示屏，日常播放什刹海景区介绍和景区信息发布系统发布的数据（包括客流、环节指数、展馆展示内容等）。

（18）居民数字社区。即通过信息化技术为景区居民建立网络虚拟社区，实现景区管理者、景区居民和游客之间的信息沟通，为景区居民搭建起集文化娱乐、生活服务、社区建构功能为一体的在线交互平台，并兼具社区管理、文化娱乐、社区服务等功能。同时，将数字社区建设与网格化管理工作相结合，打造社会管理信息系统平台，能够整合公安、人社、民政、信访、司法等相关信息资源，推进什刹海景区社会管理创新，有效提升社会管理能力。

3. 智慧景区管理体系

（1）智慧景区 OA 系统。OA 系统（Office Automation System）又称办公

自动化系统。智慧景区 OA 系统实现了景区内部无纸化办公，提高了办公效率，提升整体管理水平，同时具有远程办公能力。景区办公自动化将景区管理部门的业务流程数字化，从管理者角度可以跟踪查询某一项工作的处理状态，显示监控权限内的所有工作事项，可以监控到某一工作所处的状态，是否逾期办理等情况。从长远看，什刹海景区还可以开发手机版 OA 系统，以增强景区管理处的移动办公能力。

（2）智慧景区安全保障智能监控系统。智慧景区安全保障智能监控系统采用数字化网络化手段，负责对景区出入口、客流集中地段、水域、停车场及主要景点等重点区域的远程监控和智能管理，主要包括三部分：前端摄像系统、数据传输系统、控制和显示系统。前端摄像系统完成数据采集，传输至监控中心，在监控中心完成数据的保存以及对前端摄像机焦距、景深等的控制，并通过大屏幕系统或电视墙实时播放多路视频画面，供工作人员集中监控。需建设包括前端传感器、传输系统、管理系统的 3G 物联网。

（3）智慧景区应急处置响应系统。即景区应急管理及紧急救援系统，通过系统实现旅游景区的通信管理、预案管理、应急信息管理、指挥调度、旅游安全事件预警等功能，提高景区的旅游救助、救援的时效性，使游客得到及时救助。通过增加手持移动终端，如基于无线数据传输的终端设备或智能手机，景区管理人员可实现对接警、信息报送与处理、救援行动展开、事后处置备案等全过程的信息化管理；还可增加景区管理处与游客之间的信息沟通设施和渠道，如固定信息终端、景区内固定电话、移动导览机以及在线投诉等。

（4）智慧景区指挥调度中心。智慧旅游指挥调度系统是在突发事件发生时，供有关决策者进行应急决策及指挥的办公场所。指挥调度系统同时与紧急救援、应急广播系统以及什刹海和西城区应急资源等进行互动，实现统一调度、统一指挥、联合行动、快速反应。

（5）智慧景区资源管理系统。主要以景区资源（环境资源、景观资源）为核心管理要素，基于景区内部管理和协调指导工作的需要，涵盖了景观保护、环境保护、物业管理、设施维护、后勤保障、停车场管理、财务费用管

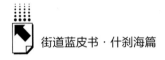

理等各业务环节，以强有力的流程控制与预警，全面、准确、实时的数据共享机制，为景区营造一个高效运转资源保护、管理体系。

（6）物业运营管理系统。该功能模块包括基础管理、经营管理、综合服务、工程管理、物料管理、停车场集中管理和监控呼叫中心等多个子系统，构成对景区物业管理的整体信息化解决方案。

（7）ERP 管理系统。ERP 管理系统包括财务管理、资金管理、全面预算管理、人力资源管理。通过 ERP 系统，景区实现精细化管理和协同化办公。

（8）智慧景区数据中心。数据中心是景区信息资源的存储中心、管理服务中心和数据交换中心，负责提供支持内网、互联网的数据处理和面向Web 的服务。通过建立统一的数据规范和数据标准、数据交换平台、数据管理中心和综合分析中心，实现智慧景区应用系统之间以及与部门信息的互联互通，提供综合数据服务。

4. 智慧景区综合决策体系

景区综合决策系统是在以数据仓库和商业智能技术为支撑，抽取、汇集各项业务数据的基础上，利用科学的方法和手段，进行加工和整理，形成各个业务主题，全景展现和动态跟踪景区运营、管理的各个环节，综合分析景区的各项运作指标，总体提升景区管理水平。整合景区内部各部门数据构建科学决策模型，为景区管理随时提供及时、准确、恰当的决策信息。通过外部接口，与智慧城市系统联动，协调景区及周边城区管理，为智慧城市提供管理分析数据。

（四）什刹海智慧景区运营方案及建设方案

1. 什刹海智慧景区运营方案

什刹海智慧景区建设的投资建设和运营维护涉及四个主体：什刹海景区管理处、智慧景区规划提供商、电信运营商和智慧景区服务提供商。什刹海景区管理处是智慧景区的管理方，通过管理处信息化建设提高管理水平，降低运营成本，提高经营效益，不断提升景区服务水平，向景区观光的游客提供智慧旅游体验。智慧景区规划提供商，协助景区经营者做好建设规划、实施服务以及运营统筹等方面的总体规划工作。电信运营商负责提供景区基础电讯服务，并在此基础上提供基于移动互联网技术的服务，如手机 APP 的软件开发、维护服务等。智慧景区服务提供商主要是指智慧景区软件提供商、硬件服务提供商、运营商以及负责技术支撑层面的云计算基础设施服务提供商和云计算应用服务提供商等。

就建设和运营模式而言，大体有三种。第一种是景区投资建设、运营和维护，即由景区负责筹集资金、开工建设，再到建成后的运营维护的所有环节，景区独自享有系统产生的综合管理效益，该模式无独立赢利模式，但能够提升景区品质、环境和服务能力，适用于视频监控、游客流量监控、景观资源管理、数据中心、办公自动化、景区居民数字社区、应急广播、应急处置响应系统、指挥调度中心、呼叫服务中心等系统。第二种是景区独自或景区与企业共同投资建设、企业运营维护，该模式有商业运营成分，初期利润额可能较低，中长期利润有提升空间，可以采取由景区或景区和企业共同投资建设，由共建的投资方来运营，也可外包给更加专业化的公司运营，适用于门户网站、电子商务、数字虚拟景区和虚拟旅游、景区多媒体展示。第三种是企业投资建设、运营和维护，即企业负责投资、建设、运营和维护系统，独享系统运营带来的经济收益，该模式投资收益期短，有一定的盈利能力，利润来源稳定，但运营管理成本较大，与景区核心竞争力关系不大，适用于手机自助导游、虚拟旅游等系统。

2. 什刹海智慧景区系统三年建设方案

（1）建设及运营阶段的划分。按照建设与运营的总体目标，基于什刹海景区信息化建设的现状，将什刹海智慧景区建设与运营分为三个阶段，即2014 景区管理提高年、2015 游客服务提高年和 2016 综合提高年。

（2）建设与运营工作计划。2014 年以提升景区管理、完善现有信息化系统水平和建设景区管理新系统为中心，重点提升智慧景区信息化基础设施、建立统一的数据中心、建设 OA 系统、提升无线导览系统和建设手机APP 系统。2015 年的工作计划是提升游客服务水平，以门户网站建设为中心，提升游客体验。主要任务包括提升智慧景区信息化基础设施，完善门户网站功能、发展在线电子商务系统，建设数字虚拟景区并发展虚拟旅游，建设智慧景区多媒体体验中心，推进智慧景区资源管理系统建设等。2016 年的建设目标是综合提升游客服务、景区管理和社区协调水平。主要任务包括完成景区综合决策系统和建设数字社区等。

3. 什刹海智慧景区文化增值建设三部曲

什刹海智慧景区建设是传播、文化与 IT 新技术的融合的过程。智慧景区的系统建设丰富了景区文化传播的形式和手段，增强了文化的表现力。智慧景区在进行信息化系统建设的同时，也要加强文化传播建设。什刹海景区从 CIS（Corporate Identification System）建设的角度，结合景区系统建设，制定了三年期的智慧景区文化传播规划。其核心是依托什刹海现有文化资源，运用以 IT 技术为核心的新媒体传播手段，探寻以什刹海品牌建设为先导的文化增值路径。

一是 VI：设计、建设什刹海的传播标识体系。建设内容包括：提炼什刹海文化要素，设计统一的什刹海智慧景区展示系统，包括景区 Logo、景区宣传标语、标准字体、象征造型及图案、标准色、标志设计、全称中英文字体、景区旅游工具外观设计、广告宣传规范、景区导引系统设计等。编辑整理景区故事，景区导游、导购和导览，游客游览须知等资料以及员工行为准则、人事制度、财务规则等内部管理规范。

二是 BI：设计、建设什刹海的行为识别系统。以信息化系统为依托，电子商务发展为核心，通过线上、线下渠道广泛施用 VI，树立什刹海区域品牌形象。建设内容包括景区电子商务营销，景区旅游产品开发，开发在线旅游产品，如景区游戏、虚拟景区等发布景区介绍，景区故事等推介材料。

三是 MI：设计、建设什刹海的理念识别系统。设计什刹海景区居民和商户共同接受的文化标识，丰富什刹海区域品牌内容，提升景区整体文化品质。建设内容包括：借助什刹海品牌效力，着力发展高附加值文化产品，大力加强网络国际宣传；鼓励景区商铺使用景区电子商务系统，商铺集中搞商品展示，交易环节由在线电子交易完成，方便游客，尤其是外国游客交易；

鼓励景区居民参与什刹海景区的电子商务经营，提供在线商铺，以增加区内居民收入，改善民生；鼓励居民外迁，保留原有住房，发展文化产业，用景区电子商务的收入给予外迁居民补偿。

三 什刹海智慧景区建设亟待强化智慧化应用

（一）特色旅游资源深度体验感较弱，亟须智慧化手段提升体验感

什刹海地区面积较大，位于北京市老城区核心区域，交通便利，是相对独立的地理单元。什刹海街道有自己的地理特色和文化特色。在这里，老北京的城市肌理、街道格局保持完好，居民区内胡同密布，道路错综复杂。区域内保有大面积水域，更有不规则分布的道路，以区别与北京其他地区的棋盘式格局；什刹海地区历史人文积淀深厚，旅游资源散布整个区域。文物古迹丰富、景观类型多样、文化特质保留良好。皇族文化、士大夫文化和市井文化相互交融，构成一个成片的集北京文化、民俗原生态于一体的旅游区域，适合游客深度体验游，同时也能满足对文化深度解读的需求。但历史文化尚无法被游客感知，游客景区地理与文化的深度体验感较弱。

首先，需建立规范化的数据采集机制，采集、加工游客信息、居民信息、消费信息、企业信息、旅游商品信息、区域历史、文化等资源信息，做好智慧什刹海底层基础数据的建设；其次，什刹海地区的地理特色、文化特色需要管理机构理清旅游路线并借助信息化手段（如景区网络专栏和移动媒体客户端等）来向游客进行展示推介；最后，可采用 AR、VR 等数字融合空间的技术应用理念，作为智慧旅游建设的一个重要组成部分，能够利用数字多媒体技术、空间感知和图像分析技术、三维技术等创新科技，将景区的现状和历史面貌、文化内涵、艺术演绎充分融合，让游客产生沉浸式情境化深度体验的感受，充分提升什刹海人文旅游产品的整体满意度，提升人文旅游资源的收入水平。

运用智慧化的手段弘扬、宣传属于自己的历史文化，通过给游客带来特

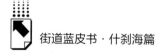

色的深度体验，以此来激发游客的深度游兴趣，增加什刹海深度旅游的数量，促进旅游消费，拉动什刹海旅游经济的增长。

（二）景区商业发展空间受限制且服务品质较低，亟待网络电商平台助拓展

什刹海景区区位优势明显，且历经元、明、清三代积淀，区域内商脉保存良好，不仅拥有传统的烟袋斜街、前海酒吧街区和护国寺小吃街等特色商业街区，而且市场氛围浓厚，文化元素丰富，便于发展文化产业。但由于什刹海地区人口稠密，区域内基础设施老旧，发展商业的空间较少，品牌传播渠道单一，无法吸引消费者的再次消费，难以拓展。

什刹海景区商业的发展可运用信息化手段拓展商业营业空间和品牌传播方式。对外的景区网络可设置特色商业街区专栏，以街为单位，为景区内每家正规营业的店铺提供对外的网络平台、新型销售渠道，同时，使游客能有效、方便地感知什刹海内的休闲旅游资源、休闲旅游产品，获得充分的旅游与服务的信息，快捷实现预订和结算，快速决策、轻松消费、愉快买单。网络化商业平台的建设既能推动什刹海地区的经济收入，又能促进什刹海地区旅游产业的进一步发展和升级。

（三）游客与景区内居民缺少交融，建设网络社区拉近距离

什刹海街道的景区与居民区重合，既具有社区属性，又有景区属性。游客在什刹海景区旅游时，身份发生了转变，即由日常生活的熟人圈，进入了一个陌生圈，常有游客在有需求或想提出建议时无所适从的现象发生，而同时有意愿提供游客服务的居民却无法了解有需求的游客。并且，游客的观光活动也会对街道居民生活构成一定的影响。景区居民与游客之间缺少沟通渠道。

为加强游客与居民之间的沟通，网络社区建设是大势所趋。网络社区的建立可使有意愿提供服务的居民及时了解游客的需求，也能使游客了解哪些行为会较大程度地影响居民日常的生活秩序，并及时更新网络社区平台数

据，保障游客方便安全出行。网络社区的建立有助于实现对景区内旅游资源、休闲资源、商业资源的充分洞察、预测、分析、调度和引导，从而实现旅游管理的全面智能化、智慧化、平台化。

参考文献

什刹海街道办事处：《什刹海"十二五"总体规划》。

《智慧景区》，百度百科，http：//baike. baidu. com/link？url = pWI5NfzRAhVLUNdZ0CKyZcruf0Z5XRHlS_ A0IOVTUGDuL_ n3cOryDR – i – fF2hzJI0kp6ZFVB0d7NngeJZPVII_ 。

颜敏：《基于物联网的南京智慧景区建设研究》，《江苏第二示范学院学报》2014 年第 8 期。

王露瑶、程金龙、周瑞雪：《我国智慧景区建设的现状及思考》，《四川旅游学院学报》2014 年第 4 期。

刘爱丽：《智慧景区旅游体系构建研究——以泰山为例》，华侨大学硕士学位论文，2013。

盛方清：《智慧景区游客体验维度及调控策略研究——以南京中山陵景区为例》，南京师范大学硕士学位论文，2014。

张红英、曹培培：《智慧景区评价指标体系的构建分析》，《经济研究导刊》2014 年第 35 期。

章小平：《"智慧景区"建设浅探》，《中国旅游报》2010 年 1 月 25 日。

党安荣、张丹明、陈杨：《智慧景区的内涵与总体框架研究》，《中国园林》2011 年第 6 期。

邵振峰、章小平等：《基于物联网的九寨沟智慧景区管理》，《地理信息世界》2010年第 5 期。

B.9
什刹海街道社会面动态管理机制创新的实践与启示

摘　要：　党的十八大和十八届三中全会、四中全会都对深化平安建设，完善立体化社会治安防控体系做出了明确部署。作为首都安全治理的最基层，街道在增强社会治安整体防控能力、有效遏制暴力恐怖犯罪、个人极端暴力犯罪、提升人民群众安全感和满意度方面负有重要责任。什刹海街道坚持系统治理、源头治理、综合治理、依法治理，以社区安全为基础构建地区安全治理体系，以打造地方"安全共同体"为抓手创新地区治安防控机制，以完善"全响应"网格化社会服务管理系统为手段构建新的地区安全治理模式，在建设社会治安防控网、完善社会治安防控运行机制、提高社会治安防控体系建设科技水平、运用法治思维和法治方式推进社会治安防控体系建设等各方面做出重要探索，对我们思考首都社会治安防控体系建设有许多有益的启示。

关键词：　社会治安动态防控体系　什刹海街道　社会安全　公共安全

加强首都社会治安动态防控体系建设，创造一个安全稳定和谐的社会环境，事关地区发展大局和人民群众的根本利益，是落实"四个服务"的必然要求，是街道工委办事处必须固守的工作底线之一。什刹海街道作为首都核心功能区的核心，区位重要、地位重要、功能重要、人口密度高、结构复杂、瞬时流动人口多、社会稳定任务重。近年来，什刹海街道坚持从更深层次把握社会安全稳定的关键点，适应新形势下社会治安和维护稳定工作的需要，把事后处置与超前防范、治标与治本结合起来，有效整合各种社会力量，形成工委统一领导、部门各负其责、社会有效协同、群众广泛参与的社会治理格局。积极创新治安防控机制，构建全方位、全时空、多层次的动态防范控制体系，成为决策科学、指挥有力、反应迅捷、责任明确、协调配合、运行高效的治安防控链条，为地区的安全发展、协调发展和可持续发展提供了有力的保障。

一　风险社会背景下的什刹海地区安全形势

（一）中国进入全球性风险社会建构时代

人类目前生存的社会既是一个经过了若干次工业革命改造后的"人化"的现代化社会，更是一个充满着各种现代化风险和各种不确定性的社会，也就是德国社会学家乌尔里希·贝克提出的"风险社会"。贝克认为，后现代社会正在逐步被"风险社会"所取代。"风险"与早期的"危险"相对，是与现代化的威胁力量以及全球化带来的不确定性相关联的一些后果。改革开放以来，中国在享受全球化、现代化带来的红利与便利的同时，也不可避免地进入全球性的风险社会建构时代。这种建构既有世界风险社会的一般性，也有中国风险社会的特殊性。这些特殊性主要表现在以下三个方面。

一是历时性风险共时性存在。从总体上看，中国目前仍然是一个农业社会、工业社会和知识社会并存的三栖社会。中国经济社会发展的不平衡不仅体现在东、中、西部的发展存在断崖式的差距，而且体现在三种"历时性"的社会形态"共时性"交叠在一起，基于自然的传统危险与工业社会的风险一起共同遭遇知识社会的解构，三种风险齐聚登场、叠加出现、相互激荡，从而进一步增加了风险的复杂性和风险影响的广度与强度，中国面临着比西方发达国家更加巨大的风险挑战。

二是经济性风险社会性存在。改革开放以来，中国从计划经济向市场经济体制转型的同时，也叠加了从传统社会迈向现代社会的转轨。双重转变都在进行中，但与先发的、主动的、有组织的经济转型相比，社会转轨却是被动的、自发的和滞后的。日趋严重的环境与资源问题成为当今社会矛盾的重要焦点，日渐扩大的贫富差距加剧了社会群体之间的隔阂与误解，巨量流动人口考验现有社会结构及其承载力，严峻的教育、养老、就业、医疗、住房、食品安全以及社会群体间信任问题，在一个相对较短的时间中聚集，成为当下直接困扰中国的风险因素。

三是非制度性风险存在。与计划经济时代高度封闭、高度一致的传统社会不同，在市场经济和信息化时代，开放、多元是现代社会的基本特征，利益主体多元、文化形态多元、社会价值多元、个人主体意识觉醒，过去那种"领导挥挥手，我们跟着走"的高度一致性的时代永远过去了。但是，在经济、社会实现深刻转型的同时，我国社会治理制度的转型相对滞后，"中国社会面临的诸多风险，更核心的来源是制度转型，或者是缺乏新的制度应对新的风险，或者是现有的制度能力不足无法解决风险"，这种人为的不确定性使每个人都面临着几乎不能预测的巨大风险，使得社会陷入了"有组织的不负责任"的公共安全治理困境之中。

（二）什刹海街道安全治理要求高、难度大、基础差

什刹海街道位于西城区东北部，辖区面积5.80平方千米，辖25个社区居委会，共有居民46279户，户籍人口120607人，常住人口89570人。从安全治理的角度看，辖区的主要特点是以下几点。

一是中央机关多，治理要求高。辖区处在北京中轴线上，一、二类大街多，中央首长驻地及名人故居多，中央和部队领导机关多，邓小平、叶剑英、徐向前、杨成武、张爱萍等党政军领导人生前都曾在此居住。中共中央国家机关工委、国务院机关事务管理局、中央文献研究室以及中国人民解放军总参、总政、总装都在此辖区，是全国政治中心的重要承载地，辖区安全容不得半点马虎。

二是流动人口多，治理难度大。辖区历史文化底蕴深厚，文化古迹和公

园景点等旅游资源丰富，被列入区级以上文物保护的有44处（其中国家级6处、市级22处、区级16处）。什刹海风景区先后被评为北京市一级公园、"全国最美城区之一"和国家4A级风景区。宋庆龄故居、郭沫若故居、梅兰芳故居、恭王府、庆王府、醇亲王府、涛贝勒府等王府名宅、名人故居，每年吸引大量中外游客。旅游业以及与旅游相关的饭店、旅馆等服务业带来了大量的瞬时流动人口和常驻流动人口，给地区安全治理带来严峻挑战。

三是老旧平房多，治理基础差。什刹海历史文化保护区占地面积3.23平方千米，占辖区面积的55.7%，是北京40片历史文化保护区中面积最大的一片，有烟袋斜街、龙头井、大小金丝胡同等170条，有老旧平房院落3891个、31872户。另外还有大量居民居住在"筒子楼"，全街道户均居住面积不足30平方米。平房区城市基础设施落后，生活居住条件极差，绝大部分平房院落被违章建筑非法侵占，住满了低收入人群。这部分居民与公务员、城市白领在文化层次、收入水平、民生诉求等各方面均存在巨大的差距，如何在切实强化民生建设力度的同时，着力弥合贫富、贵贱落差在人们心理上造成的裂痕，是地区安全发展、和谐发展亟须解决的问题。

（三）什刹海地区公共安全治理面临四大新形势

习近平总书记考察北京市以后，北京市的发展进入一个新的历史时期。什刹海街道作为首都功能核心区的核心，需要在落实首都城市战略定位中当好示范，在建设国际一流和谐宜居之都中提供保障，在调整疏解非首都核心功能中做好服务，在全面深化改革中进一步激发地区活力。新时期什刹海街道安全治理创新面临新的形势。

一是利益主体多元化对地区安全治理结构提出新要求。随着市场经济的推进，利益关系从统合走向分解，过去那种利益主体单一、大一统的一元化社会发生了根本变化，利益主体呈现多元化趋势。同一件事在不同利益群体间有不同的利益诉求。原来单一的、自上而下的行政化管理方式已无法适应新的利益格局，需要建立多层次的复合型网络式治理结构。

二是社会结构复杂化对地区安全治理能力提出新要求。地区人口老龄

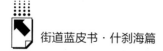

化、高龄化进程明显加快，大量空巢家庭、失独家庭、丁克家庭、单亲家庭的出现，使家庭的抗风险能力明显降低；富人与穷人的区隔明显，不同阶层的消费分层明显，一批失利和失意阶层开始出现；社会需求开始呈现出个性化的特征，人们开始关注和重视自身的权利，维权意识增强，从个体维权到集体维权，从底线维权到发展维权，正在成为一种新常态。这一系列结构性变化需要有更强的公共安全治理能力来应对。

三是社会生活数字化对创新地区安全治理方式提出新要求。大数据时代通过技术的创新与发展，以及对数据的全面感知、收集、分析、共享，为我们提供了一种全新的看待世界的方法和视角，正在全方位地改变着我们的生活、工作和思维，解构、拆构和重构着现有的社会秩序。社会生活的快速数字化需要我们充分运用大数据技术创新地区安全治理方式，提升对大数据的分析能力以及对分析结果的应用能力，提升应对新媒体网络舆论的能力。

四是治理方式法治化对地区安全治理的制度化建设提出新要求。党的十八大做出了加快建设社会主义法治国家的战略部署。全面推进依法治国，对政府依法行政提出更高的要求。街道作为社会管理的第一线，同时也是群众矛盾纠纷解决的第一线、意见收集解答的第一线。如何运用法治思维想问题、作判断，用法治方式化解矛盾、促进和谐，进一步约束和规范行政权力，更加注重过程管理，重构政府与群众的互信，关系到全面推进依法治国的贯彻和落实，也直接关系到全面推进依法治国在人民群众心目中的信心和权威。

二 什刹海街道构建科学的社会治安动态防控体系

面对新的形势，什刹海街道从自身实际出发，自觉服务于首都的发展大局，加强基层基础工作，严格落实综合治理领导责任制，以深入开展矛盾纠纷排查为载体，以落实服务为先，动员全民参与，形成群防群治的强大合力，构建起科学的社会治安动态防控体系，扎实推进平安建设。

（一）完善安全治理体系

持续建设"国家安全社区"。安全社区建设是一项综合性、系统性、社会性的工程，内容多、涉及面广、目标明确、标准可操作，对地区整体工作的带动性强。从 2005 年开始，什刹海街道持续 10 年推进安全社区创建工作，有针对性地开展安全促进项目，培养安全意识、传播安全知识、营造安全文化氛围，努力使社区建设的每个环节都能达到安全标准，最大限度地减少各类事故与伤害，不断提升区域平安建设水平，确保社区每个人都有安全感。继 2009 年获得"国家安全社区"荣誉称号以后，2014 年又顺利通过国家安全总局专家组的复查，继续保持这一称号。

构建安全生产长效机制。针对辖区生产经营单位数量多、变化大，安全隐患动态性强，单位人员安全意识不强，主体责任落实不到位等特点，建立集管理信息系统、地理信息系统、移动通讯为一体的安全生产经营单位隐患排查系统，开发了"什刹海街道安全生产单位隐患排查系统"，对辖区所有的生产经营单位进行了入户普查，建立了企业安全生产条件数据库，使隐患排查工作不断规范化、制度化，有效利用信息化手段全面提升行政管理、为民服务、应急处突等多方面的管理能力和效率，有效预防安全生产事故的发生。

强化消防安全工作。什刹海地区老旧平房多，90% 以上的居民住在平房里，火灾是什刹海地区的一大安全隐患。一是完善消防设施。街道投资为辖区 140 多条比较窄的胡同安装了 190 个灭火器箱和灭火器，方便火灾初期居民自救。二是强化应急演练。根据发生重大灾害后居民如何自救等情况，在 25 个社区、相关单位开展应急救援知识培训和实战演练。三是排查消防隐患。加大检查力度，结合火灾隐患整治工作，重点对单位疏散通道、安全出口是否畅通、消防安全责任制落实情况进行检查。真正做到坚决依法查处、坚决依法整改火灾隐患，把安全第一的思想切实落实到基层，坚决避免类似事故在地区发生。

抓好交通安全工作。以认真贯彻学习宣传道路交通安全法及交通安全宣传管理工作为中心，有针对性、重点地开展工作。一是通过宣传橱窗、专家授课等形式深入开展交通安全宣传"进单位、进学校、进社区"活动。二是对重点单位除签订安全责任书外还进行了"三见面、三把关"工作，设置"单双日出行提示牌"，强化法律、法规意识和安全意识。三是在北海公园东门停车场、北大医院等重点地区强化宣传，广泛营造"人人关注、人人参与、人人践行交通文明"的社会氛围。

全面做好地区反恐防暴工作。反恐防暴工作一直以来都是街道工作的重点，特别是2013年"10·28"事件后，按照市、区反恐部门的要求，街道领导高度重视，成立了以街道党政一把手为组长的反恐领导小组，强化组织领导；进一步制定完善《什刹海街道反恐防暴工作方案》和《什刹海街道突发事件应急预案》；针对什刹海景区开放式的特点，组建了30人的反恐防暴应急小分队；定期组织职能部门对辖区水、电、气、热、易燃易爆品、生物化学品、各类刀具等危险品的生产经营单位和商店进行检查，发现问题及时纠正，消除安全隐患；结合重大活动、重要节日进行反恐应急演练，提升部门间配合熟练程度，提高应对突发事件的能力；积极发动驻区单位、治安志愿者等群防力量参与反恐工作，构建全民反恐网络；加强流动人口管理，以服务促管理，创新"以房管人、以业控人"等工作管理模式，确保流动人口不失控、不漏管。

（二）创新治安防控机制

打造地方"安全共同体"，完善社会化大预防工作机制。一是每年年初地区综治委与地区128家中央、市属、企事业单位及25个社区签订《社区治安综合管理责任书》，明确责任，落实领导责任制，把综治工作层层量化，保障综治工作有序开展。二是加强协作配合，深化"平安边界"建设。按照行政区划，街道与东城区四个街道分别签署了《边界协议书》，强化与相邻街道的"联谊、联防、联调、联打"的工作机制，加强信息沟通，实现资源共享，共同维护边界区域的社会秩序和政治稳定。三是加强宣传，使群众真正认识到加强治安防范事关自己的切身利益，切实增强群众的意识，提高人人自觉参与群防群治的积极性。

坚持专群结合，群防群治，完善社会治安联防联动机制。充分发挥地区公安派出所、地区单位、社区居委会、治保积极分子、社区志愿者、社区巡防保安、保洁员、地区民兵组织等作用，最大限度地整合地区安保力量，做到使各种巡逻队伍和防范力量联防联动，形成地区社会治安防控多层次、全方位、立体化、网络化格局，实现主要街面巡逻防范掌控化，社区、小区巡逻防范专业化，复杂区域、场所巡逻防范重点化，内部单位巡逻规模化的治安防控体系。为国庆节、中秋节等重大节日和 APEC 等国家重要活动提供安全保障。目前街道共有治安志愿者 3950 人，已全部纳入安全信息员队伍，分布在社区网格里，对街区实现全天候、无死角看护。

强化基础信息调查，完善以房管人的流动人口和出租房屋管理机制。组织各社区流管员开展流动人口和出租房屋基础信息调查工作，摸清出租房（包括违法群租房）底数，建立台账。截至 2014 年底，地区共有流动人口 27386 人，出租房屋 6026 户，违法群租房 16 处、106 户、287 间、767 人，区级挂账 1 处，已经全部清理完毕。结合流动人口和出租房屋基础信息采集登记工作，最大限度地在流动人口群体中将影响社会治安和社会稳定的各类重点人员发现、查找出来，及时发现掌握可疑情况，及时登记建档，及时将发现的问题隐患反馈公安机关，坚决防止出租房屋和住人的地下空间内发生影响社会治安和社会稳定的案件。

坚持分类管理，完善特殊对象帮扶管控工作机制。什刹海地区现有矫正人员 38 人，刑释解教人员 245 人，137 名在册的吸毒人员。什刹海街道坚持分类管理、分阶段教育，认真落实"无缝衔接"帮教工作，建立落实刑释解教人员档案登记、帮教对象考察制度，对矫正人员进行逐人核实，逐一评估，并根据核实情况划分重点对象进行重点帮教，根据情况分别制定帮教措施，确定帮教责任人，为两类人员排忧解难，解决实际问题，使其安心接受矫正，顺利融入社区生活，预防和减少重新犯罪。同时严格按照区禁毒办要求，做到吸毒人员与社区康复工作无缝衔接，加强吸毒人员服务管理，与25 个社区签订了《禁毒工作领导责任书》，配合派出所加强戒毒康复人员的

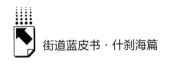

日常管控管理。

全面落实信访工作责任制，完善矛盾纠纷排查机制。一是坚持"谁主管、谁负责"、"属地管理"和"分级负责、归口办理"的原则，上下联动、多管齐下、全面排查、全力调处，努力做到小事不出社区，大事不出街道。二是从"坐门等访"转变为"公开接访"，从"群众上访"转变为"干部下访"，访民情、走民意，在一线研究、在一线调处、在一线化解。三是抓好基础工作，将信访工作与社区党建结合，与社区服务结合，与社区宣传教育结合，与居民自治结合，化解突出的社会矛盾。形成"纵向两级受理（街道、社区）、横向一线联动（各科室齐抓共管）"模式，构建起层层有领导负责、层层有人接待群众、层层有人办理信访事项的工作格局。

（三）构建网格化治理模式

科学划分管理网格。结合北京市、西城区工作部署及什刹海街道工作实际，按照方便群众、易于管理、细化工作单元的原则，将什刹海街道科学地划分为 205 个网格，由街道干部担任社区网格联络员，实现"一网四级"的网格力量配备，即"10＋X"模式：1 位街道网格联络员＋1 位网格长（社区专干）＋8 位驻街职能部门工作人员＋X 名网格员。目前，什刹海街道全响应网格共有网格员 3500 余人。网格人员均采用实名制，并采集每位网格员的基础信息，包括姓名、工作单位、联系方式等进行备案，从而建成"横到边、竖到底"的"全响应"网格责任体系，为街道"全响应"网格化社会服务管理工作的扎实开展奠定了坚实基础。

"三网合一"的治理功能。按照城管监督、综合治理和"全响应"网格三网合一的要求，在原有的城管监督网格基础上，将人、地、事、物、组织的信息植入"全响应"网格管理系统，编制电子地图，将责任区划分示意图、街道组织架构、责任人及楼门长照片、责任人及楼门长对应的身份证号码、姓名、联系方式、楼宇坐标、楼宇编号、责任区坐标、责任区编号、街道特色图片、街道 LOGO 图片等相关信息与区信息中心进行共享，并开通短信平台。在工作推进的过程中，不断完善系统建设、健全规章制度、优化工作流程，达到全面感知、快速传达、积极响应、认真处置的工作设想和最佳效果。

快速反应的指挥处置机制。街道"全响应"指挥分中心承担城市非紧急求助、民生服务、城市管理、分析研判、统筹推进等职能，对各类社会治安稳定问题，包括突发的重大案件、重大安全事故、重要事件、集体上访以及其他关系社会稳定的重大问题，根据案/事件接收、派发、跟踪处置的程序，能够快速掌握，在第一时间采取相应的控制和应对措施，处置完成后及时提交结案申请，指挥分中心收到结案申请后办理结案，同时收集科室对办理事件的反馈信息，责成网格人员对事件进行督查。在案件派发过程中如果发现案件反映的问题涉及驻街科站队所的职能，指挥分中心可以随时与在分中心座席办公的科站队所工作人员联系会商，由其协调相关部门进行处置，这样可以大大提高案件办理的效率。

无缝对接的统筹协调机制。网格化社会服务管理体系建设是一项系统工程，涉及方方面面，各部门都承担了相应的工作任务，需要搞好沟通、协调、配合才能聚沙成塔形成合力。什刹海街道认真研究了各个职能单位在网格化体系中的对接点和交叉工作，通过资源整合的方式促进工作有效整合，接入什刹海景区大客流预警系统及景区广播系统，兼顾通往什刹海风景区的各主要出入口、重要景点、重点地区、文保单位、三条特色商业街、三海水域及景区人力客运三轮车胡同游的视频监控工作，实现街道景区一体化管理。在"全响应"网格化社会服务管理指挥分中心实行驻街职能部门座席办公制。办公区设有8个工作席位，分别由"全响应"办的工作人员和驻街相关单位派驻街道坐班的工作人员共同使用。同时制定统一规范的"全响应"网格化社会服务管理项目指标、工作标准和操作流程，把责任落实到网格，把职能整合到网格工作体系，确保高效运行。

科学务实的监督评价机制。在日常工作中，完备的监督考评机制是网格化社会服务管理体系发挥效能的重要保证。"全响应"办在2013年协助星宇三鼎公司梳理街道业务、提供街道组织架构，开发了街道"绩效督察管理系统"。街道日后把所有日常工作都纳入系统，进行动态监督、考核，并

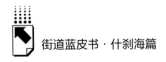
将监督考评结果量化、动态、公开、可视，纳入年终考核内容，切实形成强有力的工作导向，构建务实、公正的监督评价体系。

三 什刹海地区安全治理机制创新的三点启示

党的十八大和十八届三中全会、四中全会都对深化平安建设，完善立体化社会治安防控体系做出了明确部署。作为首都安全治理的最基层，街道在增强社会治安整体防控能力、有效遏制暴力恐怖犯罪、个人极端暴力犯罪，提升人民群众安全感和满意度方面负有重要责任。什刹海街道坚持系统治理、源头治理、综合治理、依法治理，以社区安全为基础构建地区安全治理体系，以打造地方"安全共同体"为抓手创新地区治安防控机制，以完善"全响应"网格化社会服务管理系统为手段构建新的地区安全治理模式，在建设社会治安防控网、完善社会治安防控运行机制、提高社会治安防控体系建设科技水平、运用法治思维和法治方式推进社会治安防控体系建设等各方面做出重要探索，对我们思考首都社会治安防控体系建设有许多有益的启示。

（一）如何筑牢社会治安防控体系的地基

夯实首都安全治理的基础，街道无疑是最关键的一个环节。在什刹海街道治理实践中，最首要的经验就是以社区安全建设为基础，在社区这个平台上，按照目前最先进的理念、最严密的体系、最严格的标准，充分动员广大群众，发现和识别风险隐患，将群防群治与专业干预结合起来，人防、物防、技防结合起来，网上、网下结合起来，打击、防范、管理、控制、服务结合起来，形成立体化的社区安全防控体系。

当然，要做到这一点，仅靠社区、街道的力量是不够的，还需要市区相关职能部门真正把街道、社区一线作为公共安全的主战场，重心下移、力量下沉、保障下倾，保证基层一线的相关组织、机构能够配置相应的人力、财力、物力和技术保障，实现人员素质、技术应用、设施保障与财政支撑的整体协调，构建起一体化、网格化、现代化的公共安全人防、物防、技防网络。

（二）社会治安网格化管理如何做实

将人、地、事、物、组织等最基本的治安要素统一纳入网格管理范畴，做到信息掌握到位、治安防控到位、矛盾化解到位、便民服务到位，实现社会治安管理的一体化和网格化，是新时期首都安全治理的重要目标。但要真正把网格管理做实，需要创新思维、创新机制。什刹海街道的网格之所以能够发挥作用，首先是网格本身划分科学，网格管理与社区治理能够合拍；其次是力量充实，街道领导亲自下网格，形成"10 + X"的格局；再次是监督管理有标准、有机制；最根本的是坚持以民为本、为民服务的理念，尊重群众的安全意愿，理解群众的安全关切，维护群众的安全利益，能够动员群众自觉参与。

在这方面，外地也有不少成功案例值得借鉴。2014 年，上海市出台了《关于深化拓展城市网格化管理积极探索和推进城市综合管理的若干意见》，在初步形成全市一张网的管理格局基础上，将城市网格化管理实践中已经形成的一整套标准和流程纳入制度化轨道，提出用五年时间，基本建成综合管理信息平台和监督指挥体系，适当扩展现有城市网格化管理的领域、内容，整合管理力量和资源，加大信息共享和联勤联动的工作力度，加大社会监督和市民参与的力度，进一步推动城市管理向法治、共治和自治积极转变。

（三）大数据如何助阵治安防控

今天，我们已经进入大数据时代，做好治安防控工作也必须站在数据之巅。大数据及其相关技术的采用，最大的好处是可以帮助我们降低社会安全事件的不确定性，进一步增强治安防控工作的预见性。什刹海街道构建社会治安动态防控体系，其中"动态"二字的实现，一方面在于其体系的完善、机制的健全，另一方面还在于构建起"全响应"网格化社会服务管理信息系统，将分散在各个社区、科室、职能部门下沉单位的各种诸如城市非紧急

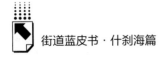

求助、民生服务、城市管理等"条数据"整合成"块数据",成为实现动态防控的重要资源。

未来,社会治安防控体系的建设将越来越强化对新技术的运用,充分利用新一代互联网、大数据、物联网、云计算以及智能传感、卫星定位、遥感、地理信息系统等新技术,创新社会治安防控手段,推动社会治安防控进一步实现信息化、智能化和现代化。当然,社会治安形势的好转不仅仅取决于技术应用,更取决于制度创新。应该依靠技术,但不应该依赖技术;应该相信技术,但不应该迷信技术。"制度 + 技术"的模式才能为创建国际一流和谐宜居之都提供有效安全的保障。

参考文献

杨雪冬:《风险社会与秩序重建》,社会科学文献出版社,2006。

薛晓源、周战超:《全球化与风险社会》,社会科学文献出版社,2005。

杨雪冬:《风险社会理论述评》,《国家行政学院学报》2005 年第 1 期。

程光泉、刘婧:《风险社会中科学发展观的确立》,《科学管理研究》2004 年第 3 期。

邓志伟:《关于社会风险预警机制问题的思考》,《社会科学》2003 年第 7 期。

李俊:《当前我国社会风险的体制根源》,《理论月刊》2002 年第 6 期。

孟荣:《风险社会理论视角下我国社会主义和谐社会的构建》,山东理工大学硕士学位论文,2012。

刘晶晶:《当前中国社会风险应对机制研究》,中共中央党校硕士学位论文,2010。

B.10
关于什刹海地区发展生活性
服务业的调研报告

摘　要：　生活性服务业是直接服务人民群众生活的民生产业。推动生活性服务业发展是保障和服务民生、提升居民生活品质的需要，是优化产业结构、提升经济发展水平的需要，是完善城市功能、提升城市精细化管理水平的需要，是新形势下西城区服务首都"四个中心"建设、打造国际一流和谐宜居之都核心功能区的重要内容。什刹海街道在推动生活性服务业发展过程中，从辖区实际出发，以满足社区居民生活需求为出发点和落脚点，遵循"群众受益、产业发展"的理念，统筹运用规划、政策、资金等多种手段，凝聚政府、社会、企业三方力量，推进社区生活性服务业便利化、规范化、品牌化、连锁化、集约化，积极构建管理规范、流通安全、服务便捷的现代宜居生活性服务体系。

关键词：　生活性服务业　社区服务　精准化服务　什刹海街道

一　生活性服务业关系宜居之都的生活品质

（一）民生保障任务重

什刹海街道位于西城区东北部，辖区面积5.8平方千米，下设25个社区居委会，常住人口12万余人。老旧平房院落多（目前平房院落3891个、

31872 户）。在 2000 年批准的北京市 25 片历史文化保护区中，什刹海地区面积最大。由于地处旧城保护区，老旧平房多、老年人多、困难家庭多及配套生活设施相对不足等原因，地区民生保障工作任务艰巨。推进地区生活性服务业建设发展，对改善地区居民生活、淘汰低端业态、推进城市管理精细化、促进社区和谐尤为重要。

（二）地区综合资源优势突出

什刹海地区历史文化资源深厚，是古都文化之源，同时具有部队、教育、医疗、旅游等多种资源，区域综合资源优势突出（见表 1）。

表 1　什刹海地区资源分类情况

胡同资源	大小金丝、龙头井等大小胡同 170 条
历史文化资源	恭王府、宋庆龄故居等文化保护单位 44 处
驻军部队资源	总参、总政、总装等；团以上部队单位 23 个
教育资源	北京四中、北京十三中、黄城根小学、北海幼儿园等 14 所
文化资源	解放军歌剧院、中央文献出版社、解放军出版社、中国妇女报社、北京文物研究所等
医疗资源	解放军三〇五医院、北京大学第一医院、北京大学口腔医院、积水潭医院、护国寺中医院等
旅游资源	北海公园、景山公园等旅游景点 30 余处
特色商业街	酒吧茶艺特色街、护国寺小吃街等 3 条

（三）生活性服务业资源丰富

2014 年，什刹海街道对地区生活性服务业网点进行全面摸查，按照分布、数量、位置等情况进行梳理。目前，地区现有公共服务网点 1330 个，其中，餐饮 593 家、菜篮子 74 家、便民维修 81 家、超市便利店 290 家、家政 19 家、美容美发 84 家、洗染洗衣 25 家、药店 17 家、再生资源回收 46 家（见图 1）。

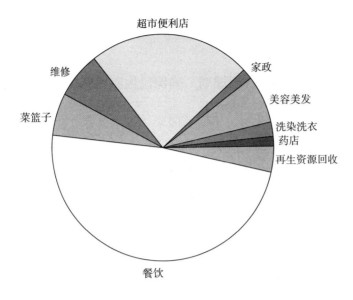

图1 生活性服务业分类

（四）发展品质亟待提升

一是资源与需求匹配度不够。调查发现居民需求程度由高到低前五项分别为：家政服务、综合修理、就医买药、生活用品配送、信息服务，而地区优势资源多集中在餐饮、便利店、美发等行业。针对老年人需求较高的家政、配送、陪护、精神慰藉等服务资源优势不突出。二是发展方式亟须优化。地区生活性服务业发展方式较粗放，便利性社区服务，连锁经营、物流配送、电子商务等现代流通方式在地区中所占比例较小，集约化经营程度低的单体小店占多数，缺乏科学规划及合理布局。三是社区便民服务业普遍缺乏市场开拓意识、战略发展意识、品牌服务意识等，便利性社区服务尚处于自发生长状态。

二 构建高品质生活性服务业体系

2014年，街道按照"政府引导、百姓需求、企业主体、市场运作"总

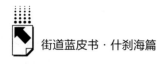

原则，优化整合资源，完善硬件设施，创新服务模式，不断推进社区服务业
建设发展。

（一）强化领导，合理规划，确保民生服务有的放矢

一是成立领导工作小组。依据区商委《生活性服务业三年行动计划》，
结合地区实际，成立街道生活性服务业三年行动计划领导小组，由街道主要
领导牵头，社会办、社保所、民政科、社区服务中心、各社区等多部门参
与。各部门密切配合，通力协作，确保工作有组织、有计划实施。二是开展
居民需求调研。以召开座谈会、设置意见箱等方式收集民情民意，同时在
25 个社区发放调查问卷 2500 份，收回有效问卷 2217 份，梳理居民需求，
明确工作目标及任务。三是科学合理规划。科学划分地区一刻钟服务圈，发
挥社区服务圈最大功能，依据"一刻钟社区服务圈"（社区居民从居住地出
发，在步行 15 分钟范围内，能够享受到方便、快捷、舒适的社区服务。通
过测算，街道老年人平均步行 15 分钟的距离为 600～700 米），确定以 700
米为最大半径，将辖区划分为 9 个服务圈，并以标志性地名作为服务圈名
称，分别为西海、后海北、旧鼓楼等。四是摸清服务圈资源。开展辖区各类
服务资源专项普查行动，统计掌握 9 个服务圈中公共服务、公益服务、便民
服务、志愿服务等各类服务资源 900 多家，制定并向居民发放《一刻钟社
区服务圈服务指南》。五是丰富民生服务项目内容。依据"缺什么、补什
么"的原则，培育新增了 4 家便民流动菜站、11 家便民菜站，并与 32 家地
区优质服务商签订合作协议，使居民生活服务内容不断丰富。

（二）整合资源，共驻共建，盘活优化社区服务资源

充分发挥社区服务中心的资源中心功能，把社会资源转换为社区资源，
把闲置资源转换为效益资源，把零散资源转换为整体资源，将辖区各类资源
聚焦到社区服务、公共服务中，打牢社区服务物质基础，实现共驻、共建、
共享、共赢。一是充分利用自有资源，努力实现最大化利用。认真梳理街道
自有房源，依据房屋性质、大小、位置，规划生活性服务业匹配项目。目前

已筹备 10 处房源，将依据居民需求，合理配备服务项目；2014 年以来，社区服务中心承接、组织了会议、媒体采访、居民活动、社区交流、外宾参观访问、展览等各类大小型活动 90 余场次，接待服务人数达 6 万余人。二是规范引导社会资源，培植公益服务项目。开展规范地区便民行业专项行动，规范菜篮子 8 家、便民维修网点 37 处、家政服务企业 10 家、再生资源回收站 10 家等；在 10 家超市便利店开展搭载服务，并与 10 家美容美发店签约合作，使其成为居家养老服务商，引入"为老人 1 元理发"公益项目。三是引导单位内部资源向社区开放。积极引导驻街机关、企事业单位的人财物资源服务社区居民：引导总参旃坛寺大院食堂向居民开放，参与社区服务；鼓励林业出版社开放内部 30 个停车位，缓解胡同内停车难问题；与西什库小学合作开放操场为附近居民提供晾晒衣被服务；与北京四中、北海幼儿园联合举办"名师进社区"家庭教育讲座，培训居民达 1050 余人；与北京武道馆联合开展"武当功夫进校园""武当功夫进社区"等。四是吸收优质企业参与社区服务。以社区服务中心为平台，吸引辖区优质企业作为加盟商参与"一刻钟社区服务圈"建设，新增居家养老配餐点 2 处、1 家便民主食厨房、1 家慈善超市、12 家便民菜店、建设 4 处蔬菜直通车、39 处便民修车、修鞋点，规范了便民项目近百项、公共服务项目 5 项。同时，动员社会企业参与公益服务项目 3 项、准市场化运作项目 4 项、实现与 NGO 组织合作项目 1 项，社区服务基础不断夯实。五是广泛开展群众性文体活动，丰富居民文化生活。多渠道开展文化、教育、体育服务，常年举办英语、摄影、古筝等各类培训班，以"社区大课堂公益讲座"为服务平台，向居民宣讲养身保健、常见病防治、生活常识等，2014 年培训达 6500 余人；筹建"什刹海居民休闲俱乐部"，为社区老年人和各类文体团队搭建展示交流平台，全年共开展主题活动 24 期，吸引社区居民 4000 余人。

（三）合理布局，积极推进，完善社区服务配套设施

一是改造商业服务网店设施建设。对辖区"便民菜店""主食厨房"等服务网点布局进行合理规划设置：在鼓西大街 145 号、羊房胡同 27 号等地

建立 12 家便民菜站，基本实现居民步行 15 分钟就能就近买菜的目标；响应前期调研居民需求，新设 4 处便民蔬菜直通车，解决个人社区居民买菜难问题；在德内大街 226 号建立"主食厨房"，安装无障碍设施，与京郊蔬菜基地合作，直供直销、安全实惠，受到居民欢迎。二是实施便民服务网点规范工程。对街区内部分路段进行合理规划，引导现有的 39 个便民修理车、鞋摊点进入划定区域并合理摆放。实行统一规范监督、统一收费标准、统一服装标识、统一经营设施、统一便民服务，并对工具车、围挡、工作服、遮阳伞等配套设备进行统一定型，在方便居民生活的同时，使景区内的街区环境与秩序得到有效改善，打造靓丽便民服务风景线。三是提升居家养老送餐服务品质。依托稳定的送餐员队伍，建立"送餐 - 取餐 - 就餐"一条龙式服务链；聘请专家对运营企业进行统一培训，协助企业推出价格合理、营养均衡的老年套餐。受益人群已由过去的 160 余人增加到目前的 1000 余人。目前就餐形式多样、饭菜口味自选的服务模式已日趋成熟。四是初步形成社区治安防控体系。对地区 34 个楼门的楼宇对讲系统进行升级改造，从技防层面提高居民的安全能力；消防安全进胡同，依据地区胡同宽窄、长度、平房院数等情况，投资 15 万余元，在 134 条胡同设立消防站点，为地区平房区共安装配备 190 个灭火器箱，完善社区消防体系建设。

（四）科技引领，服务创新，推进社区服务精细化管理

一是研发"家福·服务零距离管理系统"。街道与北京航空航天大学合作，引入北航物联网应用科技示范项目，加强科技应用和创新，整合在线监控、入户巡视、家政服务、系统分析等功能，迅速响应老年人的服务需求，居家养老巡视服务整体效率得到提升。二是打造社区信息化服务平台。借助"全响应"网格化社会服务管理平台，提升惠民服务，构建"一网四级"管理模式。截至目前，共收集到社区反馈的民情日志 5515 条，上报案件 579 件，其中已完成 549 件，办结率达 95%，明显减少居民办事成本。三是创新志愿服务管理模式。搭建志愿者与服务需求人群中间桥梁，成立燕春社、什刹海 INN 两个"社区青年汇"，目前已开展公益服务、文化学习、休闲娱

乐、体育健身、社团建设五类活动 100 余次，受益人共计 2000 余人，促进了社区志愿服务常态化发展。

（五）推进"撤市"，引进品牌，调整提升社区服务业态

以四环市场"撤市"为契机，优先打造地区便民菜站连锁经营品牌，带动地区便民菜站品质升级，提升便民服务业态品质。一是通过公开招标形式，引入市场优质资源，开展物流配送，实现蔬菜基地与社区菜店的对接。二是优化信息化管理手段，对便民菜店进行连锁化管理，从价格、店面形象、服务模式等方面形成统一管理，提升便民菜店整体服务功能，同时带动地区早餐工程、修车、修鞋摊点、家政服务、再生资源回收等生活性服务业项目的整体提升。三是引进三到四家蔬菜基地，采用公开招标方式，明确 1 家基地准入，实行连锁运营，倡导融合什刹海文化元素，真正做到连锁化运营。

三 发展生活性服务业要处理好五个关系

在推动生活性服务业发展的过程中，什刹海街道站位准确、措施得力，许多做法具有重要的理论与现实意义。

（一）正确处理政府引导与市场主导、企业主体的关系，充分发挥政府作用，尊重市场规律，确保政府入位、市场归位

一方面，生活性服务业属于终端消费，直接面对消费者，其生产过程和消费过程在时间和空间上几乎是并存的，消费满意度判断具有很强的地域性和主观性，一般具有微利性和福利性的特点，单纯依靠市场很难满足居民需求，这就需要加强政府在引导正确方向、扶持基本服务、强化监督管理等方面的作用。另一方面，生活性服务业与生产性服务业相对应，是现代服务业的重要组成部分，属于市场调节的范畴，政府介入必须尊重市场经济规律，高度重视市场在资源配置中的作用，按市场规则办事，以经营者为主体来实

现产业的发展和市场的繁荣。什刹海街道的做法是通过规划建设"一刻钟服务圈",把民生服务的消费者、生产者两端连接起来,把政府、企业(经营者)、社会三个服务主体整合在一个平台上,把企业服务、公共服务、公益服务三种服务形式和服务规则整合运用于便民、利民服务中,让消费者得益,让经营者得利,让社会组织的作用能够有所发挥,为社区服务注入鲜活的内容。

(二)正确处理政府引导与社会协同、公众参与的关系,充分调动社会各方面积极性,共同建设社区生活性服务业体系

如前所述,生活性服务业具有微利性、福利性的特质,是介于公共服务与私人服务中间地带的产业,单纯依靠政府和市场都有"失灵"的现象,这就给社会单位、社会组织以及社会公众的参与留下巨大空间。什刹海街道在实践中,以社区服务中心为平台,以"一刻钟服务圈"建设为载体,以服务换服务、以资源换资源,把社会资源转换为社区资源,把闲置资源转换为效益资源,把零散资源转换为整体资源,将辖区各类资源聚焦到社区服务、公益服务、公共服务中,打牢社区服务的物质基础,实现共驻、共建、共享、共赢。与此同时,进一步拓宽社区服务业的投、融资渠道,鼓励投入社会福利项目,提升服务品质与管理规范,打造具有什刹海特色的有影响力的服务业品牌,推进社区服务业的健康发展。

(三)正确处理保障民生与优化业态、疏解人口的关系,兼顾"群众受益、产业发展"两个目标,推动生活性服务业健康发展

作为一种民生产业,生活性服务业门槛低、知识含量小,大多数是劳动密集型的小微企业和个体经营户,业态相对低端,税收贡献率低,经营不规范,集聚了大量的外来务工人员,对经济发展的推动力小,占用的资源多,如果仅仅从产业发展层面、城市管理层面考虑,是属于优化、疏解的对象,但是从居民需求层面考虑,特别是类似什刹海这些平房区占比高达七成的地区,受经营条件所限,也与特定收入水平、消费习惯的消费者群体相适应,

这些低端产业、低端业态和低端人群有足够的生存空间，不能简单地加以取缔。总结什刹海街道的做法，解决这方面的问题，主要是在充分的调查研究基础上，以居民需求为导向，调整存量与发展增量相结合，规范一批、提升一批、淘汰一批、引进一批，确保业态优化、人口疏解在当期不影响居民基本生活，近期有提升生活质量的"想头"，远期有完善城市功能、提升地区品质的"盼头"。

（四）正确处理提高城市管理水平与优化生活性服务业的关系，确保城市生活服务功能与文保区、旅游区功能协调发展

作为首都功能核心区，西城区发展生活性服务业的一个重要诉求是提高城市管理精细化水平，全方位治理脏、乱、差，提升城市形象，提高宜居水平。作为居民区、文保区、旅游风景区三区叠加的混合功能区，什刹海街道对城市环境的要求更高，承担的城市管理任务更重，应该有更加完善配套的公共服务、公益服务和便民利民服务设施来支撑，但实际情况是，平房院落有 3891 个，共 31872 户，占常住人口的 68.8%，什刹海历史文化保护区占辖区面积的 55.7%。平房居住区排水、供暖、供气及道路等市政公用设施严重缺乏，至今仍有 130 多座旱厕，低洼院落遇雨成灾，城市管理的基础十分薄弱，与首都功能核心区的要求相差甚远。在这种情况下，如何在三区叠加中保障占辖区人口近七成的平房区居民的基本生活需求，是什刹海街道发展和提升生活性服务业的一个难题，也是西城区的一个难题。尽管什刹海街道做出了很大的努力，如"四环市场"撤市，采用"固定网点 + 流动菜车"的方式着力解决胡同内居民买菜难问题，拟建 8 处综合性、多功能的"百姓生活服务中心"等，但保护历史文物不仅是街道的事，也是西城区、北京市乃至国家的事，要想从根本上解决这个难题，需要市区政府在国家支持下进一步加大投入，统筹解决文保区基础设施建设问题。

（五）正确处理实体与虚拟、线下与线上的关系，落实"零距离、云服务"理念，充分运用现代信息技术提高服务效率

现代社会，大数据和信息技术为较小规模、个性化的服务需求整合成大产业提供了技术条件，同时也为生活性服务业、连锁品牌经营、社区集聚发展、综合服务供给和项目定向对接提供了条件，推动生活性服务业向规范化、连锁化、品牌化的方向发展。什刹海街道敏锐地抓住了这一机遇，在信息化技术应用方面做了不少尝试，取得了一些初步的经验。下一步，他们将从以下几个方面着手：一是研发手机 APP 平台及网络，发挥智能便利配送功能，建立完善信息化运营平台。引入物联网等信息化管理手段，实现"三个衔接"，发挥"三个职能"，即与街道"全响应"链接，发挥政府监管职能；与周边资源、大型商超链接，发挥便利店一站式服务功能；与居民需求链接，通过手机 APP 平台及网络发挥智能便利配送功能。二是增进科技应用与机制创新。继续与北京航空航天大学合作，推进街道"养老服务零距离"系统建设，加强科技应用，构建智慧居家养老服务综合平台，实现"以老人为核心，子女为动力，商户为支撑，社区为协调"的精细化居家养老模式，形成具有地区特色的智慧居家养老服务生态圈。目前已与北京航空航天大学进行多次洽谈，下阶段将做好空巢老人需求调查和平台综合需求分析及平台模块的开发。三是建立"需求无缝链接"的响应平台。依托物联网应用平台，与街道"全响应"信息平台进行链接，实现地区养老设施服务辐射、便民网店物流配送、连锁经营家政服务与老人需求无缝衔接、快速响应。

参考文献

西城区政府：《西城区生活性服务业三年行动计划（2014 年 7 月—2017 年 7 月）》。
马海燕：《浅析城市社区资源的整合》，《北京政法职业学院学报》2009 年第 2 期。
金建猛：《打造特色社区夯实和谐基础》，《连云港日报》2007 年 2 月 5 日。
郭晓敏：《"十二五"时期合肥社会管理创新绩效评析》，《中共合肥市党校学报》2014 年第 3 期。
西城区政府：《西城区国民经济和社会发展第十二个五年规划纲要》，2012。
《西城区："十二五"描绘发展新蓝图》，《北京日报》2011 年 10 月 27 日。

案 例 报 告

Case Reports

B.11

什刹海"一居一特"打造
品牌社区的实践

摘　要：　社区作为城市社会的细胞和基本组成单位，在城市社会治理体
系中有着不可替代的地位和作用。什刹海街道充分发挥辖区内
的资源优势，并结合自身的特点提出了"一居一特"的社区发
展思路。本文通过剖析"文化和谐型""敬老助老型""便民服
务型"三个特色社区的创建实践，较为详细地介绍什刹海街道
转变政府职能、科学实施"一居一特"工程在服务居民、凝聚
人心、优化管理、维护稳定和促进和谐社区建设方面的作用。

关键词：　"一居一特"优势资源和谐社区　什刹海街道　品牌社区
社区治理

一　从政府"配菜"到群众"点菜"

政府有为群众提供基本公共服务的责任。但在有限的时间、空间和能力

范围内什么才是群众最需要的公共服务？怎么才能提供让群众满意的公共服务？是一个需要认真研究的问题。长期以来，我们的基本公共服务是一种政府主导的提供方式，从预算到立项到结项，都是政府部门说了算，群众没有发言权，或者说群众没有真正的发言权。这种提供方式很难做到公共服务的供需对接，往往是政府花了不少钱，动用了不少资源，结果没有做到群众心坎上，干了许多"左腿痒痒挠右腿"的蠢事。

如何了解老百姓的真正需求，什刹海街道除了认真执行西城区统一安排的"访民情，听民意，解民难"制度之外，还设有一个社区建设研讨会的特殊机制。这个机制实际上就是社区工作务虚会，每年年初街道工委办事处组织社区两委一站主要负责人参加，要求社区在充分调研的基础上把所有老百姓需要的问题都摆出来（见表1），每个社区每年至少提一个群众特别关心、特别需要、特别迫切的特色项目，每年办一件老百姓都能看到的、切实能感受到实惠的事情。办事处给予政策、资金等全方位的支持，经过几年的积累，通过干好一件件实实在在的好事、急事、难事，从根本上改变地区的生活条件和环境面貌。这样，什刹海街道以"一居一特"工程为载体，把公共服务项目建设的立项权、监督权真正交给社区和群众，让政府"配菜"群众"点菜"，以一项项具体的特色工作为切入点，形成社区的特色和品牌，引领社区各项工作，最终实现"共建社区、共享和谐"的目标。

表1 什刹海街道2015年社区工作研讨问题汇总

序号	问题类型	意见和建议	责任科室	分管领导	涉及社区
1	办公硬件配备问题	电脑配置低、速度慢，建议更换新电脑，配套维修跟上	社区办行政办财政科	陈璐、赵子栋	西安门、大红罗、西巷、白米、四环
2		烧水锅炉欠缺，建议尽快解决社工饮水问题			西四北
3		报废办公用品（电脑等）的处理。建议尽快拉走			西安门、大红罗、护国寺、簸箕仓
4		插座老化，存在安全隐患。建议及时更换			前海东沿
5		U盘内存不够。建议发放大内存的U盘			白米

序号	问题类型	意见和建议	责任科室	分管领导	涉及社区
6	办公用房问题	建议尽快落实新的办公用房	社区办	陈璐	前海北沿
7		建议落实办公用房			西海
8		建议解决好办公用房装修与社工办公矛盾的问题			柳荫街
9	社区辖区内硬件配备	建议在陟山门街安装灯笼支架	城管科	李乃东	景山
10		前马厂胡同1号楼大门破损。建议街道更换			旧鼓楼
11		四环撤市后,辖区内没有菜站。建议设菜站	社区办服务中心	陈璐	兴华
12		建议在胡同内安装监控探头	综办	许宝华	苇坑
13	社工错时值班保障问题	社工用餐。建议建立连锁式用餐,变换形式	社区办	陈璐	西什库、西巷、前铁、米粮库、四环
14		社工待遇低。建议加强对社工尤其是困难社工的慰问			西巷、双寺
15	需与相关部门协调解决的问题	惠民工程在实施过程中没有获得应有效果。建议做好监督、把好质量关	城管科	李乃东	西什库
16		爱民里小区3、4、5、9、10号楼太阳能路灯使用年限已至。建议更换			爱民街
17		建议更换爱民里小区下水管线			爱民街
18		爱民里小区无物业管理。希望街道能够推进准物业管理	社区办	陈璐	爱民街
19		三不老胡同和航空6号的旱厕问题	城管科	李乃东	前铁
20		柳荫街26号厕所成为公厕。建议建一个公厕			柳荫街
21		旌勇祠西墙危险			兴华
22		龙头井42号对面地铁围挡外斜,希望街道协调解决			前海北沿
23		绿化队修枝打药不及时,希望跟区里协调			松树街
24		陟山门交通太乱,希望街改成步行街			景山

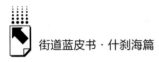

续表

序号	问题类型	意见和建议	责任科室	分管领导	涉及社区
25	人员、培训及考核	希望换届后加强对班子的培训	组织部社区办	刘忠、陈璐	西巷
26		考核机制不合理,希望考核多在平时,不要年底一次性考核			西什库
27		希望业务科室培训能增加社工培训名额			西巷
28		换届后应及时配齐人			前铁
29		副书记也应纳入社工年终考核			
30		建议增加社工心理辅导			
31		没有流管员,希望街道协调解决配置			米粮库
32	工作沟通交流	建议科室向社区部署工作时,科室内部要沟通好,避免有疑问时科室人员不知道	社区办、人事科协调街道相关科室加强对机关干部培训(对社区的了解)	各主管领导	前海东沿
33		各科室分别设立邮箱等工具太多,希望统一建设平台			西什库
34		部署工作多,指导培训少,希望加强业务指导培训,不要搞年底突击			西四北、白米
35					
36		工作目标不明确,重特色工作,轻社区自治			西四北
37		检查多、表格多、讲座多,占用周末搞活动压力大			西四北
38		希望发放物品提前沟通,发有用的物品			白米
39		计生工作量大,希望减少或者增加专干			双寺
40		机关干部加强对社区了解,避免区分不清相近社区			后海西沿
		向相关科室反映的问题希望得到及时答复			后海、四环

序号	问题类型	意见和建议	责任科室	分管领导	涉及社区
41	其他	大翔凤无照经营垃圾点	城管科	李乃东	柳荫街
42		前马厂胡同废品收购点			旧鼓楼
43		德内246号养狗	综办	许宝华	兴华
44		节假日"黑三轮"多,希望在节假日加强打击力度,建立长效机制			米粮库
45		希望街道加强对不动产的管理、利用,避免被占用或流失	办公室	赵子栋	旧鼓楼、苇坑
46		希望街道牵头引入社会组织,发展社区特色	社区办	陈璐	松树街

"一居一特"工程自2013年起正式实施,结合各社区、街道、重点工作,围绕加强为居民群众服务、社区志愿者管理、购买社会服务、社区居民自治、社区团队建设、文化建设、社区党建等方面,两年来共梳理出107项工作。其中,旧鼓楼社区公益小剧场、兴华社区点亮四合院、前海北沿社区为老服务队、西四北社区流动办公平台、西巷社区迷你电影院等工作已取得显著成效,树立了工作品牌,更在社区层面有效推进了社会服务管理创新。现以旧鼓楼社区的公益小剧场、兴华社区点亮四合院、前海北沿社区为老服务队为例详细说明什刹海街道"一居一特"的实施状况。

二 "一居一特"工程打造品牌社区

(一)旧鼓楼社区:"文化和谐型"社区

旧鼓楼社区公益小剧场创办于2009年,经过多年的不断探索和发展,在丰富居民精神文化生活、继承弘扬传统文化、增进社区发展活力、推进和谐社区建设等方面发挥了重要作用,其影响力日益扩大,已经成为旧鼓楼社区的特色和亮点。在社区的不断探索和共同努力下,公益小剧场的活动质量不断提升,活动内容更加丰富,社区居民的参与度不断提高。但同时,其发展也面临着一些问题和困难：一是空间资源紧张，活动参与人数受到限制。社区公益小剧场面积十分狭小，仅40余平方米，最多可容纳40人，且承担着社区活动室的功能，所以经常因场地紧张，参与活动人数受到限制，有时甚至需要错时安排活动，这在一定程度上影响了公益小剧场的进一步发展。二是硬件设施和剧场装饰陈旧，有待进一步改善。目前小剧场的音响、灯光、空调等设备有些已陈旧老化，不能适应演出的需要。剧场的幕布、装饰等也不能满足丰富多彩的节目需要，影响演出的视觉、听觉效果。三是存在严重扰民问题。由于公益小剧场位于社区的办公区，与居民房屋混合在一起，特别是周末严重影响居民的生活和休息。居民对此反应强烈，与社区的矛盾也不断加深。四是资金问题。社区每年都从公益金中拨付一定的资金用于小剧场用电、设备维护等，但这并不能满足小剧场发展的需要。公益小剧场的演出虽然全部都是公益性的，但志愿者仍然在交通、用餐、服装道具损耗等方面存在费用问题。为解决以上这些问题，旧鼓楼社区采取了一系列举措，主要做法如下。

（1）搭建服务平台，创新社区管理。旧鼓楼地区是北京传统民间文化与现代创意文化汇聚的重要区域之一，社区内有一批擅长并酷爱相声、评剧、快板等传统文化的居民，同时还拥有现代话剧、酒吧演艺、民谣演唱等民间艺术社团。根据辖区的这一文化特色，同时也为了满足居民的文化需求，促进邻里互动，增进感情交流，丰富居民的精神文化生活，让更多的居民和辖区单位走进社区、服务社区、热爱社区，社区领导班子经过认真的研究，在社区原有活动室的基础上，充分利用现有的音响、灯光等设备创办了旧鼓楼社区公益小剧场，为辖区居民和单位搭建了一个文化共享、展示自我、增进交流的平台，实现了居民在自己家门口走上舞台的梦想。

（2）运用互联网载体，拓展服务群体。公益小剧场建成后，逐渐成为居民自发组织喜闻乐见文艺活动的主要场所。社区先后举办了居民卡拉OK大赛、快板书、评剧专场表演、传统茶艺展示等丰富多彩的文化演出活动，社区广大居民参与热情高涨，并自发形成了志愿演出团队，成为公益小剧场的骨干力量。社区居民的支持和参与进一步增强了社区领导班子的信心，为小剧场的发展奠定了良好的基础。为扩大小剧场的宣传，丰富节目内容和形式，提高演出水平，吸引更多的志愿者和专业团体加入进来，社区专门注册了微博，建立了网站，定期发布活动预告，及时与居民和网友互动，此举引起了更多的民间艺术团体对公益小剧场的关注。其中拿大顶现代话剧艺术团和喆子铺传统相声社纷纷加入公益小剧场开展演出活动。随着宣传的扩大，公益小剧场也受到了媒体的广泛关注。北京日报、新京报、北广传媒、北京新闻广播等媒体也进行了大量的宣传报道。2013年，北广传媒专题拍摄了《爱心公益行·小社区大家爱——胡同里的公益小剧场》宣传片。北京新闻广播 FM100.6《资讯早八点——百姓生活故事》栏目进行了小剧场活动录制及播出。北京电视台《善聚公益》栏目组邀请相关工作人员参加了2013年第一期节目的录制并在媒体发布会上代表100个公益项目组进行发言。经过两年多的发展，小剧场的忠实粉丝不仅有社区及周边的居民，还有本市及外地的游客，他们大多数是慕名而来的。至今小剧场已开展各种活动400余次，参加演出和服务的志愿者1000多人，受益人群达上万人，覆盖了社区妇女、儿童、老年人等人群，逐渐形成了旧鼓楼社区独有的区域特色文化。

（3）发挥居委会自治功能，增强社区凝聚力。公益小剧场是社区居委会为丰富居民的精神文化生活，结合区域的特点，在充分征求居民意见并得到居民大力支持的基础上自发形成和发展的。它的组织形式和活动形式都体现了居民的自觉性和自愿性。社区居民为了能在"小小剧场"舞台上一展才艺，利用业余时间"勤修苦练"兴趣爱好，精心准备自己的拿手绝活，有的拿出自己的书法绘画作品，有的拿出编织作品，还有的展现自己多年的烹饪技巧。居民通过参加小剧场活动，由原来的不了解社区到熟悉社区、热爱社区，由彼此之间的不太熟悉变得更加了解，有的逐渐因为共同爱好而成了良师益友。通过搭建公益小剧场的平台，不仅调动了中年、老年居民参与社区、服务社区、建设社区的积极性，还吸引了许多青年人融入社区，他们的加入为社区建设注入了活力和动力，进一步增强了社区的凝聚力和感召力。

（4）注重公益性特色，推进志愿者队伍建设。小剧场的公益性主要体现在其演出活动全部由志愿组织和志愿者承担，是免收任何费用的。如社区居民张国模是高级讲师，他为大家义务讲解端午、重阳等中国传统节日的民俗文化。社区杂技世家乌德全老人用自家绝活为社区居民义务演出，还现场传授技艺，展现了社区大家庭其乐融融的场面。一方面，通过开展公益活动传播文化正能量，让居民在有限的空间中享受着无限的快乐与幸福，不断提高居民的生活质量；另一方面，公益活动的开展向社区居民宣传和推广了公益理念，让更多的人关注社区，加入到社区志愿者队伍的行列，主动建设社区。"小小剧场"关注居民需求，不拘于形式，吸引了很多社区志愿者加入。目前，有1000多名志愿者自愿参加小剧场的演出和服务。社区先后组建了绿色种植协会、巧娘编织组、环境卫生志愿协会等10多个志愿者组织，促进了社区志愿组织和志愿者队伍的发展。

（5）丰富居民文化生活，促进社区文化繁荣和发展。随着旧鼓楼社区公益剧场活动的不断完善和发展，活动内容和形式越来越丰富，由每月一次的居民自发演出，到开办评剧专场、曲艺专场、"公益电影放映"等，吸引了越来越多文艺爱好者和民间文艺团体加入演出，在丰富居民文化生活的同时，也促进了文化的传播和交流，推动社区文化的繁荣和发展。

（6）完善公益小剧场功能，打造社区文化宣传阵地。社区评剧队结合社区工作实际，自主创作了《情系野鸭岛》《家和万事兴》等很多歌颂好人好事、宣传政策法规、树立文明新风的作品，向居民宣传绿色环保知识、和谐家庭幸福生活的持家理念。公益电影每周末放映公益影片和科教宣传片，将科普知识和健康生活理念带给广大居民。开办"中医讲堂"，邀请资深中医为社区居民讲解中医养生及义诊咨询，传播健康知识，使社区居民的生活更健康、更有质量。通过组织一系列的文化宣传活动，不断提高社区公共文化服务的水平，推动社区文化的建设和发展。公益小剧场也为继承弘扬传统文化和民间独立艺术创造者提供了展示平台，促进了民间文化艺术的保护和发展。小剧场每周末都举办传统相声、评书、音乐民谣弹唱、话剧等演出节目，定期举办快板、音乐、绘画等培训班和知识讲座，吸引社区内外很多爱好者为他们提供了交流学习的平台。旧鼓楼社区着重建设文化型社区，以特色促发展，把社区建设成为有特色、高品位的特色文化型品牌社区。

（二）前海北沿社区："敬老助老"型社区

针对社区老龄人口多、为老服务任务重的实际，前海北沿社区以为老服务为重点，充分动员专业力量、志愿力量和社会力量，创新为老服务方式，努力构建凝聚社区的新载体、联系服务群众的新网络、加强和谐社区建设的新平台，积极开创"资源共享、优势互补，共驻共建"的新型格局，建立起为社区老年人服务的长效机制。

（1）用专业理念培育社会化助老团队。社区联合西城区睦友社会工作事务所，运用社会工作专业理念，加强社区与驻区单位之间合作，借助驻区单位力量更好地服务社区老年人。社区助老团队从老年人需求出发，运用社会工作的专业理念，对社区自身资源进行整合，通过与社区驻区单位合作，招募驻区单位中的志愿者，形成"社会工作引领企业志愿者拓展服务，企业志愿者协助社会工作改善服务"这样一套较为完整的为老服务工作流程，建立一支专业的为老服务队，更好地为社区老年人服务。

（2）以特色活动营造敬老助老氛围。前海北沿社区2012年9月23日组建了以社区居委会主任为队长，全聚德后海店总经理董震为副队长，什刹海体育运动学校、西城区西杰清洁服务中心、齐鲁饭店、宏源南门涮肉后海店、全聚德后海店参与，共32名志愿者的社区助老团队。社区制定了助老团队方案、制度及章程，制作队徽及队旗、志愿者服务手册，建立社区老人数据库全面了解老年人的需求。从老年人的需求出发，扩大共建单位助老团队志愿者的队伍。睦友社工事务所运用社会工作小组的专业方法，就如何走进老年人心里、"不倒翁"老年人防跌倒知识、老年人养生保健知识、老年人维权等内容进行专业的培训。在每年的农历二月初二，是民俗中的"龙抬头"，助老志愿者、阿海理发店为社区行动不便的老年人提供上门理发服务，解决社区内行动不便老人的理发难问题，开展真情服务送到家活动。助老团队在"雷锋日""端午节""重阳节"等民俗节日利用社区荷花市场物业及齐鲁饭店维修班等资源，举行水电义务维修和安全用电知识宣传的专场志愿服务活动，为社区老年人提供最实用、最方便快捷的志愿服务，如为老年人提供家电维修、为老人理发、清洁卫生、送粽子、上门为老人测量血压、陪老人聊天等服务和精神慰藉服务，解决生活中随时可能遇到的家电麻烦。

（3）以社区共建推动为老服务常态化。助老团队还利用社区什刹海体育运动学校专业运动场馆，组织社区老年人开展文化娱乐活动，举行"和谐杯乒乓球"比赛，给老年人搭建展示自己技能及自娱自乐的小舞台。社区共建单位清洁服务中心、齐鲁饭店、南门宏源涮肉后海店等助老团队志愿者与社区空巢老人孙淑华、马志英、朱立平等签订帮扶协议，开展帮扶结对子活动，帮助社区老年人排除日常生活困难，提升晚年生活质量。

（三）兴华社区："便民服务"型社区

兴华社区与什刹海街道办事处相邻，多以平房院落为主，由于没有照明设施，住户晚上出行困难，不法分子利用这一特点伺机行窃作案，严重影响社区治安，社区老百姓缺乏安全感，面对这一问题社区领导班子提出建设"点亮四合院"工程。"点亮四合院"工程是科技科普工作者与社区工作者智慧的创意结晶，是建设有特色生态社区的重要举措，是社区居委会响应"访民情，听民意，解民难"号召，一心一意为居民办实事谋福祉的体现。

（1）创新理念，服务百姓。由于普通路灯之类的照明设施造价昂贵，后期成本较高，在社区实施起来有一定的困难。兴华社区的领导在2012年的科普益民工程的项目申报中受到了很大的启发，提出用节能、环保、低碳的理念解决该问题。社区领导经过广泛深入地学习有关太阳能、新能源、光谱发电、LED（发光二极管）等内容，对太阳能照明有所了解，最后决定用环保的LED代替传统的灯泡，白天吸收阳光，晚间为居民照明，不仅节省开支，还低碳环保。

（2）用科技手段"点亮四合院"。为解决科普宣传活动期间社区居民参与度、积极性高，活动后科普宣传延续性不强的问题，什刹海街道拓展科普宣传思路，把兴华社区9个院落、近180户安装聚能太阳能灯作为"点亮四合院"工程的前期试点。社区选取有条件的10个平房居民院，在院内安装宣传低碳、节能、环保理念的太阳能照明灯,太阳能照明灯白天吸收太阳光储存能量,晚上用白天储存的太阳能为院内居民照明,以每个院安装一枚20瓦的照明灯为例,平均每天照明时长8小时,耗电0.16度,1个院落一年节约电58.4度。院内照明设施多为居民自行安装,年久失修存在安全隐患,太阳能照明灯更加环保、安全,有效地解决了院内居民夜间出行照明问题,为院落卫生环境和治安环境改善提供了条件。

(3)一举解决困扰居民的公摊电费问题。通过点亮四合院工程,使居民在生活中时刻感受到通过科技手段实现节能减排,减少环境污染,为日常生活、出行带来更多便利,从而进一步推进社区科普工作。社区领导切实落实为民办实事承诺,实现院内照明零耗能,解决困扰居民生活的公摊电费问题。此项工程受到了社区居民的充分肯定与称赞。

三 "一居一特"工程揭示社区治理三个着力点

什刹海街道实施"一居一特"工程,一方面有效地解决了长期困扰居民和社区的实际问题,得到居民的高度认同;另一方面,"一居一特"探索出一条以服务居民为中心、以解决问题为导向、以群众参与为依托的社区建设新道路。当前,首都社区规范化建设取得突破性进展,在落实首都新定位、进一步做好"四个服务"的新形势下,首都社区治理需要有新的思路、新的格局和新的做法。什刹海街道通过"一居一特"创建活动培育社区特色品牌,是推动社区建设、管理和服务水平的有效方式,对首都的社区治理创新具有一定的借鉴意义。

(一)社区治理要以服务群众为旨归

社区治理必须把服务群众、方便群众作为社区治理一切工作的出发点和落脚点,切实惠民生、解民忧,让老百姓感受到社区建设给他们日常生活带来的实惠和便利。什刹海街道"一居一特"建设的经验说明,作为社会治理的最基层,街道、社区与百姓的联系最紧密,必须谋事想着百姓,做事为了群众，倾听民声、收集民意、化解民怨，在惠民生中抓项目、上水平，在解民忧中创先进、争优秀，为建设国际一流和谐宜居之都打下良好的群众基础。

（二）社区治理要以解决问题为导向

社区建设是一项长期复杂的系统工程，而且是动态发展的。尽管北京市在社区建设方面积极探索，奠定了工作基础，取得了不少成功经验。但随着时间的推移和社会的不断发展，居民需求不断变化，对社区建设提出了新的要求。什刹海街道"一居一特"建设的经验说明，社区治理必须注意发现新情况、研究新问题，以问题为导向适时调整社区建设重点，创新社区治理思路，完善社区治理体系，在化解矛盾、解决问题的过程中提升社区治理水平与能力。

（三）社区治理要以群众参与为依托

社区建设需要各级党委强有力的领导，需要政府在人力、物力、财力等各方面的大力支持，需要社会各界的协同和帮助，最终还是要落实在社区居委会组织居民和社会组织来参与建设。没有居民群众的全过程直接参与，社区建设的脉搏就把握不准，建设的重点就难以找准，政府就可能花冤枉钱，办吃力不讨好的事。什刹海街道"一居一特"建设的经验说明，在党委领导下自下而上的社区建设要比传统的自上而下的社区建设更有助于解决老百姓的实际问题，也更有利于社区的科学发展。

参考文献

马朋朋、张胜男：《北京市老城区不同类型文化旅游景区空间结构分析》，《首都师范大学学报》2013年第4期。

温聪：《胡锦涛提高国家文化软实力思想研究》，太原科技大学硕士学位论文，2011。

刘栋：《一居一特，特在哪里》，《社区》2002年第7期。

罗一:《社区管理创新,百花齐放争艳》,《人民日报》2011 年 12 月 17 日。

虞莉春:《社区文化在创建平安稳定社区中的作用——从社会资本的角度出发对 C 社区的实证研究》,复旦大学硕士学位论文,2011。

刘倩、李婷婷:《打造"一居一特"社区文化新格局》,《桂林日报》2012 年 11 月 20 日。

B.12

什刹海"瘦身"与"健体"相结合
推进"四环"撤市的实践

摘　要：　四环市场的撤市是西城区贯彻落实习近平总书记"2·26"
讲话精神、落实首都新定位、疏解非首都核心功能的重要举
措。什刹海街道积极发挥属地管理职能，按照"政府指导、
产权方主导、部门联动、整体撤市"的工作思路，平稳有序
地完成了对四环市场的撤市。四环撤市的成功经验对首都治
理"城市病"、提升城市管理水平具有重要意义。

关键词：　部门联动疏解　什刹海街道　撤市　"城市病"

　　在北京市贯彻习近平总书记"2·26"讲话精神落实首都新定位，着力
疏解非首都核心功能的背景下，环境脏乱差、人流物流量过大，存在重大安
全隐患的四环市场与什刹海地区作为重要的国家政治中心承载地、北京重要
的历史文化保护区以及北京重要的文化旅游景区功能严重不协调，撤市势属
必然。然而，什刹海地区作为一个具有10多万常住人口的居民区，四环市
场经营数十年，形成了错综复杂的利益格局和产业生态，固化了周边居民的
生活习惯和消费心理。如何在撤市中关照各方需求，平衡各方利益，在撤市
的同时，又将相关的服务、业态、管理方面及时跟进，既"瘦身"又"健
体"，把撤市的"善政"变成惠及市民的"德政""仁政"，是做好撤市工
作的重要课题，也是难题。什刹海街道立足于地区实际，深刻领会习近平总
书记的讲话精神，贯彻落实市区关于疏解非首都核心功能以及四环市场撤市
的决定，按照"政府指导、产权方主导、部门联动、整体撤市"的思路，

集中力量、分步推进、依法依规、平稳有序地完成了什刹海街道四环市场的撤市工作。

一 "四环"撤市是落实首都新定位的需要

(一)什刹海街道区域特色突出

什刹海街道位于西城区东北部,紧邻什刹海水系(由前海、西海和后海组成),由原新街口街道的新街口北大街以东地区与原厂桥街道合并组建而成。街道地域面积5.80平方千米,下辖25个社区居委会,社区居民户籍户数为46492户,人数为119570人;常住户数为32645户,人数为82468人,流动人口为27368人。

什刹海地区突出特点有"六多"。一是一、二类大街多、胡同多。一、二类大街有25条,胡同有170条,著名胡同有烟袋斜街、龙头井等。二是中央首长驻地多,有记载在此居住过的党政军领导人及知名人士共141人。三是部队机关多,国防部、解放军总参谋部、总政治部均驻辖区。四是中央单位多,其中中央国家机关工作委员会、国务院机关事务管理局、国家信访局、中央文献研究室、全国人大常委会办公厅会议中心、北大医院、北京四中、北京学生活动管理中心(北京市少年宫)、什刹海体校等中央、市属单位都驻在此地。五是文物古迹、旅游景点多。已被列入文物保护的有44处,北海公园、景山公园等旅游景点30余处。六是老旧平房院落多。平房院落有3891个,共31872户,在2000年批准的北京25片历史文化保护区中,什刹海地区的面积最大。保护区有31处文物保护单位,国家级有3处,市级有11处,区级有17处。第三次文物普查准文物项目有34处,挂牌四合院有30处。有著名的恭王府、宋庆龄故居、郭沫若纪念馆等众多古建筑,在北京城市建设发展史上及政治文化史上都占有重要地位。依托历史上形成的六海(指西海、后海、前海、北海、中海、南海)水系,湖岸的垂柳、水中的荷花等构成什刹海特有的自然景观。"燕京小八景"之一的"银锭观山"在景区中具有典型意义。什刹海的发展和延续历来受到市、区政府的高度重视。什刹海景区被评为4A级景区,龙头井胡同被评为北京市10条最美胡同之一,烟袋斜街被评为国家历史文化名街。

(二)"四环"市场与区域发展不协调

润得立综合市场(以下简称四环市场)位于西城区德胜门内大街四环胡同4号,占地约13000平方米。市场内共有房屋109间,计1570平方米,市场外共有建筑15处,计575平方米,共有摊位651个,涉及商户3000余人。涉及四环胡同、罗儿胡同、棉花胡同等8条胡同,辐射4个社区。周边有医院两所、学校及幼儿园三所。居民既有北京的原住居民,也有大量的外来务工人员,但是普遍居住环境较差、消费能力较低、人员素质参差不齐。多年来,四环市场主要以水果、蔬菜、小家电、生活用品等为经营项目,以其价格便宜、品种丰富等特点颇受广大市民欢迎,不仅满足本地居民的生活需求,也有大量北京其他区域的居民到此购物。因此市场周边聚集了大量外地来京务工人员在此居住、经营。近年来,随着市场的发展,每天能够吸引两三万人的流量。巨大的人流给城市管理带来了一系列的难题,如区域交通死循环、人员过于密集、环境脏乱差、存在安全隐患等,周边居民苦不堪言;同时超负荷的人流给周边的古迹保护带来了一定的压力,市场周围的违章建筑也严重地破坏了文保区风貌。尽管这些市场在特定的历史时期发挥过一定作用,但与周边环境发展及西城区的功能定位已经不相协调,更不适应首都城市发展,并且存有重大安全隐患的违法建设,四环撤市已经势在必行。

(三)落实首都新定位为"四环"撤市提供坚强保障

2014年2月26日,习近平总书记在北京市考察结束时对北京工作提出了五点要求。一是要明确城市战略定位。习近平总书记把北京的核心功能进一步聚焦到"四个中心"上,即"全国政治中心、文化中心、国际交往中心、科技创新中心"。二是要调整疏解非首都核心功能。提出了优化三次产业结构和有效控制人口规模的要求。三是要提升城市建设,特别是基础设施建设质量，提出了完善城市功能体系、遏制城市"摊大饼"式发展的任务。四是要健全城市管理体制，提出推进城市管理目标、方法、模式现代化的任务。五是要加大大气污染治理力度，要求加强环境执法监管。

北京市为贯彻落实习近平总书记在北京考察工作时的重要讲话精神，召开中国共产党北京市第十一届委员会第五次全体会议，郭金龙书记提出贯彻习近平总书记讲话精神重点要在十个方面有新认识：一要在首都工作的特殊重要性上有新认识；二要在首都城市战略定位上有新认识；三要在控制人口无序过快增长上有新认识；四要在调整疏解非首都核心功能上有新认识；五要在提升城市建设特别是基础设施建设质量上有新认识；六要在提高城市管理水平上有新认识；七要在保护古都风貌上有新认识；八要在加大大气污染治理力度上有新认识；九要在推动京津冀协同发展上有新认识；十要在维护首都安全稳定上有新认识。

在中共北京市西城区委十一届七次全会上，时任区委书记王宁要求要立足首都城市战略定位，要把区域功能全面体现在首都"四个中心"的定位上，带头服从服务于首都发展大局，切实做好"四个服务"，努力实现北京市委对西城区提出的环境要优美、人口要控制、服务要优质、发展要持续的新要求。加快制定西城区禁止和限制新增产业目录，坚决摒弃占用资源多、人力密集型产业，着力解决产业功能过度聚集问题；坚持"转移、调整、升级、撤并"的工作思路，加大业态调整力度，对不符合发展要求的坚决转移撤并，对需要调整升级的积极引导、有序推进；加大市场监管力度，全面完成 21 个市场的撤除、升级、改造任务，继续引导个体工商户转型为企业。2014 年 7 月，西城区政府决定对四环市场进行撤市。

二 "瘦身"与"健体"相结合
系统推进"四环"撤市

（一）加强组织领导，健全工作机制，为撤市工作提供坚实保障

一是坚持主要领导亲自抓、一线指挥，分管领导认真组织、周密安排，

全体处级领导干部联点包片、协调督导，坚决落实领导责任，街道上下统一思想，形成坚实工作向心力。二是成立撤市工作领导小组，进驻四环市场。各小组部门定人、定岗、定责，实名制签到、联勤联动，做到同向发力、同时发力。三是强化协同作战机制。召开各个层面的撤市工作动员会、座谈会、协调会，统一思想认识，凝聚向心力，先后召开三方协调会4次、撤市现场会6次、专题调度会15次，坚持把撤市工作与维护稳定、拆除违建、保障民生等问题同谋划、同部署，及时跟进相应的对策措施。四是实行日报告工作制度，第一时间掌握第一手情况，做到掌握情况不迟钝、解决问题不拖延、化解矛盾不积压。

（二）充分研判形势，建立完善方案，分步推进撤市工作平稳进行

什刹海街道针对撤市过程中可能出现的各种情况制定应急预案，完善工作方案，重要节点一环紧扣一环，稳扎稳打推进撤市工作有序开展。一是进行撤市风险评估。制定《四环市场撤市工作风险评估报告》报区维稳办备案，并把风险评估工作纳入撤市工作全过程，为撤市工作科学决策提供有效建议。二是做好政府公关。正确发挥政府职能，占据舆论主动，撤市前期成立宣传报道组，充分调动企业能动性。与华润公司（公关部）积极沟通，梳理出可能引发负面舆论的重点问题11条，对"为什么撤市""谁要撤市""撤市后居民买菜问题怎么办""市场里的600多商户怎么办"等一系列关键问题统一了口径。三是统筹考虑，系统推进。结合区域的实际情况，及时研判四环撤市情况，组织协调相关部门化解矛盾，实现周边秩序有效控制，平稳有序地推进撤市，并先后制定《四环市场撤市工作方案》《撤销润得立四环市场应急预案》等工作方案。

（三）把握宣传重点，正确引导舆论，为撤市工作赢得广泛认同

由于四环撤市涉及业主、商户等多方利益，存在太多的不稳定因素，如果处理不当会引发社会矛盾。撤市的首要之举是要得到市民的理解和支持，

强化政府和市民之间的沟通和互动,大力弘扬"人民城市人民管,管好城市为人民"的理念。在撤市之前,西城区政府各部门开展了高密度、多频率的社会宣传和发动工作,坚持把宣传工作贯穿撤市始终,准确把握时机积极营造声势,正确引导舆论,为撤市营造良好的社会氛围。

一是媒体宣传分时分步。采取"先抑后扬,突出重点"原则,审慎发布信息,突出宣传市场存在隐患问题、撤市后居民"菜篮子"保障措施等重点。攻坚阶段主动出击,联系各方媒体做好社会舆论的引导,先后在《首都经济报道》《特别关注》等电视栏目就市场撤销、便民菜站建设等制作节目。二是社区宣传入户到家。在《什刹海社区报》开辟撤市专栏,连续两期制作专刊,共发行60000余份,对撤市的重要性、必要性和紧迫性进行深入报道。发放《告居民的一封信》《便民菜点位置图》等,通过召开居民座谈会、逐户走访等方式宣讲政策,认真做好抵触撤市居民的思想工作。三是进行撤市外围的公共宣传。在市场周边悬挂宣传标语、粘贴展板,提高远近顾客对撤市的知晓率;举行防火宣传活动、实战演习、发放宣传材料,分别约谈市场管理方负责人和商户,签发告知书,多措并举,让市场商贩和市民群众逐步认识到撤市的必要性和重要性。通过这些举措引导市民增强热爱西城的社会公德意识、城市意识和环境意识,提高全区市民参与城市管理的积极性和主动性,形成广大市民理解、支持和参与城市管理的社会氛围,为做好四环撤市工作提供精神动力和人力保障。

(四)坚持问题导向,全力攻坚克难全方位做好撤市衍生的相关问题

采取集中整治与日常管控相结合的方式,集中发力,持续推进,紧抓环境秩序等重点问题。一是重点管控市场周边胡同各类违法形态。采取"步巡"方式,加大胡同内、角落中、偏僻处的环境问题整改。联合相关职能部门加大安全宣传力度,疏、堵、管、宣相结合,形成四环市场周边环境秩序长效管控机制。拆除市场周边影响整治工作的违法建设,改善周边胡同街巷环境品质。二是坚决取缔打击无照经营、店外经营行为。对借市场关闭之

际，乘机进行无照经营、店外经营等违法行为进行严厉打击，对在区域内形成事实的违法行为依法强力处罚，为撤市工作顺利进行外围保障。街道坚持执法力量不减少、执法标准不降低、执法强度不削减，严格履行属地管理职责，继续加大统筹协调力度，撤市后游商走街串巷非法经营抬头现象得到有效遏制。撤市后四环市场周边环境秩序良好，附近居民情绪稳定，大量商户已经逐步撤离什刹海地区。三是全面做好社会稳定工作。秉承"撤市是第一要务，维稳是第一责任"的思想，撤市期间，街道发动机关、社区、志愿者、社会单位等力量，第一时间发现各类敏感信息及时上报，确保撤市期间群体性事件零发生。在撤市当天，街道组建"四环市场专项执法小分队"延长工作时间，联合警车、救护车、消防车随时备战，全方位立体管控市场周边秩序，积极做好各类突发事件的应对工作。

（五）突出服务保障，对接民生需求，推进地区生活性服务业配套优化

什刹海街道把关闭市场与关注民生有机结合，践行群众路线，积极推进地区生活性服务业发展。一是建立便民菜站。四环市场确定撤销后，街道就把"居民菜篮子不会受影响"作为工作目标之一，解决居民"买菜难"问题。通过公开招标形式，引入社会资源（丰大农业发展有限公司），新建15家便民菜站，每天供应品种40种以上，零售价格低于其他渠道同类商品的5%～10%，供应产品新鲜又实惠，得到居民群众广泛认同。二是搭建就业服务平台。街道在四环市场内部设立"就业指导站"，解决市场遗留商户等人员的后续对接工作。每天安排2名工作人员现场进行指导，有针对性地开展信息采集、匹配推荐、用人指导等就业服务。召开四环市场撤市人员专场招聘会，联系用工单位，提供空岗信息并协助达成用工意向。三是疏堵结合，服务民生。全面排查采集地区因下岗失业、身体残疾等生活困难、从事违法行为的特殊人员信息，对初犯或确有经济困难的商户进行劝离，并协调相关部门解决实际问题；结合便民菜站建设，引导分流重点人员，着力解决一批特殊人员的再就业和生活保障问题。

（六）抓好城市治理，注重常态监管，扎实做好撤市后地区环境秩序保障工作

撤市后，什刹海街道继续对市场周边进行环境整治工作，规范菜站建设，推进生活性服务业发展。一是持续推进环境整治。撤市后市场周边环境保障压力更加突出，街道继续发挥统筹职能，联合相关职能部门，持续加大对四环市场周边及沿街、胡同内出现的无照经营菜店、非法游商等违法行为的整治打击力度，严格落实新生违法建设快速拆除机制，有效疏散市场周边人流量。二是强化便民菜站常态监管。建立便民菜站每日巡察制度，加强店内环境、菜品质量、价格、服务的监管，着力打造服务品牌；把群众利益摆在第一位，建立先行赔付制度，每个菜站先期交付 1 万元理赔金，设立投诉热线（010—83226648），及时了解居民意见及建议；完善保障激励机制，协调相关职能部门对便民菜站在经营许可、食品卫生、环保认证等方面开辟"绿色通道"，助推地区生活性服务业长足发展。

三 "四环"撤市是疏解非首都功能的有益实践

北京市通过"禁、关、控、转、调"五种方式来完成疏解非首都核心功能的产业目标，什刹海街道主动作为，研究出适合该区域人口调控、产业升级的措施办法，采取"以业控人"主动撤市的方式控制本区域人口的过快增长。什刹海街道在完成四环撤市的过程中，有些教训值得反思，但成果是明显的，更有许多经验和做法具有重要的理论与现实意义。

（一）坚持政府引导、市场运作的推进机制

政府与市场是现代市场经济中两个不可或缺的要素，在促进经济增长和社会进步方面各自发挥着不同的作用。市场运作高度重视市场在资源配置中的基础和调节作用，在日常经营中尊重市场规律，发挥好市场合理配置资源的功能。政府干预以充分发挥市场机制的作用为前提，市场调节始终是促进

经济发展的基本动因。政府正确定位其在城市管理中的职能和作用，政府坚持"引导不主导"的原则，有所为有所不为，重点在引导正确方向、加强监督管理等方面发挥作用，充分尊重市场规律，发挥企业和市场的主观能动性。什刹海街道在实践中，采取切实可行措施，通过资金、场地、税收减免等一系列扶持措施，引导企业运用连锁经营、加盟经营等方式调动社会各方面的积极性。四环撤市的顺利完成是对习近平总书记"正确发挥市场作用和政府作用，既是重大理论命题，更是紧迫的时间命题"的社会实践。

（二）坚持综合执法、各部门协调配合机制

四环市场撤市工作是一项系统的工程，由于这项工程牵涉到城市的城管、工商、规划、公安等多个部门和单位，单独依靠某一个部门是不可行的。在撤市整治的过程中，成立综合性的领导机构，统筹安排各项工作、协调各部门运作。北京市西城区各部门在整治领导小组的带领和统一指挥下，严格按照撤市任务分工，每个部门各司其职、各负其责、齐心协力、相互配合，在整个过程中做到了部门之间力量的有机整合、出现问题及时沟通、撤市信息联通共享、执法查处协调联动，形成上下联动、部门联合的综合治理的良好局面。

（三）注重业态升级，建立现代经营的可持续发展方式

什刹海街道以四环市场撤市为契机，优先打造地区便民菜站连锁经营品牌，带动地区便民菜站品质升级，提升便民服务业态品质。合理的政策、良好的环境是生活服务业规范化、规模化发展的有力保证。政府要支持和鼓励有条件的商家集中配置到社区生活服务中心，对基础性服务业以低于市场价格的方式收取租金，为社区居民提供良好的生活环境。同时政府要积极引导商家诚信经营，进一步规范市场的运行秩序，加强督促检查，完善退出和监管机制。一是通过公开招标形式，引入市场优质资源，开展物流配送，实现蔬菜基地与社区菜店的对接。二是优化信息管理手段，对便民菜店进行连锁化管理，从价格、店面形象、服务模式形成统一管理，提升便民菜店整体服

务功能，同时带动地区早餐工程、修车、修鞋摊点、家政服务、再生资源回收等生活性服务业项目的整体提升。三是引进 3 ~ 4 家蔬菜基地。采用公开招标方式，明确一家基地准入，实行连锁运营，倡导融合什刹海文化元素，真正做到连锁化运营，以品牌化、连锁化、规范化的服务逐步取代低端落后的服务。四是将腾退出来的空间用于环境建设，注重城市建设的配套性、舒适度和人性化，让西城的百姓尽享环境建设的成果。

参考文献

《北京的十个新认识与城市发展的新思路》，《领导决策信息》2014 年第 10 期。

《北京城市新定位》，《北京观察》2014 年第 4 期。

《人口大迁徙——三地一体化京津冀将实现优势互补互利共赢》，《赤子》2014 年第 3 期。

王方杰：《协同发展京津冀合力做好大文章》，《人民日报》2014 年 3 月 3 日。

何天培、刘旭晔：《北京旧城历史文化街区——胡同景观绿化建设初探》，《科学之友》2010 年第 9 期。

石建新：《对于城市管理发展趋势的几点思考》，《忻州师范学院学报》2012 年第 10 期。

邢晓平：《论政府与市场的关系》，郑州大学硕士学位论文，2003。

王军：《坚守北京历史文化名城保护的底线》，《北京观察》2014 年第 4 期。

B.13

以功能区建设带动文保区
全面发展的什刹海实践

摘　要：　作为北京市重要的历史文化保护区，什刹海地区的建设发展
　　　　　受到市区各级的高度重视。西城区实施功能区带动战略，成
　　　　　立什刹海地区环境建设与产业提升建设指挥部，将文保区建
　　　　　设与发展纳入西城区整体的发展框架中。什刹海街道借助这
　　　　　一机遇，坚持功能化发展，把对历史文化资源的系统保护和
　　　　　科学利用结合起来，将保护与发展统一起来，着力促进地区
　　　　　历史文化保护、地区社会经济发展与文化复兴的三赢共进，
　　　　　取得了良好的效果。本文在深入剖析什刹海地区功能化发展
　　　　　的背景与措施的基础上，针对什刹海历史文化保护区可持续
　　　　　发展提出相关建议。

关键词：　历史文化保护　文保区功能化　可持续发展　什刹海街道

一　什刹海地区历史文化保护工作任重道远

（一）什刹海地区旧城传统风貌保存最为完好

城市是人类走出岩洞后最伟大的文化创造。文化价值是一个城市得以
延续、发展的决定性因素。一个王朝的兴衰荣落，乃至一代文明的缔造和
泯没，多见之于城市文化的兴衰历史。世界上许多历史文化古城之所以能
经久不衰地延续发展下来，一个内在的核心要素是这些城市始终代表着它

们民族的传统文化，并把其最富有生命力的部分留传给后代。不研究古代文化就不懂得珍惜、保护历史遗产，就不可能创造出真正新的、现代的城市文化。

北京作为我国各地区、各民族沟通交流的重要区域，其在长期的历史发展过程中，产生了大量历史悠久、类别丰富的非物质文化遗产，具有很高的历史文化保护价值，北京历史文化名城的地位也显得异常重要。什刹海地区是北京旧城内除皇城历史文化保护区之外占地规模最大的一片保护区，应当保护与发展且进一步强化其在旧城整体保护中的重要地位，展示其悠久的历史风貌特色，体现其独特的文化内涵和核心价值。什刹海历史文化保护区是北京历史文化名城最具代表性的区域之一，保留至今的王府、寺庙、四合院、名人故居等文物资源十分丰富。什刹海历史文化保护区有众多的文物古迹，共有各级文物保护单位40处，其中全国重点文物保护单位有6处，市级文物保护单位有13处、区级文物保护单位有21处，还有未核定为文物保护单位的不可移动文物有35处，对社会开放的博物馆有5家。

自明清以来，由于水体的存在和限制，什刹海地区没有经过大的道路调整和变动，传统的街区形态和街道肌理保存完好，是旧城传统风貌保存最为完好的地区之一。经历了近千年的演变，什刹海从最早的漕运码头、市井之地，演变成为王公苑囿，近代又经历了对王府旧宅的功能置换。悠久的历史、时代的变化、功能的多样化与更替，使得这个区域的社会形态呈现出混合社区的特点。什刹海历史文化保护区地处北京市中轴线西翼文化带，是集居住、文保和旅游为一体的特殊区域，占地面积323公顷，水域面积33.6公顷，绿地面积11.5公顷；区域内涉及9个社区，常住人口47430人，是北京40片历史文化保护区中面积最大的一片。近年来，西城区委、区政府高度重视什刹海地区的历史文化名城保护，坚持一手抓品质提升、一手抓人口疏解，努力将什刹海打造成最具首都文化魅力的人文名片。什刹海风景区先后被评为国家4A级景区、"全国最美城区之一"和北京市一级公园。

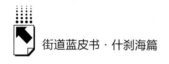

（二）历史文化保护面临诸多矛盾和复杂问题

什刹海历史文化保护区的保护与发展工作依然面临诸多的历史遗留矛盾和现实复杂问题。

一是历史文化资源亟待进一步挖掘、保护和利用。对什刹海历史文化保护区历史文化内涵的认识有待进一步深入，历史文化遗产的保护有待进一步加强，历史文化资源的利用有待进一步提高。

二是产业功能定位亟待进一步调整、引导和完善。什刹海历史文化保护区聚居人口众多，商业发展迅速。如何进一步调整产业功能定位、引导商业合理发展以及完善商业业态，是保护历史文化传统、促进社区和谐和可持续发展的重要内容。

三是与人口和住房相关联的民生问题亟待解决。什刹海历史文化保护区是北京旧城的重要组成部分，现聚居人口密集、居民老龄化严重、低收入人群比例较大；同时，市政基础设施落后，房屋产权结构复杂，建筑大多年久失修，住房质量普遍较差，区域内危旧房超过房屋总建筑面积的70%。与人口疏解和住房改善相关联的民生问题亟待寻求解决的出路。

四是市政基础设施落后，道路交通设施亟待完善。什刹海历史文化保护区内的市政基础设施近年来有所改善，但由于地形条件的制约和路网密度的局限，保护区内道路交通拥堵、机动车停车困难的现象普遍存在。解决机动车停车问题已经成为困扰保护区发展的重要难题之一。

五是保护规划亟待深化、管理机制亟待完善。什刹海历史文化保护区是一处占地规模较大的开放式生活聚居地和商业、游览观光的景区。目前，在管理上仍存在管理法规缺位、管理手段滞后、市场准入机制不健全、有限公共资源使用无序、统筹协调力度不够等问题。在目前的管理机制下，什刹海风景区管理处尚无法统合起相关的部门和单位。对什刹海历史文化保护区的资源保护、人口疏解、改造模式以及实施策略等问题，依然需要在政策层面和技术层面进行深化研究。

二 以功能区建设带动文保区全面发展

（一）成立指挥部，规划什刹海保护区建设发展

2011 年，为了进一步加强什刹海历史文化名城保护工作，西城区成立了由西城区委有关领导同志为总指挥的什刹海环境建设及产业提升建设项目指挥部，邀请什刹海研究会及资深专家为顾问，具体负责推动什刹海旧城保护项目、有序开展方案策划、规划产业布局、项目建设、优化街区环境、推进人口疏解安置，有序打造旧城保护精品示范区。指挥部组织编制了《什刹海保护区"十二五"规划》，更加明确了什刹海"集传统生活居住、特色商业服务和文化风景旅游功能于一体，历史遗迹丰富、风貌特色鲜明、人文气息浓厚的人文生态保护区"的功能定位和今后的发展方向。"高水平规划、高标准保护管理，将什刹海打造成为最具历史文化名城保护特色魅力示范区"，成了什刹海实施风貌保护、加强环境整治及提升产业布局等工作的总体目标。按照总体目标的要求，什刹海环境建设及产业提升建设项目指挥部制订了详细的工作方案。

（二）统一认识，明确什刹海景区功能定位和发展方向

西城区委、区政府严格按照《历史文化名城名镇名村保护条例》相关要求，本着对什刹海保护区有效保护、适度开发的原则，遵循"政府主导、居民参与、专家指导、社会监督"的工作模式，提出"整体保护、市政先行；重点带动、循序渐进"的规划策略，采取"小规模、渐进式、微循环"的方式，保护整体格局和胡同肌理；对重点文物进行保护性修缮，修旧如旧；对居民院落、危房进行翻建；对市政设施进行建设和改造，建立适合旧城保护的现代化基础设施体系，形成完善的历史文化资源和自然景观资源保护机制。

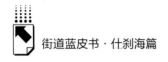

（三）逐步推进，选取试点作为先行先试的典范

什刹海街道优先对具备商业、居住、旅游、宗教、文化、文物等多种元素的前海东沿区域进行重点改造，通过对传统风貌的恢复来展示风貌特色；通过对景观环境的整治来提升环境品质；保护原有的建筑肌理和格局，在此基础上提升品质和安全性；加强重点部位的景观塑造，明暗相间、错落有致，营造文化趣味；利用院落之间的空间梳理改造延伸街巷胡同，提升商业价值；为前海地区的发展预留物理空间，增加什刹海的公共驻留；通过形象的外在化来发掘张之洞故居等名人故居的文化价值，注入和周边协调的生命力，补充功能及空间。改造涉及商业立面整治、道路铺装、夜景照明、码头改造、园林绿化和城市家具等多个方面。

目前，制订了"前海环湖立面改造提升方案"，逐步更换4800米环湖铁质栏杆为汉白玉栏杆。改造游船码头，美化环境，完善功能，在满足游船售票的同时，增加旅游信息查询、金融服务、便民服务等功能，拓展了公共开放空间。修缮百商场等环湖建筑立面，拆除违章及广告灯箱，突出传统立面形式，使建筑轮廓更加分明。完成前海环湖道路铺装改造工程，采用透水、防滑材料，对环湖和步道进行路面铺装。委托清华美院对商家用于经营的遮阳伞、桌椅的色彩样式进行设计，编制菜单式手册作为商户经营外立面的管理标准；聘请清华大学建筑设计院对门店的门头建筑风格、色彩搭配、门牌标识等进行统一规范，提升什刹海整体品牌效应。

近年来，街道重点围绕6.9公顷区域，通过文物腾退、拆迁等形式已经疏解人口398户，计1185人。在什刹海指挥部的指导下，此项工作可以继续深入推进。疏解范围内共涉及37个院落其271户，通过制定、发放《居民意愿调查问卷》，召开座谈会等形式，收集居民外迁补偿意愿、诉求，为制定方案提供依据。目前初步拟定了《什刹海旧城保护与人口疏解示范项目试点院落人口疏解实施方案》和《什刹海旧城保护与人口疏解示范项目居民申购定向安置房办法》，并通过征求各专业部门的意见，进一步完善实施方案。

三 以完善体制机制推动历史文化 保护区可持续发展

（一）加强环境保护，推动以水质改善为核心的绿色社区建设

什刹海历史文化保护区的生态环境保护与绿色社区建设是历史文化环境保护的重要组成部分。保护和改善水体环境、保护和增加绿化空间、开展低碳社区建设以及推广绿色节能技术是实现什刹海历史文化保护区人文生态保护战略的重要组成部分。整合、推广和应用市场现有的低碳技术和低碳产品，引导居民低碳消费、减少污染排放，提升公众绿色生活意识都是什刹海历史文化保护区亟待加强的几个方面。

（二）挖掘文化内涵，构建历史文化保护与传承长效机制

什刹海历史文化保护区有众多的文物古迹。按照"政府主导、专家支持、社会参与"的原则，以科学发展观为指导，建立、健全文物保护工作的长效机制，持续实施文物保护"解危、解放、解读"工程。从文物保护与风貌保护两个方面入手，深入研究什刹海历史文化保护区内的文物保护和利用问题，坚持以保护为主，把确保文物安全工作放在首位；落实抢救第一，做好重点文物修缮和排险工程；实现合理利用，体现文物的巨大社会价值；切实加强管理，不断提高文物保护工作水平。

（三）完善引导机制，推动保护区商业业态优化

什刹海作为北京向世界展示老北京传统文化风俗的重要窗口，未来的发展定位，要结合建设国际一流和谐宜居之都的要求，什刹海的业态发展应合理地利用空间资源，成为展示什刹海历史文化保护区悠久历史和文化活力的重要载体。进一步编制什刹海历史文化保护区业态调整规划，兼顾文化旅游

发展和保障当地百姓生活需求，增强社区服务能力，营造良好的居住环境。科学合理地指导各行业的发展和空间布局，统筹协调产业发展与社区服务、环境保护、城市建设之间的关系，协调推进传统生活、特色商业以及文化旅游三大功能的合理实现。

（四）倡导居民参与，以文明社区创建优化文保区社会环境

以"人本、人文、人和"的街道精神为指导，积极推动社会公德、职业道德、家庭美德建设；坚持开展文明社区、文明单位、文明家庭、文明市民等创建活动；与"知海、爱海、护海、建海"相结合积极开展社区教育活动，充分挖掘老北京什刹海民俗风情的深层历史内涵，利用地区文化资源的优势，打造有什刹海特色的社区文化，不断提高居民参与程度和地区文明程度。进一步完善社区服务体系，结合社区居民实际生活需求，努力拓展和提升社区服务功能，营造和谐的社区环境。

（五）优化管理机制，完善文保区可持续发展组织保障

作为一处占地规模较大，融特色商业和观光游览于一体的开放式生活聚居之地，什刹海历史文化保护区的规划管理是一项复杂而又艰巨的工作。目前在保护区的管理上仍存在管理法规不完善、管理机制不健全、组织机构不协调等问题。建议吸收社会力量成立什刹海历史文化保护区管理委员会，形成联席会议制度，统筹协调景区管理和综合治理工作，具体研究并推进景区管理机制完善工作；参照"三轮车特许经营"管理的成功经验，编制景区综合管理办法，依法开展城市综合管理；推进社区软环境建设，增强居民的文化和公德意识，提高居民的素质，形成什刹海区域长效管理的群众基础。最终建立以健全的法律法规为基础、政府监督协调、居民广泛参与、相互配合的景区长效管理联动机制，为什刹海历史文化保护区的全面、协调、可持续发展提供有力的机制和组织保障。

参考文献

张伟:《留住建筑文明的根——浅析历史文化名城的保护与更新中的"胡同"》,《科教文汇》2007 年第 8 期。

陈红梅:《彰显古都文化魅力》,《北京日报》2008 年 5 月 4 日。

冯新生:《怎样弹奏胡同文化的古韵新生?》,《中国旅游报》2007 年 11 月 2 日。

殷丽娟:《北京什刹海打造人文生态保护区》,《旅游纵览》2011 年第 11 期。

刘晔:《历史文化名城保护与城市更新研究》,天津大学硕士学位论文,2008。

张述平:《历史文化名城可持续发展理论与实践研究》,武汉理工大学硕士学位论文,2012。

B.14

"四建三管"打造什刹海特色
精品文化胡同

摘　要：　胡同是北京城市文化的一个重要载体。什刹海胡同结构最早
　　　　　形成于元代，已有七百余年的历史，是北京文化的活化石。
　　　　　什刹海街道坚持整体保护和以人为本的原则，把古都风貌保
　　　　　护和人居环境改善结合起来，把精品胡同建设与精品文化建
　　　　　设结合起来，加强胡同街巷的基础设施、文化景观、文化内
　　　　　涵及绿化美化建设，强化交通管理、市场管理和城市环境管
　　　　　理，积极探索院落微循环改造、街巷胡同环境整治、历史文
　　　　　化保护"三位一体"的历史文化名城保护模式，对首都功能
　　　　　核心区如何建设国际一流和谐宜居之都有一定的借鉴意义。

关键词：　精品胡同　多元治理　文化自觉　什刹海街道

一　什刹海地区是老北京胡同文化的典型代表

20世纪90年代以来，随着改革开放的不断深入，北京开始跨越式发
展，城市化带来的各种问题加剧了胡同保护和开发的矛盾。随着北京城市建
设和商业、房地产业等的发展，很多胡同被拆除和改建，城内的大量胡同在
消失。传统文化和现代都市的发展，一直在北京这座城市里相互博弈。建国
初期，北京市有3000多条旧城胡同，到2003年仅剩下1500多条，不到新
中国成立初期的一半。目前，列入保护区内的仅有600多条胡同，处在保护
之外的胡同则仍处于数量不断减少的状态之下。什刹海街道提出打造精品胡

同文化工程，具有一定的历史背景和现实意义。

（1）地区地理人文资源深厚。什刹海地区融水面风光、王府和寺庙等于一体，北京城内保留了原有民俗文化、富有老北京特色的传统风景区和居民居住区。地区历史文化积淀深厚，现有大小胡同170条、文物保护单位40余处，是文物古迹、自然风景、民居民俗和传说、典故等旅游资源相互交织的地区，汇合承载着皇家、王府、市井、文人士大夫及宗教五大文化，代表着老北京的人气、文气和商气，历史文化积淀浓厚，综合优势明显。每条胡同都有传奇，每个门脸都有历史。

（2）胡同街巷独具特点。一是临水命名的胡同多。什刹海地区有后海、前海等天然湖泊，地区内的胡同以临水命名的达十多条，如前海北沿、后海北沿等，这些胡同顺着湖泊走势而成、各具特点，最长、最短、最窄等"最"字胡同也在此汇聚，形成了地区另一番特色。二是不规则的斜街多。北京的路基本均为东西、南北走向，而什刹海地区凭借天然湖泊地势形成了独具地区特色的不规则"斜街"，这些胡同、街巷占地区胡同总数的60%以上，是什刹海地区的独有标志。三是河道变迁的小巷、曲巷多。板桥头条、二条等胡同均为填埋水道形成，主要形成于明代以后。

（3）历史文化深厚而多元。一是王府文化。什刹海地区因王府官邸较多，故不少胡同都与王府有关。如定阜街、南官房胡同、毡子胡同等。二是名人故居文化。自元代以后，什刹海地区成为重要的商业区与人口聚集区，摄政王、宋庆龄等具有时代特征的名人均在此留有故居。三是宗教寺庙文化。地区以寺庙、桥命名胡同多。明朝以后，什刹海地区庙宇逐渐增多，历史上曾有寺、观、教堂165处，以寺庙为名的街巷曾有30余条，至今仍保留护国寺街、正觉胡同、弘善胡同、双寺胡同、兴华胡同等8处。四是明清历史文化。什刹海地区作为京城内的重要商业区与人口居住区，明清两朝均曾在此地设有管理部门，如内监府（现恭俭胡同）、明弓箭署（现千竿胡同）等，为什刹海地区增添了些许官府色彩。同时，人口的聚集又为该地增添了一些人文色彩，胡同的命名亦带有些许"诗情画意"，如花枝胡同、藕芽胡同。

但是，什刹海作为胡同文化保存较好的地区，其街巷胡同也存在很多问题：一是胡同基础设施陈旧，亟须改造；二是胡同文化的保护与开发不足，需进一步深入挖掘；三是胡同内商业业态较低端，商铺店面杂乱不规范；四是很多胡同空地被违章建筑占满，胡同内存在停车场地、场所缺失等停车难问题；五是街巷园林绿化单一、绿地预留较少，缺乏绿色开敞休憩场地等问题；六是对承载胡同地名文化价值的专业保护及开发不够，"胡同名"的注册保护也存在问题。

二 "四建三管"打造精品文化胡同

近年来，各级领导高度重视什刹海地区的胡同文化建设工作，多次展开调研工作。街道相关部门也积极推进各项街巷胡同文化建设工作，在地区胡同综合整治及文化打造上取得了一定成效。针对地区胡同保护中存在的问题，街道抓重点、解难点，积极探索旧城保护与文化传承相结合的特色发展新模式，提出"四建三管"（四建即设施建设、景观建设、文化建设、绿化美化建设，三管即交通秩序管理、市场秩序管理、城市环境管理）胡同整治新理念，调研胡同建设管理，统筹考虑地区居住环境改善、基础设施建设、公共服务优化、业态提升等，促进文化传承与居民生活的相互交融，促进地区发展与提高居民生活质量同步推进。

（一）加强基础设施建设，提升胡同品质

（1）修缮街巷胡同。自2003年以来，什刹海街道积极配合市区重点工程建设，持续推进并完成多项街巷景观改造、修缮工程。截至2009年年底，先后完成前海精品街、烟袋斜街整治，白米斜街延伸三支巷整治工程，街巷景观及环境品质显著提升。2010年启动并完成护国寺特色街改造工程。2011年完成景区游览线路综合整治工程，地区悠久的传统风貌得以更加完整地展现。2012年，配合什刹海阜景街建设指挥部，统筹协调各相关部门，积极推进胡同环境品质提升相关工程，什刹海历史文化保护区建设各项工作

取得阶段性成效。

（2）提高居民生活质量。人的发展与地区的发展密切相关。对四合院居民来说，最贴近、最现实的还是自身居住环境和生活质量的改善。多年来，什刹海街道在推进旧城改造与保护工作中，注重坚持以人的需求为基本导向，通过改造老旧小区、整治胡同街巷等工程，不断优化居民生活环境，提升居民生活质量。2012年，街道专门立项资金28万元，对地区东巷胡同6号、大杨家胡同6号、龙头井胡同34号等12处公私混合、单位弃管的院落进行整治改造，铺装地面1100平方米，改造下水管线500延米，新做雨水篦子36处，清运拆除胡同四合院院内渣土杂物。通过对胡同和四合院的修缮，居民居住环境大大改善，达到保护文保区整体文化环境的目的，实现旧城保护与现代化建设的同步发展。

（二）加强文化景观建设，完善景观体系

（1）改善胡同景观。什刹海街道依托区环境建设部门在街道辖区范围内开展胡同综合整治，地区街巷胡同景观不断提升：把柳荫街、前海西街、刘海胡同、大小金丝胡同等13条精品胡同打造成什刹海京味文化体验区。这些胡同是什刹海水系建设的重要组成部分，也是最能体现胡同景观的地区。街道自2005年来开始对辖区胡同进行综合整治，截至2009年，辖区170条胡同都已整体粉饰返修过至少一次。2012年，街道投入专项资金50万元，对百花深处胡同、棠花胡同、景尔胡同、小八道湾胡同等13条胡同进行整治翻修，粉刷粉饰胡同内破损墙体外立面，规范胡同内商铺的灯箱、牌匾标识，清除胡同内的小广告，改善胡同景观。

（2）推进胡同整治。什刹海地区现有平房院落3891个、共31872户，其中两进以上四合院47处，流动人口、租户人口数量庞大，胡同内四合院的个别居民为了扩大居住面积、出租赢利等，采取私搭乱建方式，在四合院的空地加盖各式各样的小屋、小棚，进一步加剧破坏了四合院格局，不少四合院变成了大杂院。2012年以来，什刹海街道联合区相关部门，通力协作，建立胡同内新生违法建设"早发现、早查处、早拆除"工作机制，坚持有

机更新历史文化保护区工作理念，以动态式的积极保护代替被动式的消极保护。在尊重历史文脉的基础上，更新完善旧城胡同保护内容，积极保护以"胡同"和"四合院"为典型代表的老北京人生活文化，坚决打击拆除破坏胡同肌理、四合院风格的各类违法建筑，对腾退的土地采取摆放盆景等措施，实施就地绿化，为胡同街巷增绿、扩绿，最大限度还原地区旧城胡同、四合院传统风貌。

（3）传承历史文化。推进地区名人故居和非遗保护工作，在保护中进一步挖掘历史文化资源，有效发挥其社会功能，充分实现其文化价值。一是积极配合市区相关部门对地区年久失修的文物进行抢救性修缮，强化地区宋庆龄、梅兰芳、郭沫若等名人故居的实施保护性利用。二是挖掘胡同内的名人故事，搜集历史资料，出版什刹海地区名人故居录、名人故事集，以居民"看得见、摸得着"的形式传承历史文化。三是依托"什刹海文化展"，创新历史文化展现形式，提升展陈水平，充分发挥历史文化资源的辐射作用。

（三）加强胡同文化建设，推动文化自觉

依托什刹海文化旅游节等一系列有重要影响力的文化活动，突出什刹海区域特色，弘扬什刹海民俗文化，从创新文化表现形式、丰富历史文化内涵等方面入手，着力打造多元文化体系。

（1）打造主题文化胡同。街道结合"柳荫街精品街巷"综合整治工程，深入挖掘双拥共建文化内涵。在建设中积极添加双拥文化元素，在柳荫街两侧设置双拥宣传栏 20 块，更换已破旧的袁满囤烈士雕像，在变电箱体上喷绘双拥漫画小故事 24 幅，筹建柳荫街双拥文化露天博物馆，与精品胡同工程有机结合，实现硬件完善与绿色文化同发展，提升双拥文化长廊整体品质。

（2）打造品牌文化胡同。街道依托什刹海文化旅游节，强化与中央电视台、韩国 SBS 等中外媒体协作，丰富内容，进行积极的胡同外宣；完成人民日报、新华社、中国国际广播电台等 12 家中央媒体对烟袋斜街的"走基层——探访历史文化街区"整体报道，展现广福观、大清邮局、中国好

礼等特色商户魅力；多次召开什刹海区域品牌系列研讨会，吸收专家学者及文创人员意见，融入通惠河流域、中轴线及原住民等文化元素，丰富地区文化内核；以"赏尽胡同百般景致"为主题编辑出刊《什刹海》，讲述什刹海胡同故事、胡同文化。

（3）打造休闲文化胡同。街道以挖掘什刹海特色历史文化、展现老北京传统文化为主旨，开启烟袋斜街、护国寺街业态调整工作，整合区域资源，积极吸纳老字号企业入驻。依托什刹海旅游官网、什刹海热线微博等互动平台，打造"舌尖上的后海"，提升什刹海休闲院落、胡同餐饮文化知名度。重点推出一批具有文化主题的特色酒店和北京人家等，打造传统文化与现代文化相融合的什刹海胡同、四合院休闲文化区，将什刹海地区打造成集观演、餐饮、住宿、研修、游览为一体，旅游与历史文化保护可持续发展的民俗旅游风景地区。

（四）加强绿化美化建设，完善多元治理

街道以维持原有城市和街区格局、保护城市及胡同肌理为原则，以完善城市设施和景观、绿地系统，适应当代生活为整治目标，主动与驻街部队、机关单位、学校、社区、居民代表召开座谈会，交换意见，在各项规划建设中着力体现民情民意，修缮、整治民居，稳步实施绿色胡同建设。坚持因地制宜增绿，在25个社区开展空间拓绿工作，充分利用辖区单位墙体进行垂直绿化，在有条件的胡同实施屋顶绿化和垂直绿化整体改造，因地制宜增设小型花池、花钵，目前共种植中国地锦1000余延米。2012年，地区共改造绿地4000平方米、新建绿地400平方米、种植适于北京气候的各种乔灌木32种共20000余株、摆放种植池60个、修补墙面1600延米、整修门头8个、设胡同简介3处。发挥社区"绿茵种植小组"作用，改善胡同生态环境，地区绿色生态胡同文明建设成效显著。

（五）加强交通管理，探索胡同停车新途径

针对胡同空地被违章建筑占满，停车场地、场所缺失所引发的地区胡同

停车难问题，街道深入调研，广泛征求意见，采取"政府管理、居民自治"的方式，引导社区居民成立各种自治组织，如车友协会、文明劝导队、环境卫生监督队等，通过居民互助、互动、互利的方式解决身边各类问题，如胡同中车辆乱停乱放等。完善胡同道路微循环系统，街道积极协调区交通委、交通支队，探索完善地区柳荫街、松树街、刘海胡同等街巷胡同的道路微循环系统，制定该区域的交通组织优化方案，形成以"柳荫街—松树街—德胜门内"区域为重心的道路微循环建设。此外，重点监测烟袋斜街、护国寺街等重大节点的住户、游客、商户及机动车辆等情况，动态监督，切实提升街巷胡同管理服务水准。

（六）加强环境管理，提升智慧景区水平

依托保存完好的胡同和得天独厚的自然人文环境，什刹海地区三轮车胡同游经过十余年发展，逐渐形成一个以"游王府、转胡同、坐三轮、品小吃"品味老北京风土人情为主题的系列旅游项目，在满足游客对老北京历史文化好奇的同时，得到中外游客的认可，成为什刹海的一项旅游金字招牌，每年吸引大量中外游客。街道依托"智慧景区"建设，进一步提升什刹海胡同游旅游文化品质。一是创新旧城胡同、四合院保护及利用方式方法，转变经营服务模式和理念，提升胡同游管理水平，挖掘、盘活地区胡同、四合院资源，提升胡同游体验价值，为胡同文化旅游转型发展提供强有力的科技支撑。二是通过在三轮车上安装平板电脑等技术手段，全方位展示什刹海景区人、事、物、组织等，确保胡同游达到"有效保护、合理规划、科学管理、持续发展、营造和谐"的目的。三是完善地区公共服务设施建设，更新胡同内游览牌内容为"皇城山水·北京人家"，突出胡同文化。完善胡同旅游解说系统，向三轮车游客呈现完整深刻、饱含文化内涵的什刹海胡同游图景。四是进一步强化胡同游特许经营管理力度，提高三轮车工整体素质，积极打造"老北京特色、什刹海韵味"胡同游文化体验品牌，实现胡同内客流量可控及旅游服务品质的双提升。

（七）加强市场管理，丰富胡同商业业态

文化体现在街区的环境与人身上。多年来，什刹海地区的小商业模式历经了路边摊位到店铺展卖的转型。主要从三方面着力推进：一是对烟袋斜街等三条特色商业街进行升级改造。抓住恢复北中轴主要地段历史文脉的工作契机，以历史风貌为主要特色，加强商业街的升级改造，积极引导商户通过整体捆绑营销等方式，提升小商户的业态内涵，整合综合沿线文化、商业要素，凸显街巷胡同特色，融入市井文化，打造古色、古香、古韵什刹海商业街。二是引导鼓励胡同内、外的商铺经营、出售具有北京特色的个性化商品、什刹海地域性特色商品，从营销产品入手提升什刹海礼物的影响力，将什刹海相对其他地区在特色商品资源上的独特性充分展现。三是强化什刹海风景区环湖酒吧、餐饮等商户的管理服务，引导业主由单一经营向多元化经营转型，引导产业形成从环湖向内部深入的发展格局，促进酒吧文化与胡同文化的相互交融。

三　建设精品文化胡同要注重四个坚持

北京胡同文化是我国文化遗产中的瑰宝，也是世界文化一颗璀璨的明珠。保护、挖掘、利用好北京胡同文化遗产，打造什刹海特色的精品胡同文化对首都北京的发展和国际文化交流都有着十分重要的意义。什刹海街道建设精品胡同的实践，把保护历史文化与提升居民现实生活品质结合起来，把城市管理与文化建设结合起来，对探索中心城区历史文化保护与传承开发的新路径具有重要的借鉴意义。

（一）坚持政府主导，形成精品文化胡同长效治理机制

对胡同文化的保护是政府义不容辞的责任。什刹海街道充分发挥政府的主导作用，结合精品街巷胡同建设，结合老旧小区综合整治，统一计划和部署，建立长效工作机制和应急管理机制，加快什刹海地区的老旧平房整治与

修缮，完善地区的基础设施，消除胡同街巷内新建的占道违章和安全隐患问题，逐步改善旧城居民生活设施，努力实现传承什刹海特色历史文化与地区居民生活环境改善的双赢、双丰收格局。

（二）坚持依法保护，完善胡同文化的法制保障机制

胡同名体现着深厚的历史文化底蕴，同时承载着巨大的文化及商业价值，其核心是保护。什刹海地区的胡同地名等文化遗产，在保护开发等方面还存在着胡同文化挖掘不足、文化保护宣传力度不够等问题。什刹海街道启动胡同地名文化遗产保护与研究工作，邀请市区相关部门领导、专家进行研讨，吸取专家建议，科学谋划，全面展开什刹海地区胡同摸底调研工作。在实地调研过程中，注重引导专家、社会力量参与，组建了"什刹海老胡同文化调研队伍"，主要负责地名溯源、文化考证等相关文化调研工作。以科学的研究方法，统筹多方力量共同处理好城市建设与胡同地名文化保护的关系，探索地区旧城文化保护与挖掘工作新模式。

（三）坚持系统推进，构建胡同文化市场推广体系

坚持保护与开发并重、以开发促保护的方针，将非物质文化遗产的内容、胡同文化的形式、文化长廊的市场整合成联动发展的良性机制，构建胡同文化的市场推广体系。一是将胡同历史文化与非物质文化遗产有机结合起来，以"政府主导、社会参与"的方式形成文化保护的合力，在保护文化工作中改善居民生活环境，让文化与居民和谐相处，共同传承地区历史文化。二是以重大地区的文化项目为主线，依托街巷胡同内的名人故居、知名景点等，以点穿线，挖掘内涵，植入现代文化元素，适度承接公共文化服务功能，实现在保护中传承、挖掘，有效发挥历史文化的社会功能和文化价值。三是构建什刹海特色文化长廊，开发什刹海"北中轴旅游线"，形成一个新的旅游线和旅游文化宣传点，使什刹海胡同文化走出北京、走向世界。

（四）坚持整体谋划，打造什刹海胡同四合院休闲文化区

什刹海的胡同和四合院是一个整体，相得益彰、密不可分。胡同和四合院是反映北京古都风貌的基本标志，也是传承京城文化的重要载体。按照整体保护原则，街道实行从胡同、四合院保护到老城整体保护的延伸，对四合院的保护扩充到街巷胡同保护，实行老城整体保护，修缮什刹海地区的四合院和胡同，充分展示老北京历史文化风貌，让四合院和胡同成为地区文化旅游功能的重要承载。

参考文献

耿博文：《关于大力推动首都功能核心区文化发展的意见》，《北京日报》2010 年 11 月 4 日。

卢旭：《四区合并北京旧城保护向何处去》，《中国文化报》2010 年 8 月 23 日。

吴卉：《城市更新中的广义规划与设计倾向》，天津大学硕士学位论文，2012。

方尉元：《历史街区文化景观保护与传承初探》，北京林业大学硕士学位论文，2006。

刘桂莲：《关于非物质文化遗产抢救与保护的几点思考》，《群文天地》2011 年第 19 期。

崔敬昊：《北京胡同的社会文化变迁与旅游开发——以什刹海风景区为中心》，中央民族大学硕士学位论文，2003。

冯莹：《北京胡同文化研究》，《艺术研究》2013 年第 2 期。

温宗勇：《多样化的城市记忆——历史文化街区保护与发展调查实录》，《北京规划建设》2014 年第 5 期。

B.15
什刹海以政府特许经营做活
"胡同游"的实践

摘　要：　政府特许经营是在指定领域内的政府特别许可，自20世纪80年代末开始被我国政府采用，在水、电、气、热、垃圾处理等诸多领域蓬勃兴起，但针对"胡同旅游"实施政府特许经营尚属首例。什刹海地区利用当地特有的文化旅游资源，把实现什刹海老北京"胡同游"这种历史文化旅游资源的创意开发与改善街道居民的生活环境相结合，并引入政府特许经营的创新管理模式，有效解决什刹海景区旅游资源过度使用所造成的区域功能失衡等问题，使当地居民与外来游客形成互利共存的局面，实现居住区、文保区和旅游区的完美结合。

关键词：　文化旅游　政府特许经营　"胡同游"　什刹海街道

一　什刹海"胡同游"打响品牌保卫战

（一）"胡同游"因文化旅游盛行而得到快速发展

随着人们物质文化需求的日益增长，生活方式和消费观念也在悄然发生着改变。大众观光等传统型旅游产品已经不能满足很多人对更高层次精神生活的追求。面对日益增加的旅游群体和新的旅游市场的需求，一种以挖掘旅游资源的文化内涵并体现文化品味的文化旅游形式逐渐盛行。什刹海"胡同游"正是这样一种旅游产品。

什刹海是京城内老北京风貌保存最完好的地方之一，历史文化积淀深厚，位于景区内的胡同就有90多条，有的胡同拥有700余年的历史。什刹海不仅是国家4A级风景名胜区，还是北京市"历史文化旅游风景区"和"北京旧城25片历史文化保护区"之一，其中包括2000多座四合院，地区的街道、胡同，以曲折、斜向和不规则而著称，基本维持了原有尺度，特别是大小金丝套地区，街巷内胡同最窄处不足1米，几百年保持不变，蕴含着极高的自然、历史、建筑、文化、艺术综合价值，胡同资源可谓得天独厚。2005年，由《中国国家地理》主办、全国34家媒体协办的"中国最美的地方"评选活动中，什刹海地区被评为中国最美的五大城区之一。悠久的历史文化资源给巨大的人文旅游创造了机会，于是什刹海"胡同游"应运而生。

什刹海地区人力客运三轮车胡同游经营项目于1994年开始起步，对宣传什刹海历史文化、展示老北京的风貌起到了较大的促进作用。一个"游王府、转胡同、坐三轮、品小吃"的品味老北京风土人情的系列旅游项目，在满足游客对老北京历史文化好奇的同时，得到了中外旅客的认可。什刹海"胡同游"就是在什刹海风景区内，以乘坐人力三轮车方式，利用胡同资源为游客提供的一项观光旅游服务，由于其顺应了"体验式"旅游的发展潮流，深受游客欢迎，可谓传统与时尚共存、历史与现代交融，市场需求量大，现已成为北京旅游业的知名品牌。

（二）"胡同游"陷入"低端胡同旅游产品"困境

在什刹海地区"胡同游"刚刚起步时，其发展属于市场自发孕育、自由发展。但是，随着旅游产业的快速发展，由于存在较大的市场需求和利益空间，区域内什刹海胡同游的公司数量及规模快速膨胀。从最初的牌证照齐全的1家合法企业，发展到超范围经营三轮车"胡同游"项目的21家企业，人力三轮车数量也猛增到1800辆，平均每天接待游客数量有6000人左右，节假日高峰时可达数万人。

低门槛、高利润，引发了三轮车"胡同游"的过度发展，严重超出了景区承载能力，给原本基础设施薄弱、胡同道路狭窄的什刹海地区带来巨大压力，居民的生活受到很大影响。随着单纯由市场调控的弊端逐渐暴露，引发了一系列的社会问题。这种超负荷运营使什刹海景区内的环境秩序、生活秩序、旅游秩序、治安秩序等日益受到严重破坏，这对作为居民区、文保区、旅游区三区合一的什刹海地区产生了很多问题：一是环境秩序混乱。三轮车乱拉乱跑、乱停乱放，与汽车、行人、游人拥堵在一起，使古老的胡同难以承受现代交通的压力。秩序混乱的同时引发环境治安问题。二是噪声污染严重。车工吆喝、游人如织、噪声严重，地区居民生活压力增大。什刹海是居住区、文保区和旅游区三区功能相融合的开放式景区，有6万多名居民，居民生活区功能应是景区最主要的功能，胡同游市场的无序发展造成区域功能失衡。三是破坏文保风貌。什刹海景区是京城内老北京风貌保存最好的地方，聚集了40余处各级文物，根据《风景名胜区管理暂行条例》，保护工作是首要任务，保护措施之一是"不得无限制的超量接纳游览者"。"胡同游"市场准入机制缺乏使得景区超负荷运营，造成景区内有限资源的开发、利用与可持续发展之间存在矛盾，已威胁到景区的环境资源安全。四是危害消费者利益。什刹海"胡同游"作为一个旅游项目，在特许经营实施前，合法、非法三轮鱼目混珠，公司之间恶性竞争，价钱越做越低、服务越做越差，欺客、宰客现象时而出现，黑三轮、"假祥子"充斥大小胡同，属于"低端胡同旅游产品"，造成国家税收流失，消费者的利益也得不到保护。

市场自我调节的失灵，造成什刹海的胡同资源超负荷运转，其后果只能是砸了牌子毁了市场。解决上述问题的第一步是控制三轮车数量。但事实表明，靠市场调节三轮车数量的机制已经失灵。政府也曾采取行政手段，硬性将三轮车减至500辆左右，但仍陷入两难境地：一是保留的500辆中大部分仍是证照不全的黑车；二是因有市场需求，非法经营者与执法者"打游击""打时间差"，黑车屡禁不绝，治理效果并不明显。为了建立一种治理黑三轮的合法长效机制，西城政府选择了特许经营模式，目的在于：合法合理地限制三轮车数量，为清除黑三轮设立法律依据；保护自然生态和人文生态环境；规范经营增进国家税收；收取特许经营费获得公共资源的合理收益，解决长期的管理养护费用；保住胡同游品牌，引导升级换代。

二 以政府特许经营创新文化旅游管理

现代民主管理方式更加注重行政行为的过程，强调社会公众在行政机关做出结果之前有权表达自己的意志，如果行政行为的过程民主、公正和透明，对其结果就相对愿意配合、合作。什刹海街道创新社会管理理念，在旅游领域对什刹海"胡同游"这一公共资源实施政府特许经营，是政府行政管理理念从职能到模式的全面创新，也是践行"法治政府、责任政府、服务政府"理念的大胆探索，实现保护与发展有机统一，收获管理与民意的长效和谐，什刹海"胡同游"特许经营为政府创新城市管理模式提供了好的案例。

（一）坚持依法行政，创新管理模式

特许经营模式将"胡同"资源（公共资源）的所有权、监督管理权以及特许经营权相分离，即国家是公共资源所有者，区政府享有监督管理权，特许经营者仅享有经营权，并向国家缴纳胡同资源使用费。所有权、管理权与经营权的彻底分离是新型服务型政府追求的有限行政、责任政府合理权力配置模式，它的出现意味着政府从传统的行政管制转为宏观的监督管理，从本质上实现了政府引导市场、市场引导企业的宏观、间接的政府运行方式。

为彻底解决三轮车胡同游所带来的主要矛盾及根本问题，什刹海街道深入调研，多方联动，遵循什刹海地区功能定位，吸取以往整治教训，以"维护地区生活秩序、保护历史文化遗产、树立三轮车胡同游良好品牌"为目的，依据《北京市旅游条例》及《北京市人力客运三轮车胡同游特许经营若干规定》，结合什刹海地区的实际特点（如开放型景区，进入景区路口多，各个主体的利益需求不同），提出了什刹海地区人力客运三轮车"胡同游"政府特许经营的构想。以"科学规划、严格保护、统一管理、永续利

用、依法推进、规范经营、提升品牌"作为指导思想，本着"公开、公平、公正和公共利益优先"的原则，在实施机构、特许经营区域范围、行驶路线及停车场（站）、经营规模、投标企业条件、招投标及特许经营企业的确定和签约、价格及特许经营费的使用、特许经营权使用的限制、政府承诺保障及特许经营企业的主要权利与义务、期限及续展、保护文物环境、维护交通秩序及政府监督等多方面做了详细规定。实施方案被批准后，按照政府授权程序，什刹海风景区管理处被西城区政府授权为什刹海地区人力客运三轮车"胡同游"特许经营的实施机构，西城区政府各有关部门在各自职责范围内行使管理职能。

（二）公开招标投标，引入市场竞争

旅游资源的特许经营主要以限制资源的过度使用为目的，有限的资源导致经营者的数量必然受限制，但这种限制不能是行政机关的任意行为，需要公平竞争的选择程序。什刹海街道以推行市场化运作的竞争机制，广纳市优秀企业参与投标，构建公平参与、择优选择的开放格局，通过公开招标的竞争方式选择符合"胡同游"市场准入条件的特许经营者。西城区政府根据《中华人民共和国招标投标法》和《北京市招标投标条例》，成立招投标办公室。招标筹备小组立足于什刹海地区三轮车胡同游特许经营实施的社会环境、旅游市场环境、从业企业的基础等综合因素，本着依法合规、有利竞争、平稳过渡、提升发展、公平、公正的原则，从法律、法规规定必备和运营管理必须两方面提出了具体的资质条件和提交材料的要求，起草了《什刹海地区人力客运三轮车胡同游第二期特许经营招标文件》，严格按程序进行招投标工作。2008年1月23日，通过专家评标组评定，一期特许经营最终选定5家经营企业。2012年，在第二期"胡同游"特许经营中，为增强市场竞争机制，适当增加企业数量，中标企业发展为9家。"胡同游"政府特许经营遵循市场规律，通过公开招标方式引入竞争机制，使具有一定经营实力和管理水平的优质企业经营国有资产，保证了"胡同游"产品品质不断提升。

（三）签订经营协议，规范化经营

"胡同游"政府特许经营的实质是政府通过行政契约的形式规范了管理与被管理者的权利、义务，由民营企业经营并提供部分公共服务产品，是政府对公共资源行使管理权和经营权的一种方式，其经济目的是通过公共资源市场化而实现综合效益最大化，政治目的是通过转变管理方式实现行政民主的理念。

政府特许经营的管理是通过"特许经营管理协议"的执行实现的，协议的签订明确了双方主体的权利和义务，也是特许经营与其他行政许可的重要区别。区政府与中标公司签订特许经营协议，并专门制定《北京市西城区什刹海地区人力客运三轮车胡同游特许经营协议》及《特许经营违约记分标准及责任》，及时监测、分析人力客运三轮车胡同游特许经营项目实施情况，并定期同有关部门组织专业机构对项目实施情况进行综合评估。对运营过程中可能出现对居民生活、文物保护等带来负面影响的现象、行为，在协议中加以约定，协议中将日常运营可能出现的问题归纳为34条违约行为及违约责任的追究。

（四）实施特殊政策，平衡各方利益

一是采取车辆补偿性赎买政策。2008年4月10日发布《人力客运三轮车赎买通告》，启动车辆赎买工作，共对467辆三轮车进行了赎买。通过制定减免特许经营使用费等各项优惠政策，鼓励中标公司以合理的方式积极吸纳未中标公司的设备及人员。二是对车工安置工作，制定奖励性政策。什刹海街道坚持以人为本的原则，实事求是，因势利导，把严格控制数量与疏通安置渠道相结合，大力拓展就业渠道。通过设定减免特许经营使用费等优惠政策，鼓励中标公司积极吸纳未中标公司联合经营、吸收录用老北京车工。三是提供法律法规和优惠政策的培训。西城区劳动工作站、社保所联合区劳动和社会保障局对中标企业法人及管理人员进行《劳动法》《劳动合同法》和再就业优惠政策等培训，规范特许经营中标企业用工行为。

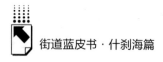

（五）建立长效机制，确保持续运转

西城区政府专门设立"人力客运三轮车胡同游特许经营管理办公室"作为什刹海"胡同游"特许经营的常设管理机构，确保"胡同游"市场秩序的正常运行。制定《什刹海地区人力客运三轮车胡同游特许经营管理办法》，建立政府承诺保障机制及"三制合一"的特许经营企业义务履行机制。以《特许经营协议》的方式规定了政府及其所属部门需要履行的五项承诺，以确保政府部门及其工作人员严格履行自身职责，保障该项目的正常开展。一是探索企业市场化经营新模式。借鉴国内外相关景区管理建设经验，探索建立"胡同游"统一售票机制。同时，规划并减少三轮车停车地点，统一规划、设置固定停车点一到两处；整合现有资源，统一调动9家公司车辆、车工等资源，实现循环载客，避免互相抢道、交叉行驶等问题，切实降低车工和游客的等待成本，提升景区旅游服务效率。通过整合地区旅游资源，使游客在什刹海能有更丰富的文化旅游体验、更深刻的旅游休闲感受。二是探索成立企业联盟或协会，实现自治管理。在现有"胡同游"特许经营形势下，探索成立企业自治组织（协会或者联盟）。政府牵头，订立公约（可以以特许经营标书为准则），从价格、服务、接团方式、停车地点、游览内容等方面确立统一规则，形成企业间互相监督、互相制约的协作机制，建立违约惩罚机制，以确保特许经营顺利实施；设定唯一固定的三轮车"胡同游"外联部，整合9家企业对外联络资源，统一景区"胡同游"接团流程、价格及标准等，实现政府与企业、企业与旅行社、旅行社与游客的良性沟通与互动。同时，经营企业也可通过此组织，向政府提出企业诉求，推进政府科学有效管理进程。三是开辟"胡同游"专用车道。结合什刹海地区"精品胡同"打造工程，在景区具备条件的胡同街巷，如柳荫街等，尝试开辟"胡同游"专用通道，合理设计路面布局，实现机动车、人力三轮车、居民及学生等人流的有序调控。

三 政府特许经营"胡同游"开创文化 旅游领域现代管理新模式

特许经营实施以来，什刹海地区旅游秩序得到了明显改善。长期以来由于管理主体不明确、制度不健全、运营行为处于制度管理的真空地带等一系列问题得到有力解决，扰民现象大幅减少，地区管理呈现持续发展的良好态势。随着依法规范、管理三轮车胡同游运营秩序及三轮车胡同游经营规模、经营地域范围的限定，一些横行猛拐、乱停乱放、车工不文明行为、违法揽客等现象基本消失。从前过于熙攘喧闹的街巷终于被清净有序的胡同代替，以往三轮车乱停乱放也已经被在固定场所摆放代替，街巷环境和交通秩序有很大改善。政府特许经营模式的实施，开创了文化旅游领域现代管理的新模式，具有一定的理论和实践意义。

（一）依法推进是特许经营的根本出路

在当前形式下，要建立和谐有序的市场经济体制，必须要有与之相适应的法律规范加以引导和约束。由于人力客运三轮车胡同游经营项目是近年发展的新事物，现行法律、法规中都没有对此经营项目的管理规定，各职能部门无执法依据，街道又无处罚权，给整顿人力客运三轮车"胡同游"秩序带来较大困难。2007年8月，北京市政府颁布了《北京市人力客运三轮车胡同游特许经营若干规定》，2007年9月，北京市城市管理综合执法局发布了《关于依法查处人力三轮车无照经营和违法行驶的通告》，2007年11月，区政府将反复论证后的《北京市西城区什刹海地区人力客运三轮车胡同游特许经营实施方案》上报市旅游局，并于2007年12月获得批复，至此，为实施人力客运三轮车胡同游特许经营取得了法规依据。

（二）政府主导是特许经营实施的关键

政府特许经营制度的前提是不能改变什刹海风景区的公益性质，也不能改变政府的服务责任。公益性意味着市场机制较难发挥调节作用，政府的主导作用就要发挥作用。在什刹海胡同游特许经营中，政府的主导性可以概括为综合考虑人们的不同价值取向，在资源配置方式上平衡各方利益，具体表现在对特许经营的事先准备和事后监管两方面。"胡同游"作为什刹海地区社会综合治理工程的一个项目，从特许经营可行性论证到具体操作乃至今后的监管和跟踪调整，政府都是主导者和引导者。胡同游特许经营的准备期长达二年，政府进行了充分的调研和可行性论证，进行了先期的资金投入，包括统一定做三轮车、招投标、设置游览标识等。特许经营实施后，政府通过对受许人服务质量和合理开发胡同资源进行监管，保住品牌，引导什刹海"胡同游"的升级换代。这是特许经营成功实施的关键。

（三）受益于民是特许经营实施的基本要求

什刹海是居住、文保、旅游合一的开放式景区，以居住为主的区域功能定位，社会公共利益必然是第一位的，实施政府特许经营的目标之一就是还居民一个良好的宜居环境。因此，特许经营成功与否的重要标志是居民满意度是否提高，是否通过旅游秩序的规范，改善居民的生活环境，居民是否受益。在实施特许经营的过程中，什刹海街道始终把规范秩序和改善人民生活环境相结合，通过特许经营，控制三轮车的数量，缓解交通秩序混乱带来的治安问题和噪声污染，维护居民的正常生活。《北京市人力客运三轮车胡同游特许经营若干规定》发布后，街道广泛征求居民的意见，在社区召开专题会议，公布三轮车"胡同游"行车路线，征求社区居委会的意见，并由社区召开居民代表会，征求社区居民代表意见。组织街道干部到与胡同游相关的兴华、白米、前海东沿、前海北沿、后海、后海西、松树街、柳荫街8个社区400余户居民家中进行走访调查。对29个社区采用分层抽样方法，发出290份问卷，收回286份，回收率98.7%。通过收集居民代表意见和上门走访、问卷数据的统计汇总分析，绝大多数居民认为胡同游项目最能体现老北京特色，对三轮车胡同游表示认可，但表示必须进行规范，减少三轮车数量。赞成和拥护对三轮车实施特许经营，认为采取特许经营可以更好地规范三轮车胡同游行为。同时，居民建议实施特许经营后，要规范胡同游解说词，特别要提高车工素质，规范车工行为，认为应该向管理机动车那样严格管理三轮车。在对三轮车胡同游路线的确定上，尽管大小金丝套胡同、大小石碑胡同非常有特点，也最能反映老北京特色，但由于胡同狭窄，三轮车行驶对居民影响较大，什刹海街道尊重居民的意见，取消此处三轮车胡同游线路，禁止"胡同游"车辆通行。

（四）精心组织是特许经营顺利实施的基础

特许经营的主体是政府部门，政府对公共资源实施管理过程中，也要遵循市场规律，辅之社会力量参与。在实施过程中，西城区政府积极依靠社会各方面专家，提高实施的进度和实施的严密性。在特许经营方案的论证上，通过专业部门出具的《胡同游项目财务测算报告》，明确了特许经营 300 辆三轮车的规模、特许经营权使用费每年 3000 元／辆的财务数据依据。聘请专家对招投标文件进行审查、论证，并采纳专家意见，对有关内容进行调整。聘请律师作为法律顾问，对相关文件的制定和实施进行全程参与，提供实施合法性监测。在特许经营区域内的社区，发动居委会、社区志愿者、保洁队和社会单位，建立信息反馈网络体系，及时通报不稳定因素和问题苗头，保证特许经营工作的顺利实施。

（五）良好的舆论氛围是特许经营取得成效的保证

舆论宣传是群众正确理解、配合及参与特许经营实施的重要途径，什刹海地区特许经营工作受到社会各界的广泛关注，无论专家、学者还是普通百姓都把目光投向这里。为此，特许经营办公室专门设立了新闻发言人，并适时召开媒体通气会，介绍胡同游项目发展背景和特许经营工作进展，就媒体关心和关注的胡同游价格、车工再就业、旅行社合同等问题给予解答。北京电视台、北京日报、北京晚报等媒体多次对此进行相关报道。媒体对每一环节进行的详细报道，为特许经营的实施创造了良好的舆论氛围，是特许经营取得成效的外部保证。

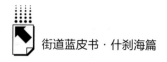

参考文献

丁向阳:《积极进取锐意改革力促首都城市建设与经济发展》,《投资北京》2005 年第 1 期。

宋冰:《政府特许经营若干问题研究》,《北京行政学院学报》2008 年第 6 期。

石美玉:《关于近年北京胡同游发展的调研报告》,《2004～2006 年中国旅游发展:分析与预测》,2006。

孙连会:《特许经营法律精要》,机械工业出版社,2006。

王秋英、崔良:《关于什刹海地区人力客运三轮车胡同游特许经营的实践与思考》,《法制建设》2008 年第 5 期。

B.16
什刹海：创新联勤联动工作机制
推动城市环境整治常态化

摘　要：　街道在城市管理和环境整治中，如何破解执法部门各自为政
　　　　　的管理瓶颈，提高现场的处置效率，是困扰特大城市基层治
　　　　　理的一个重要问题。什刹海街道根据区域自身特色推行以
　　　　　"反应灵敏、联动高效"为目标的"联勤联动"工作机制，
　　　　　有效整合行政资源，实现从"各自为战"向"联合联动"的
　　　　　转变，从"事后治理"向"事前防患"的转变，从执法为主
　　　　　向综合治理的转变。其综合效应在于对一些难题顽症，特别
　　　　　是涉及多部门职责的违法行为的整治均取得了较好的效果，
　　　　　切实解决了群众身边的环境问题，进一步净化了什刹海地区
　　　　　街面环境秩序，提升了辖区环境管理水平。

关键词：　联勤联动　环境整治　城市管理　什刹海街道

一　西城区为强化街道环境治理能力提供制度支撑

　　如何解决街道层面条块分割、"看得见的管不了，管得了的看不见"的
问题，消除条块冲突，实现条块结合，调动条和块两个方面的积极性，提升
城市管理质量与水平，是城市基层管理体制改革的重要课题。为了属地管理
责任的不断强化、推动管理重心的下移，进而实现辖区条块力量在同一平台
上的整合，北京市西城区在理顺区街体制上进行了积极的探索。2012年5
月，西城区区委、区政府出台了《关于进一步加强街道统筹辖区发展规范
日常管理的指导意见》，按照构建"全响应"网格化社会服务管理体制机制

的要求，进一步明确街道职责定位，促进行政资源有效整合，理顺街道与职能部门派驻机构的关系，强化街道社会服务管理主体地位，强化街道公共服务职能，强化街道统筹辖区的发展能力，完善"全响应"沟通联动、统筹公共服务、工作准入、考核监督、财政管理、共驻共建、区域化党建协调等工作机制。《关于进一步加强街道统筹辖区发展规范日常管理的指导意见》明确了派驻街道的城市管理监察分队，实行双重管理；按照专业管理、适度放权的原则，街道办事处对城管分队进行统筹调度、工作安排和工作考核。2013年5月，西城区区委、区政府又下发了《西城区关于城市秩序管理中进一步加强职能部门属地管理的意见》，又进一步把街道统筹的范围扩大到驻街科站队所，明确了"区各相关职能部门所属各科站队所，在城市秩序管理上均由职能部门和属地街道双重管理"，制定了西城区街道对科站队所城市秩序执法工作考核标准，街道负责根据这一标准对辖区内科站队所实行月考核制度。这样就为街道切实提高统筹辖区发展、整合地区政府公共服务力量做好环境治理提供了体制机制保证。

城市环境面貌是一个地区经济社会发展水平和活力的集中体现，是人居环境质量和现代文明程度的重要标志。近年来，什刹海街道在城市管理中，坚持以改善环境、服务民生为主线，以整治群众反映强烈的城市环境薄弱地段脏、乱、差现象为突破口，创造整洁优美的工作生活环境及景区环境，根据区域自身特色推行以"反应灵敏、联动高效"为目标的"联勤联动"工作机制，有效整合行政资源，着力破解执法部门各自为政的管理瓶颈，提高现场的处置效率，进一步净化什刹海地区街面环境秩序，解决群众身边的环境问题，提升辖区环境总体水平。

二 什刹海创建"立体化、链条化、网格化"环境治理新机制

（一）创新条块整合平台，形成"立体化"城市管理格局

什刹海街道是北京旧城的重要组成部分，目前聚居人口密集，居民老龄

化严重、低收入人群比例较大、城市管理难度大、执法管理难见实效、暴力抗法现象时有发生。为了整合力量加强管理，什刹海街道积极创新管理机制。

一是在街道层面成立"什刹海街道城市环境集中治理行动领导小组"，有效整合执法管理资源，使"条块结合、以块为主"的城市管理理念得以落实。街道小组成员由街道各职能科室及辖区内各科站队所等职能部门组成，主要目标为强化街道统筹协调职能，研究解决城市管理痼疾顽症。领导小组立足标本兼治、疏堵结合、适时研究重点、难点问题，从建设、管理、监督执法等方面综合研究解决问题的对策与措施，确保问题得到有效解决，从根本上解决街面环境秩序的突出问题，形成街道统一领导、分级负责、条块结合、以块为主、监督有力的城市秩序管理的模式。

二是以街道办事处为核心建立包括"环境秩序、治安秩序、交通秩序"的城市秩序管理综合协调指挥中心，形成城市秩序管理工作的整体合力。什刹海街道办事处结合不同时期、不同阶段的具体要求，研究制定城市秩序管理的总体思路，提出解决该地区突出的城市秩序问题的工作措施和思路，统筹协调辖区中央、国家机关、驻区部队、市属和区属单位，定期组织召开工作例会，研究协调解决地区城市秩序管理工作中的重大事项及重大问题，探索破解城市管理中存在的痼疾顽症，并提出具体措施和意见，发动各种社会力量积极参与城市秩序管理。在此基础上统筹协调、调动指挥地区各职能部门，牵头落实区领导批办、督办的突出城市秩序问题，督办被媒体曝光、群众反映强烈的经过多次整治效果不明显的突出城市秩序问题。

三是依托"全响应"社会服务管理平台，建立执法力量统筹联动机制，强化各管理部门职能衔接。发挥街道统筹组织实施城市秩序管理的职能，推进城市管理重心下移，整合地区执法监督力量，指挥调动辖区内科站队所力量实施联合执法，整合多部门的督查考核资源，根据工作标准和要求，全时段、全区域检查落实情况，强化城市秩序的管控，提升城市管理水平和效能，打造和谐、有序、干净、整洁的一流城市秩序。

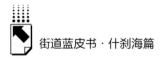

（二）创新联合工作制度，形成"链条化"常态管理机制

什刹海街道坚持以集中整治为突破口，在集中整治中形成环环相扣的治理工作链条，把整治工作纳入常态化管理。其主要做法是组织成员单位对市、区挂账问题进行集中整治，先期组织人员进行蹲点调查，查清问题后城管介入按点进行集中整治，集中整治以后再安排执法队员进行盯守，确保整治效果可持续。以治理四环市场周边无照商贩为例，为进一步掌握长期盘踞在四环市场周边无照游商的情况，在整治初期，联勤联动专项执法小组先对四环市场周边进行实地勘查、共同会商，有针对性地制订详细的整治工作方案和风险评估预案，做到务求实效；同时组织四环社区居委会的干部对该地区无照游商的情况进行全面调查摸排，收集违法经营人员的基本情况，汇总建立台账，逐一进行梳理，查找重点，确定整治对象，有针对性地开展工作；在摸排调查的基础上，充分利用板报、标语、一封信等形式，广泛宣传百日整治的目的和意义，将宣传工作进到家、对到人；结合整治工作的开展，充分发挥联勤联动捆绑执法优势，领导小组组长亲自带队，组织工商、城管、公安、卫生等部门对四环市场周边及护仓胡同、棉花胡同、罗儿胡同等重点地区门店坐商进行宣传，逐条胡同、逐个门店从房顶到立面到地面，进行拉网式立体清理；对店外经营、乱戳乱挂、乱堆乱放、乱贴乱画、超范围经营、无照经营等影响市容市貌现象进行综合治理；街道还专门成立联合巡查组巩固整治成果，确保秩序类问题不出现反弹，形成常态化管理（见图1）。

（三）创新多元参与机制，构建"网络化"环境治理模式

什刹海街道针对区域环境现状，将治脏、治乱作为工作重点，通过整合资源、统筹协调、落实责任、动员社会，全面开展市容环境秩序、交通秩序、市场秩序、旅游秩序集中治理行动，把拆违、灭脏、清障、治污、治乱、撤市六大战役变成政府、市场、社会和居民全面参与城市管理的实践平台，形成了以"全响应"网格为基础、以政府管理为主导、以全社会各界

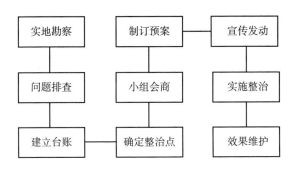

图 1　"链条化"环境治理模式

的参与为主体的网格化基层治理格局。一是街道按照职责分工对整治点进行摸底调查、建立台账，组织街道各职能部门、各社区对辖区内存在的突出问题和重点点位进行拉网式排查。二是全方位宣传告知、大力营造声势。积极协调区新闻中心等各媒体，深入执法现场，引导媒体正面宣传报道，把宣传工作贯穿整治行动始终。三是发挥社区居委会优势，发动楼门院长、社区党员、志愿者入户宣传，通过悬挂横幅、社区板报、宣传栏、设立宣传站、《致什刹海地区居民群众一封信》等形式，宣传各类违法违规建设的危害性，使积极维护城市形象成为广大居民的强烈共识和自觉意识。向广大居民宣传城市环境集中治理行动的工作意义，自觉抵制违法行为，共同维护辖区环境秩序。

　　以什刹海旅游景区环境整治为例，为有效维护什刹海景区周边的环境秩序，为游客营造一个干净整洁的旅游氛围，什刹海地区联勤联动专项执法小组对什刹海景区环湖周边、恭王府门店倚门售货、尾随兜售纪念品、无照经营、违法散发小广告以及野泳野钓等违法行为进行集中整治和查处。街道、城管、公安、工商、消防、旅游、安全、交通、卫生等部门每天共出动320 余人，出动车辆 10 辆对景区进行不间断的巡查，严格治理非法小广告、违规设置户外广告和牌匾标识的行为，严格查处违章停车、黑车、黑摩的非法运营或改装三轮车违规上路行为，整合便民设施和停车设施建设，彻底清理私装的地桩、地锁及店外经营、占道经营的现象，加强农贸市场周边环境秩序治理和市场经营行为管理，严厉打击非法黑三轮。强化旅游景区及周边环境管理工作，开展环境保洁工作，清理单位大院、老旧小区内的脏乱点；加强垃圾分类指导，加大餐厨垃圾管控力度，全面提高区域环境秩序水平。

三　联勤联动工作机制有助于正确处理三对关系

联勤联动关键是一个"联"字，核心是一个"动"字，是条条与块块、管理与执法、政府与社会、行政与自治在城市管理中大联勤、大联动的运行机制。其综合效应主要在于对一些难题顽症，特别是涉及多部门职责的违法行为的整治均取得较好的效果，切实解决了群众身边的环境问题，如机动车设摊、少数民族设摊、餐饮食品摊贩、侵权盗版制品设摊、暴力抗法以及菜场周边的乱设摊的管理，提高了综合整治效果，实现了城市形象大改观、功能大完善、品质大提升、管理更规范，什刹海地区环境有了明显改善。

什刹海街道的实践证明，条块分隔虽然是体制问题，但实现条块结合更多的可以从机制上入手。什刹海只要平台设计合理、制度安排科学，条块之间就一定能很好地结合，形成相互信任、彼此协调、共同协商、合作治理、资源优化的环境治理格局，进而整体有效地推动城市管理的协调科学发展，提高城市环境管理质量与水平。什刹海街道的做法适应城市发展和城市综合管理的需要，紧紧依托社会管理平台，既改变了单打独斗的困境，又提高了城管执法效率，对我们探讨街道统筹职能的实现途径、提高特大城市基层治理效率具有多方面的启示和借鉴意义。

（一）正确处理"主导"与"主动"的关系

联勤联动实质上是管理的大综合和执法的大综合，是行政管理手段及权利和行政处罚手段及权力的大综合、大融合，这在一定程度上体现了城市管理和执法的综合性。作为属地管理的主体，街道在城市管理的过程中，既要服从牵头部门指导，又要发挥主体骨干的作用。街道办事处在具体的城市管理、专项整治业务中可以不争"主导权"，但一定要根据地区实际争取"主动权"，发挥联系群众的优势，积极配合支持，积极化解矛盾，切实做好"动"的文章，在"动"中实现条块相"联"。

（二）正确处理"借力"与"发力"的关系

街道要善于依法依规借势，取长补短借力，实现城管执法内容的全覆盖。履行职责和职务协助是密切联系而又有所区别的两个方面。街道一方面要积极"发力"，认真履行法律赋予的行政管理职责和任务，积极进取但不能乱作为，敢于履责而不能不作为，在工作态度上要积极主动，大力配合职能部门实施监管和开展执法；另一方面要善于"借力"，在资源整合上要善于借势借力，善于把其他部门的政策资源、法律资源、社会资源等利用好，既真正体现属地管理的优势，又充分发挥职能部门的各种专业职能，形成齐抓共管、合作共赢的工作格局。

（三）正确处理"管理、执法、服务"之间的关系

在维护首都和谐稳定、构建国际一流和谐宜居之都的总目标下，联勤联动是由政府牵头，统一调动管理执法力量，以管理为基础、以执法作保证、以管理图长效、以执法作威慑的城市综合治理工作。一方面，要把握好管理与执法的关系，坚持以管理为先，管理是源头，执法是手段，也在末端，管理要覆盖全过程，执法要体现在处罚。尤其要消除管理和执法部门之间的相互扯皮、推诿，对违法者则要做到宣传教育为主、行政处罚为辅，疏堵结合、管罚并举。另一方面，要正确处理管理与服务的关系，坚持以服务为本，树立执法为民理念，尊重群众意见，体现群众要求，既做到执法公正，又实行有情操作，既做到执法的合法性，更体现执法的合理性，"文明、规范、有效"执法必将得到大多数群众的拥护和支持。

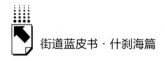

参考文献

什刹海街道办事处：《什刹海街道环境治理》，2014 年工作汇报。

赵晔：《以"大联动"撬动城市管理大转型》，《江南论坛》2012 年第 1 期。

石竹：《一场城市综合管理的"大联动"——记上海市闵行区城市综合管理的创新机制》，《信息化建设》2011 年第 3 期。

孟庆平、许晓梅：《城市综合管理"大联动"系统软件构架研究与实践》，《计算机应用与软件》2011 年第 5 期。

易炼红：《创新社会管理推动科学发展》，《求是》2011 年第 15 期。

徐新星：《创新社会管理促进和谐稳定》，《当代江西》2011 年第 7 期。

B.17

什刹海：实施"净街工程"
再现"胡同风貌"

摘　要：　北京什刹海地区是北京历史文化保护区的重要组成部分，是
体现北京城市历史发展过程的教科书和活化石。近年来，什
刹海胡同逐渐被废弃的旧物、杂物占据，原本不大的空间被
乱停靠的车辆压缩，整体胡同形象受累于违章建筑的突
兀——原本设计周密、布局匀称的胡同显得横七竖八、杂乱
无章，居民的日常生活也深受其扰。因此，再现"胡同风
貌"和改善居民居住条件的前提和基础是必须改善胡同面貌
和加强管理，"净街工程"也应运而生。

关键词：　胡同风貌　城市管理　净街工程　什刹海街道

一　什刹海地区"胡同风貌"受到侵害

北京胡同作为历史街区的典型代表，历经了千年沧桑风雨，见证了不朽
的历史事件，可以说胡同承载着老北京人的记忆，是乡愁的重要载体。作为
老北京风貌保存最完好的地区之一，什刹海地区有着大小胡同共170余条，
著名胡同有烟袋斜街、龙头井、大小金丝等，历经数百年，积淀了深厚的历
史文化。长期在这里生活的老北京们更是对这些古老建筑寄予了深厚的感
情，休闲时候总要去走走看看，把追思与联想当作一种文化享受；来往的游
客们也通过兴起的"胡同游"，近距离领略胡同、四合院独特的文化魅力，
真真切切地感受北京的市井生活。特别是在什刹海一带，有一条一直很热闹

的"旅游线路",东至什刹三海之一的前海体育馆及"海面";西至南北走向的平安里北街,包括定阜街和护国寺街。这些"街"的两侧,有恭王府、庆王府、辅仁大学旧址、梅兰芳故居、溥杰故居、20世纪50年代的人民剧场、老字号餐馆合义斋、护国寺小吃店等,旅游团队、散客络绎不绝地往返于此,可谓文化资源丰富、人气旺盛。可以说,什刹海是展示西城区人文环境品质魅力的重要窗口。

但是,近年来由于社会上普遍缺乏对胡同的关注和重视,加之相关部门的监管不力,造成机动车成批量停放,如以前在四环社区的一家大型市场附近经常看到一条胡同竟然停放了七八辆废旧机动车,使得原本就不宽敞的胡同更显狭窄;而原本干净整洁的胡同两侧,也逐渐被居民废弃的车辆、旧沙发、衣柜等占据,更有甚者将空地改造成了小厨房,并搬来旧柜子、破沙发,纷纷在自家门前占起了地盘。这些乱摆乱放、乱搭乱建的不负责行为,不仅影响了日常生活的出行和便利,造成邻里纠纷频发和火灾等事故的隐患,而且极大地阻碍了胡同文化和风貌的展现并损害了当地居民"主人翁"的形象,更重要的是纵容不良行为的滋生,为街道管理和治理带来很大难度。

为此,自2014年起,西城区在什刹海地区全面开展"净街工程"清理整顿行动,采取一系列行之有效的措施,旨在通过清理堵塞胡同、四合院的废旧家具、居民私搭乱建的小厨房以及乱停乱放车辆等大扫除行动,释放出大量有效空间,重新规范胡同和四合院的规划布局,为进一步净化旅游文化街、改变什刹海古街"乱象"、恢复旧时胡同风貌以及唤醒居民的主人翁意识打下现实基础。

二　什刹海实施"净街工程"专项整治行动

什刹海街道负责人深入各个社区展开调查,对胡同四合院清洁方面等面临的问题和困难进行充分的了解,决定开展"净街工程"的专项整治行动,在实施中始终以保障公共和群众利益为前提,以恢复胡同风貌为目的,注重发动和组织群众,通过激励和宣传引导居民献策、献力。让"净街"先行,为打造"活力魅力和谐什刹海"，创造良好的自然环境和人文环境，奠定坚实的基础。

（一）建立实物奖励激励机制

为给社区居民创造一个整洁、舒适、安全的居住环境，更好地为辖区群众服务，加强文明城区的创建，什刹海街道以"公开、公平、透明"为原则，积极开展胡同堆积物的清理行动，以"实物奖励"鼓励居民自主、主动清理胡同堆积物。第一步前期公示，街道广泛宣传动员，收集有出售废旧物品意愿居民、商户的信息，同时将《倡议书》与《废旧物品收购价目标及奖励措施》制定成册，发送至居民和商户手中，让居民对兑换规则和细则了然于胸，也能减少产生不必要的误解和争执。第二步集中清理，按照"有偿收购＋实物兑换"（回购范围有占道的废旧车辆、塑料瓶、报纸等；兑换物品以洗条灵、洗发露、玉米油等日常生活用品为主），什刹海街道与地区四家资质较好的废品收购站协作，开展"旧物回购——街巷胡同堆积物专项清理行动"，集中入户、现场回购废旧物品。

（二）实施流动车位"按证停车"

由街道办事处牵头、统一安排在胡同巷道上实行单边划位，以增加临时流动停车位，在此基础上，按照"错时错位、先到先停"的原则，提高每个流动停车位的利用率，维护停车秩序；同时，登记该街道居民车辆拥有信息，专为居民制作并颁发车辆出入证，实施"按证停车"，保证当地居民车辆有地儿停，同时也能解决外来办事人员停车难的问题。

（三）建立居民事务自管会

经调研发现，生活在胡同街巷内的居民对经常出现的垃圾乱推乱放以及随意停车等现象反应较为强烈。面对这一问题，什刹海街道社区热心公共事物的居民与市场商户代表一起建立起由居民志愿参与的"居民事务自管会"。自管会组织人员定期在胡同巡逻，发现违法占道问题及时向执法部门举报，同时在自管会的组织下，实行轮流"值班"指挥停车，确保居民的日常出行通畅。居民事务自管会的建立，带动了街道管理质量的提升，也推动了居民自我管理意识的觉醒。居民事务自管会的成立和顺利运转，结束了长期以来琐事难管的局面。在自管会的示范带动下，越来越多的居民受到教育和带动，投身到社区事务的志愿服务中，自愿主动参与胡同的定期巡逻，对违法占道等问题及时举报，形成自我管理和相互监督的工作机制，有效巩固"净街工程"专项整治行动。

（四）居民认领养护花坛

胡同的景观绿化是体现胡同历史文化风貌的重要方面。什刹海街道作为旅游文化街，为便利游客的出入，在胡同道路有限的空间范围内要拓展宽度，大多数采取的措施是通过对绿地面积的压缩来释放空间。由此，传统意义上胡同的景观绿化正在逐渐被改变，原有的由胡同景观绿化等元素构成的胡同宁静、温馨、自然、和谐的氛围正在接受严峻的考验。针对当前胡同绿化用地减少、"无地可绿"的情况，街道采用花坛种植的绿化方式改善胡同"绿化"现状，并由居民认领养护，以保持胡同绿化文化的意境。在选择花坛种植种类过程中，特别注重植物种类的选择和搭配，力图形成自然和谐与符合人居的生态"绿化"体系。在对胡同进行整体绿化时，还根据社区胡同的不同状况，采取相适宜的景观绿化形式；同时，胡同"绿化"考虑社区居民的游憩休闲的需求，在设计摆放花坛时，在空间上努力满足居民的需要，通过调整空间使人们可以在其中放松心情，此外对植物的色彩也细致考究其对人的视觉感受。通过增添花坛并由居民认领养护，不仅美化了居住环境、改善了空气质量和湿度，让居民身心更健康，而且还顺应胡同历史传统绿化特性的意境。同时，胡同的游憩休闲绿地能够给社区居民提供一个富有自然情趣的交流场所，易于彼此敞开心扉，改善居民间缺乏交流的状况，有利于建立良好的邻里关系，一定程度上缓解了由于快速城市化导致城市人际关系的疏远和淡漠。

（五）严格防控拆违

什刹海街道作为老北京风貌保存最完好的地区之一，随着居民对改善居住条件需求的增加，违法建设也不断增加，四合院中大量的违章建筑与文保区整体建筑风格极不协调，预防、监控和拆除违建已经成为什刹海地区保护历史文化遗产、优化城市环境、维护辖区内胡同的整体风貌的重要任务。什刹海街道严格按照《北京城市总体规划（2004～2020年）》中有关"保护旧城原有的棋盘式道路网骨架和街巷、胡同格局"和"保护北京特有的'胡同—四合院'传统的建筑形态"的规定，在拆违工程中始终贯穿公平、公正的原则，及时公示拆迁情况，在拆迁过程中对居民进行法制教育和思想教育，耐心劝导其进行自行拆除，增进相互理解和体谅，将矛盾、纠纷或冲突及时化解在萌芽中。邻里之间不必再为"划地盘""抢据点"的繁事琐事闹矛盾，在一定程度上推动了和谐文明氛围的营造和文明社区的创建。

三 恢复"胡同风貌"必须发挥群众主体作用

通过实施"净街工程"专项整治行动，发动群众力量进行胡同和街巷的环境管理和维护，充分激发居民在恢复"胡同风貌"过程中的主体作用。给广大居民营造更加优美、更加整洁、更加舒适的环境的同时，也向中外游客充分展示了"活力、魅力、和谐什刹海"的风貌和老北京人守护家园、保留心中净土的决心和精神。什刹海的胡同逐步重现往昔干净、整齐和有序的场景，但是仅仅依靠专项"大扫除"行动不足以完全恢复和再现胡同风貌，还需要在现阶段取得成效的基础上总结经验，从根本上继续探索良方，以巩固现有的成果。

（一）相信群众、发动群众是根本

依靠民众则一切困难能够克服，任何强敌能够战胜，离开群众则将一事无成。不管做任何事情或在任何时候都要坚定不移地相信群众，只有相信群众，才会自觉地融入群众，只有相信群众，把政策宣传到群众中去，才会得到拥护和支持。在开展"净街工程"行动时，什刹海街道将工作重心下沉，深入群众中去做全面具体的调查，充分了解群众的情况、理解群众的困难，通过收集群众反馈的意见和建议，及时化解群众的问题和困难，以此拉近和群众的距离。集中群众智慧，激发群众参与公共事务的热情，从而集众人之力、取百家之长，形成政府与公众间的合力去办成事、办大事。

（二）提高居民文明素质是关键

根除城市"顽疾"需从问题的根源入手，增强居民的主人翁意识是关键。通过实物奖励的方式调动市民的积极性只能作为权宜之计，要真正实现"净心"的目的就必须革除市井生活陋习、培育社区文明。转变思想是行动的先导，要在改变居民长期形成的不良习惯和行为以及提高其文明素质方面下功夫，通过树典型和继续加大宣传推广力度来扩大受教育的群众面，让居民拾回作为胡同"原住民"的荣誉感，让再现家园风貌的观念深入人心。通过加强宣传教育，提高人们的家园保护意识，由激励转为自觉，让"爱护家园即保护自己"成为日常行为自觉遵守的行为规范，实现两者的和谐一致。

（三）长效工作机制是保障

为创建"活力、魅力、和谐什刹海"，给居民营造一个优美整洁的社区环境，街道要建立健全"净街"的长效工作机制，实现"净街工程"的规范化、制度化、常态化运行。一是建立工作例会分析制。坚持"政府主导、民主参与、部门协作、社会参与"的共建机制，定期召开社区专项工作例会，肯定成绩，指出不足，并对工作重点、难点进行分析，找准问题，共同探讨，落实解决办法。二是建立考核评分公开制。设立工作考核评分栏，负责人每天对相关区域进行检查，并将检查结果公布，接受社区群众参与监督；同时将"净街工程"工作纳入单位年终岗位目标考核、民主评议考评，进一步强化考核奖惩机制。三是建立干部联片制。按照胡同布局，将什刹海辖区范围划分成片区，社区干部负责片区的工作，定期和不定期地开展全方位无死角抽查。四是建立督查反馈制。由社区建立党员志愿者卫生督查服务队，对社区内胡同、四合院的巷道环境情况及居民的不文明习惯等进行及时反馈，促进群众参与维护环境的自觉性和积极性。五是建立"互学互仿"制。通过与北京其他地区的街道办事处建立合作机制，加强沟通，通过相互学习和分享各自的成功做法和经验，增进交流协作，形成共管共治的合力。六是扩大多元化宣传。运用灵活多样、形式新颖的宣传措施、政策措施、组织措施及激励措施，激发民主主体意识，进一步完善共建制度的落实，真正实现"政府主导、民众参与"的长效目标。

参考文献

陆严冰：《北京大栅栏地区文化复兴与环境整治的方法研究》，北京工业大学硕士学位论文，2005。

曹吉星：《北京胡同旅游调查研究——以什刹海地区胡同游为例》，中央民族大学硕士学位论文，2009。

张国际：《北京旧城历史文化保护区外胡同分类保护与积极改善研究》，北京建筑大学硕士学位论文，2013。

何天培、刘晓晔：《北京旧城历史文化街区——胡同景观绿化建设初探》，《科学之友》2010年第9期。

李坤：《近现代北京胡同的历史变迁及其文化价值》，吉林大学硕士学位论文，2009。

于梦露：《论北京胡同保护的现状及对策》，北京外国语大学硕士学位论文，2014。

心声：《"净街工程"不应是"面子工程"》，《中国旅游报》2013年4月26日。

陈杨：《什刹海周边胡同实施"净街工程"》，《北京日报》2013年4月13日。

✤ 皮书起源 ✤

"皮书"起源于十七、十八世纪的英国，主要指官方或社会组织正式发表的重要文件或报告，多以"白皮书"命名。在中国，"皮书"这一概念被社会广泛接受，并被成功运作、发展成为一种全新的出版形态，则源于中国社会科学院社会科学文献出版社。

✤ 皮书定义 ✤

皮书是对中国与世界发展状况和热点问题进行年度监测，以专业的角度、专家的视野和实证研究方法，针对某一领域或区域现状与发展态势展开分析和预测，具备原创性、实证性、专业性、连续性、前沿性、时效性等特点的公开出版物，由一系列权威研究报告组成。

✤ 皮书作者 ✤

皮书系列的作者以中国社会科学院、著名高校、地方社会科学院的研究人员为主，多为国内一流研究机构的权威专家学者，他们的看法和观点代表了学界对中国与世界的现实和未来最高水平的解读与分析。

✤ 皮书荣誉 ✤

皮书系列已成为社会科学文献出版社的著名图书品牌和中国社会科学院的知名学术品牌。2011年，皮书系列正式列入"十二五"国家重点出版规划项目；2012~2015年，重点皮书列入中国社会科学院承担的国家哲学社会科学创新工程项目；2016年，46种院外皮书使用"中国社会科学院创新工程学术出版项目"标识。

中国皮书网

www.pishu.cn

发布皮书研创资讯，传播皮书精彩内容
引领皮书出版潮流，打造皮书服务平台

栏目设置：

□ 资讯：皮书动态、皮书观点、皮书数据、
　　　　皮书报道、皮书发布、电子期刊

□ 标准：皮书评价、皮书研究、皮书规范

□ 服务：最新皮书、皮书书目、重点推荐、在线购书

□ 链接：皮书数据库、皮书博客、皮书微博、在线书城

□ 搜索：资讯、图书、研究动态、皮书专家、研创团队

中国皮书网依托皮书系列"权威、前沿、原创"的优质内容资源，通过文字、图片、音频、视频等多种元素，在皮书研创者、使用者之间搭建了一个成果展示、资源共享的互动平台。

自2005年12月正式上线以来，中国皮书网的IP访问量、PV浏览量与日俱增，受到海内外研究者、公务人员、商务人士以及专业读者的广泛关注。

2008年、2011年中国皮书网均在全国新闻出版业网站荣誉评选中获得"最具商业价值网站"称号；2012年，获得"出版业网站百强"称号。

2014年，中国皮书网与皮书数据库实现资源共享，端口合一，将提供更丰富的内容，更全面的服务。

法律声明

　　"皮书系列"（含蓝皮书、绿皮书、黄皮书）之品牌由社会科学文献出版社最早使用并持续至今，现已被中国图书市场所熟知。"皮书系列"的LOGO（📓）与"经济蓝皮书""社会蓝皮书"均已在中华人民共和国国家工商行政管理总局商标局登记注册。"皮书系列"图书的注册商标专用权及封面设计、版式设计的著作权均为社会科学文献出版社所有。未经社会科学文献出版社书面授权许可，任何使用与"皮书系列"图书注册商标、封面设计、版式设计相同或者近似的文字、图形或其组合的行为均系侵权行为。

　　经作者授权，本书的专有出版权及信息网络传播权为社会科学文献出版社享有。未经社会科学文献出版社书面授权许可，任何就本书内容的复制、发行或以数字形式进行网络传播的行为均系侵权行为。

　　社会科学文献出版社将通过法律途径追究上述侵权行为的法律责任，维护自身合法权益。

　　欢迎社会各界人士对侵犯社会科学文献出版社上述权利的侵权行为进行举报。电话：010－59367121，电子邮箱：fawubu@ ssap. cn。

社会科学文献出版社

权威报告·热点资讯·特色资源

皮书数据库
ANNUAL REPORT(YEARBOOK)
DATABASE

当代中国与世界发展高端智库平台

皮书俱乐部会员服务指南

1. 谁能成为皮书俱乐部成员？

● 皮书作者自动成为俱乐部会员

● 购买了皮书产品（纸质书/电子书）的个人用户

2. 会员可以享受的增值服务

● 免费获赠皮书数据库100元充值卡

● 加入皮书俱乐部，免费获赠该纸质图书的电子书

● 免费定期获赠皮书电子期刊

● 优先参与各类皮书学术活动

● 优先享受皮书产品的最新优惠

3. 如何享受增值服务？

（1）免费获赠100元皮书数据库体验卡

第1步 刮开附赠充值的涂层（右下）；

第2步 登录皮书数据库网站（www.pishu.com.cn），注册账号；

第3步 登录并进入"会员中心"—"在线充值"—"充值卡充值"，充值成功后即可使用。

（2）加入皮书俱乐部，凭数据库体验卡获赠该书的电子书

第1步 登录社会科学文献出版社官网（www.ssap.com.cn），注册账号；

第2步 登录并进入"会员中心"—"皮书俱乐部"，提交加入皮书俱乐部申请；

第3步 审核通过后，再次进入皮书俱乐部，填写页面所需图书、体验卡信息即可自动兑换相应电子书。

4. 声明

解释权归社会科学文献出版社所有

皮书俱乐部会员可享受社会科学文献出版社其他相关免费增值服务，有任何疑问，均可与我们联系。

图书销售热线：010-59367070/7028
图书服务QQ：800045692
图书服务邮箱：duzhe@ssap.cn

数据库服务热线：400-008-6695
数据库服务QQ：2475522410
数据库服务邮箱：database@ssap.cn

欢迎登录社会科学文献出版社官网
（www.ssap.com.cn）
和中国皮书网（www.pishu.cn）
了解更多信息

社会科学文献出版社 SOCIAL SCIENCES ACADEMIC PRESS (CHINA) 皮书系列

卡号：038392744933
密码：

S 子库介绍
ub-Database Introduction

中国经济发展数据库

涵盖宏观经济、农业经济、工业经济、产业经济、财政金融、交通旅游、商业贸易、劳动经济、企业经济、房地产经济、城市经济、区域经济等领域，为用户实时了解经济运行态势、把握经济发展规律、洞察经济形势、做出经济决策提供参考和依据。

中国社会发展数据库

全面整合国内外有关中国社会发展的统计数据、深度分析报告、专家解读和热点资讯构建而成的专业学术数据库。涉及宗教、社会、人口、政治、外交、法律、文化、教育、体育、文学艺术、医药卫生、资源环境等多个领域。

中国行业发展数据库

以中国国民经济行业分类为依据，跟踪分析国民经济各行业市场运行状况和政策导向，提供行业发展最前沿的资讯，为用户投资、从业及各种经济决策提供理论基础和实践指导。内容涵盖农业，能源与矿产业，交通运输业，制造业，金融业，房地产业，租赁和商务服务业，科学研究，环境和公共设施管理，居民服务业，教育，卫生和社会保障，文化、体育和娱乐业等100余个行业。

中国区域发展数据库

以特定区域内的经济、社会、文化、法治、资源环境等领域的现状与发展情况进行分析和预测。涵盖中部、西部、东北、西北等地区，长三角、珠三角、黄三角、京津冀、环渤海、合肥经济圈、长株潭城市群、关中—天水经济区、海峡经济区等区域经济体和城市圈，北京、上海、浙江、河南、陕西等34个省份及中国台湾地区。

中国文化传媒数据库

包括文化事业、文化产业、宗教、群众文化、图书馆事业、博物馆事业、档案事业、语言文字、文学、历史地理、新闻传播、广播电视、出版事业、艺术、电影、娱乐等多个子库。

世界经济与国际政治数据库

以皮书系列中涉及世界经济与国际政治的研究成果为基础，全面整合国内外有关世界经济与国际政治的统计数据、深度分析报告、专家解读和热点资讯构建而成的专业学术数据库。包括世界经济、世界政治、世界文化、国际社会、国际关系、国际组织、区域发展、国别发展等多个子库。